普通高等学校新闻传播学类专业
全媒型人才培养新形态教材

编委会

总顾问
石长顺　华中科技大学

总主编
郭小平　华中科技大学

副总主编
韦　路　浙江传媒学院
李　伟　山西传媒学院

编　委（按姓氏拼音排序）

安　磊	西安欧亚学院	彭　松	华中科技大学
丁　洁	华中科技大学	秦　枫	安徽师范大学
方　艳	湖北第二师范学院	邵　晓	巢湖学院
何平华	华东师范大学	石永军	中南财经政法大学
何同亮	安徽师范大学	汪　让	华中科技大学
赫　爽	武汉大学	王　艺	广州大学
黄丽娜	贵州民族大学	温建梅	山西传媒学院
姜德锋	黑龙江大学	吴龙胜	湖北民族大学
靖　鸣	南京师范大学	夏　青	湖北经济学院
雷晓艳	湖南工业大学	熊铮铮	中原工学院
李　琦	湖南师范大学	徐明华	华中科技大学
李　欣	浙江传媒学院	徐　锐	中南财经政法大学
廖雪琴	南昌大学科学技术学院	张　超	河南大学
聂绛雯	新乡学院	张　萍	武昌首义学院
牛　静	华中科技大学	郑传洋	武昌首义学院

普通高等学校新闻传播学类专业
全媒型人才培养新形态教材

总顾问 石长顺 总主编 郭小平

网络直播理论与实务

The Principles and Practice of Online Live Streaming

主　编 ◎ 张　萍

华中科技大学出版社
http://press.hust.edu.cn
中国·武汉

内 容 简 介

《网络直播理论与实务》是一本全面介绍网络直播行业的书,它不仅提供了关于网络直播行业实践操作的指南,而且深入探讨了网络直播的起源、发展历程、理论框架,以及面临的问题与挑战。

本书从学术视角出发,全方位剖析了网络直播的基本概念、特点及其发展历程,并探讨了网络直播平台的多样性和各类直播形式,包括电商直播、游戏直播等。书中详细分析了网络直播的盈利模式及主播和团队的有效运营策略,同时分析了网络直播的消费群体特征和心理需求。除了技术和商业层面的探讨,本书还特别关注网络直播所带来的伦理、法律和社会风险等问题。

本书采用理论与实践相结合的方式编写,既包含丰富的理论知识,又有具体的案例分析,既适合作为高等院校相关专业的教学参考书,也适合网络直播行业的从业者及对网络直播感兴趣的广大社会人士阅读。

图书在版编目(CIP)数据

网络直播理论与实务 / 张萍主编. -- 武汉:华中科技大学出版社,2024.8. --(普通高等学校新闻传播学类专业全媒型人才培养新形态教材). -- ISBN 978-7-5772-0942-5

Ⅰ. F713.365.2

中国国家版本馆 CIP 数据核字第 20240D55B2 号

网络直播理论与实务　　　　　　　　　　　　　　　　　　　　　　　张　萍　主编
Wangluo Zhibo Lilun yu Shiwu

策划编辑:周晓方　杨　玲　庹北麟	
责任编辑:刘　凯	
封面设计:原色设计	
责任校对:余晓亮	
责任监印:周治超	
出版发行:华中科技大学出版社(中国•武汉)　　电话:(027)81321913	
武汉市东湖新技术开发区华工科技园　　邮编:430223	
录　　排:华中科技大学出版社美编室	
印　　刷:武汉市洪林印务有限公司	
开　　本:787mm×1092mm　1/16	
印　　张:14.25	
字　　数:342千字	
版　　次:2024年8月第1版第1次印刷	
定　　价:58.00元	

本书若有印装质量问题,请向出版社营销中心调换
全国免费服务热线:400-6679-118　竭诚为您服务
版权所有　侵权必究

总序
Introduction

  党的二十大报告提出,要加强全媒体传播体系建设,塑造主流舆论新格局。这是适应媒体市场形态变化、占领舆论引导高地、推进文化自信自强的必然选择和重要路径。近年来,媒介技术的快速变革,特别是生成式人工智能的涌现,给人们的生活和工作带来了巨大的变化,既推动了数字艺术、数字经济等新业态的蓬勃发展,也为报纸、电台、电视等传统媒体注入了新的活力,同时造就了更加丰富和复杂的舆论场。数字化、网络化、平台化技术的发展,使数字世界越来越深入地嵌在我们所直观的物理世界中,使新闻传播活动几乎渗透在虚拟和现实、宏观和微观等人类所有层次的实践关系之中。这要求新闻传播工作者熟练地掌握各种媒介传播技术,对特定领域有专业和深刻的理解,并能创造性地开展整合传播策划,即要成为高素质的全媒型、专家型人才。

  同时,面对世界百年未有之大变局和中华民族伟大复兴新征程,新时代的新闻传播工作者还应用国际化语言和方式讲好中国故事,让世界更好认识新时代的中国。这更离不开一大批具有家国情怀、国际视野的高素质全媒化复合型专家型新闻传播人才的工作。而培养全媒型、专家型人才,必须在坚持马克思主义新闻观指导地位的前提下,高度关注中国实践和中国经验,积极推进学科交叉与融合、学界与业界协同,以开放的视野和务实的态度推进中国新闻传播学自主知识体系的构建,不断提高中国话语国际传播效能,实现开放式、特色化发展。

华中科技大学出版社于 2023 年秋发起筹备"普通高等学校新闻传播学类专业全媒型人才培养新形态教材",并长期面向全国高校征集优秀作者,以集体智慧打造一套适应全媒体传播体系、贴合传媒业态实际、融合多领域创新成果的新闻传播学教材丛书。本套教材以实践性、应用性为根本导向,一方面高度关注业界最新实践形态和方式,如网络直播、智能广告、虚拟演播、时尚传播等,使学生能够及时掌握传媒实践的前沿信息,更好适应业界对人才的需求;另一方面在教材编写过程中,充分尊重各地新闻传播学院的教情和学情,鼓励学界和业界联合编写教材,突出关键技能和素质的培养,力求做到叙述简明、体例实用、讲解科学。

本套教材具有以下特点。

(1) 重视总结行业经验和"中国经验"。教材内容不能停留在"本本主义"上,而是要与现实世界共同呼吸,否则是没有生命的。本套教材在撰写过程中力图突破传统教学体系的桎梏,更多面向行业真实实践梳理课程培养内容,及时捕捉行业实践中的有益经验,深刻总结传媒实践"中国经验",从而为我们讲好中国故事、在新闻传播之路上行稳致远提供坚实的基石。

(2) 注重人文性与技术性的结合。高素质的全媒型人才需要熟练掌握不同媒介的操作方式和传播逻辑,同时要具有深刻的人文关怀。这需要我们在人才培养过程中更加关注技术和人文的相辅关系,使学生既有技术硬实力,在实际操作中不掉链子,又能坚持正确的价值导向,在形象传播中不掉里子。本套教材注重实操经验的介绍和思政案例的融入,可以很好地将人文性和技术性结合起来。

(3) 强调教学素材的多样化呈现。教材出版由于存在一定的工作周期,相对于其欲呈现的对象来说,注定是一项有所"滞后"的事业。传播的智能化趋向使我们朝夕相对的生活世界处在剧烈的变革之中,也使我们教材更容易落伍于现实。为了突破这一局限,本套教材都配备有及时更新的教学资源,同时部分教材还配套开发了数字教材,可以为教师教学提供更具有针对性的解决方案。

教材要编好绝非易事,要用好也不容易。本套教材的出版凝聚了众多编者的心血,我们期待它能为培养全媒型、专家型人才提供一定的助力。当然其中的差错讹误恐在所难免,我们希望广大教师能够不吝赐教,提出修订意见,我们将由衷感谢。也期待有更多教师可以加入我们的编写队伍,再次致谢。

2024 年 8 月

序言
Preface

在这个信息爆炸的时代，网络直播作为一种新兴的社交方式与传播手段，正以前所未有的速度改变着我们的生活方式。它不仅为人们提供了全新的娱乐体验，也为各行各业带来了机遇与挑战。近年来，网络直播行业飞速发展，已经成为数字经济发展的重要组成部分，对社会产生了深远的影响。从个人才艺展示到企业营销推广，从游戏竞技到教育科普，网络直播以其独特的魅力和广泛的适用性，吸引了亿万用户和众多企业的参与。

随着网络直播行业的蓬勃发展，一系列问题也随之显现，包括伦理道德、法律法规、商业模式等方面，这些都需要我们以更加严谨的态度去审视与解决。正是基于这样的背景，我们产生了撰写本书的想法。

一方面，随着网络直播行业的快速发展，越来越多的高校开始开设与此相关的课程，以培养适应时代需求的专业人才。网络直播不只是一种娱乐工具，更是一个能够创造就业机会、推动经济增长的重要领域。因此，对于高校而言，提供系统化的网络直播相关课程，对于培养具有实践能力和理论素养的复合型人才非常重要。另一方面，虽然市场上已经存在一些关于网络直播的书籍，但大多侧重于实践层面。希望本书能成为一本既能提供理论深度，又能指导实践的综合性教材。

本书全面覆盖了网络直播的基础理论、行业发展、实践操作、盈利模式，以及面临的伦理和法律问题等多个方面。从网络直播的概念界定到行业发展的历程，再到不同类型的直播平台和直播形式，我们力求为读者提供一个全面且系统的认知框架。

为了确保本书内容的全面性和实用性，我们不仅介绍了网络直播的基本概念和发展历程，还深入探讨了直播平台的多样化、盈利模式的创新，以及行业实践操作的关键点。在理论知识的基础上，我们还穿插了大量的实际案例，以便读者能够更好地理解理论知识在实际情境中的应用。这些案例涵盖了电商直播、游戏直播、泛娱乐直播等多个领域，旨在帮助读者更好地理解和掌握网络直播的各个方面。

本书适合高等院校相关专业的师生作为教材使用，同时也适合希望深入了解网络直播行业的从业人员和对这一领域感兴趣的广大读者阅读。无论是希望深入了解网络直播理论的新手，还是寻求提升实践技能的专业人士，都能从中获益。

本书是集体智慧的结晶，编写的分工如下：第一章由唐崇维编写；第二章由张燕编写；第三章由张萍编写；第四章由徐舒编写；第五章由董子昂编写；第六章由邓玮昕编写；第七章由曾毅编写；第八章由吴璇编写；第九章由孙丹妮编写。在此，对上述所有成员为撰写书稿而付出的艰辛表示衷心的感谢。同时，对完成该书配套数字资源的陈凌表示感谢。

此外，本书的编写工作得到了华中科技大学出版社的大力支持与帮助，在体例、撰写规范等方面，编辑部给予了宝贵的指导。在此，我们衷心感谢为此付出辛勤努力的所有工作人员。

尽管我们尽力做到让成书完整、系统，但由于编者的能力有限，书中难免存在不足之处，我们诚挚地欢迎广大读者提出宝贵意见，以便我们在未来进一步完善，也希望本书能够为推动网络直播行业的健康发展贡献一份力量。

编者

2024 年 7 月

目录 Contents

第一章　网络直播的兴起与发展 /1

- 第一节　网络直播的概念及界定 /2
- 第二节　网络直播行业的发展历程 /7
- 第三节　网络直播的价值 /11
- 第四节　网络直播的影响 /16

第二章　网络直播的平台及类型 /20

- 第一节　网络直播平台的定义及发展阶段 /21
- 第二节　网络直播平台的类型划分 /23
- 第三节　秀场直播 /25
- 第四节　游戏直播 /27
- 第五节　泛娱乐直播 /30
- 第六节　垂直领域的直播 /36
- 第七节　电商直播 /40
- 第八节　版权类直播 /42
- 第九节　慢直播 /43

第三章　电商直播的平台及特征 /46

- 第一节　传统媒体的直播带货平台 /47
- 第二节　专业电商直播平台 /50
- 第三节　电商直播带货的类型 /56
- 第四节　电商直播带货的三要素 /62

第四章　网络直播的主体 /69

/70　　第一节　网络主播人设
/75　　第二节　网络直播的团队构成
/85　　第三节　网络直播的互动方式
/91　　第四节　网络互动的深层次需求

第五章　网络直播消费群体 /94

/95　　第一节　网络直播消费群体的分类
/100　　第二节　网络直播消费群体的特征
/107　　第三节　网络直播消费群体的消费心理

第六章　网络直播的盈利模式 /113

/113　　第一节　网络直播盈利模式的发展
/119　　第二节　网络直播盈利的主要模式
/126　　第三节　网络直播盈利模式的特征

第七章　MCN 机构运营 /132

/133　　第一节　MCN 的诞生、概念及发展历程
/137　　第二节　MCN 的业态分类
/139　　第三节　MCN 运营方式/盈利模式
/148　　第四节　MCN 的发展现状
/154　　第五节　MCN 发展趋势

第八章　网络直播的法律监管 /158

/159　　第一节　法律监管概述
/161　　第二节　网络直播内容的监管与审查
/164　　第三节　版权保护与知识产权
/168　　第四节　用户数据保护与隐私权
/170　　第五节　税收法规与财务管理
/174　　第六节　直播电商的法律规范
/177　　第七节　网络直播的监管挑战

第九章　网络直播的道德反思　/ 182

第一节　网络直播道德失范与反思的意义　/182

第二节　隐私与公共暴露的边界　/187

第三节　真实性与表演性的伦理困境　/190

第四节　网络暴力与道德责任　/193

第五节　文化传承与道德担当　/196

参考文献　/ 200

附录　练习与实践　/ 206

第一章

网络直播的兴起与发展

◆ **本章主题：**

网络直播行业的兴起改变了传统的互联网生态。本章将介绍网络直播的相关概念、网络直播的特点及网络直播兴起的原因。同时，本章将介绍网络直播行业的发展历程，包括中国网络直播行业的发展和美国网络直播的缘起与发展历程。此外，本章将阐释网络直播产生的各种价值，主要包括社会价值和经济价值两个方面的内容。最后，本章将探讨网络直播产生的积极影响。

◆ **学习重点：**

网络直播的概念、特点及网络直播兴起的原因；网络直播的发展历程。

◆ **学习难点：**

理解网络直播产生的社会价值、经济价值和积极影响。

随着互联网的发展，网络直播行业应运而生，从最初的游戏直播到当下热门的直播带货，人人都可以随时随地看直播、做主播，直播的属性也从单一的娱乐属性转变为经济属性、社交属性叠加的多重属性，直播已经发展到一个新的高度。直播跨越了年龄、背景、地域等各种障碍，在各行各业中得到广泛应用。

网络直播的出现，现在看来更像是一种偶然。网络直播从萌芽兴起到发展至今，在不到二十年的时间里，行业快速自我迭代。它经历了默默无闻的探索期、群雄逐鹿的爆发期、成王败寇的蜕变期，后来又经过行业规范的成熟期，发展成如今我们所看到的直播。在新技术和新需求的推动下，我们迎来了一个前所未有的直播时代。

第一节　网络直播的概念及界定

大众传媒经历了从报纸、期刊到电影、广播、电视的一系列演变，到如今出现了一种活力更高、传播影响范围更广的传媒方式，它就是网络媒体。与传统媒体相比，网络媒体具有灵活的传播特征，信息可以快速准确地传递给需要的人群。而网络直播的出现，是网络媒体不断进步和完善的一个表现。

一、网络直播的概念

网络直播行业作为互联网新兴产业，在当下正处于蓬勃发展态势，但由于其出现的时间不长，而且还在不断出现新的发展特性，学界对网络直播的概念没有一个统一清晰的界定。

（一）直播

直播的概念最初在传播学中出现，直播被定义为广播电视节目的后期合成与播出同时进行的播出方式，专门用来描述电台、电视台在现场随着事件的发生、发展进程同时制作并播出节目的方式。① 传统的广播电视节目是音视频素材提前经过剪辑修改后按照既定时间安排播出的，人们在广播电视上看到或听到的内容与现实生活发生的状况存在"时差"。这种时间的不对等性，使得节目不能满足人们对信息的即时需求，因此出现了广播直播与电视直播。广播直播与电视直播大大丰富了人们的生活，为人们打开了一扇新世界的大门，也拉近了传统媒体与观众之间的距离。

我国历史上的第一次电视直播内容是一部电视剧。1958年6月15日，北京电视台（中央电视台前身）现场直播了我国第一部电视剧《一口菜饼子》。6月19日，第一次成功地现场直播了"八一"男女篮球队和北京男女篮球队的比赛。受到当时技术的限制，直播这种形式的使用频率不高，但这两次直播经历被载入史册。随着媒介技术的发展，1996年，中央电视台的《新闻联播》开始从录播转为现场直播。1997年，央视采用现场直播的方式向人们播报了香港回归的历史性画面，这次长达72小时的大规模、持续性的播报标志着电视直播走向成熟。

电视直播开始成为一种常态化的节目播出方式，人们足不出户就能阅尽天下事，并且能让观众与直播主题产生共鸣。2003年抗击"非典"的特别直播报道，给人们留下了深刻的印象。2008年汶川大地震让人们至今记忆深刻，被地震撕裂的大地、成片的瓦砾废墟、一个个幸存者被搜救出来……这些画面都被直播镜头真实地展现在观众面前。消息

---

① 栾轶玫. 传统直播与二次元直播的差异［J］. 新闻与写作，2017（1）：46-49.

一出,社会各界纷纷向灾区伸出援助之手,这少不了电视直播带来的影响力。可以说,直播深深改变了人们的信息消费习惯和媒介参与能力。

(二) 网络直播

对于网络直播,不同学者从不同研究角度给出了不同的定义。从传播技术角度来说,网络直播是指将活动现场的音频和视频信号经压缩后上传到 Web 服务器或多媒体服务器,并在 Internet 上根据用户请求进行分发的过程。[1] 网络直播是基于流媒体技术,使用有线或无线网络,在电脑、手机等终端设备上传递信息,通过电脑网页和客户端等,将现场信息以多媒体形式展现的传播方式。[2] 从传播角度来说,网络直播即互联网直播,是指基于互联网,以视频、音频、图文等形式向公众持续发布实时信息的活动。[3] 网络直播是指在现场随着事件的发生、发展进程同步制作和发布信息,具有双向流通过程的信息网络发布方式。[4] 网络直播是由网络主播提供的不经过录音或录像,依托互联网和手机或电脑等直播工具在网络直播平台上,同步进行实况播送,多方展示,与受众通过弹幕或评论即时互动的网络内容服务形态。[5]

我们一般可以从这几个维度来对网络直播进行理解:技术上的数字化和网络化、传播时间上的即时性、传播空间上的无限性、传授关系上的互动性。[6] 其中,技术发展是网络直播生存的基础;传播时间和空间上的优点是网络直播吸引受众的手段,受众能够随时随地观看各种直播内容;互动性特征是网络直播的本质,受众与主播、受众与受众之间有社交互动的主动需求。由此可以看出,网络直播不同于传统媒体的直播活动,它突出了受众的主体作用。因此,网络直播是指基于流媒体技术,网络主播依托互联网、手机、电脑等直播工具在网络直播平台进行实况信息传递,并与用户进行互动的一种视听节目形式。

二、网络直播的特点

与传统媒体的直播活动相比,网络直播具有其自身的特点。网络直播的内容不再是以会议、比赛、庆典等为主要题材。与受众之间进行即时互动,满足受众的需求是直播的主要目的。网络直播在传播内容、传播效果等各方面展现出前所未有的突破,受众的身份和地位也发生了前所未有的改变。

---

[1] 贾庆民,李子姝,李诚成. 基于 MEC 的移动网络直播视频分发机制研究 [J]. 信息通信与技术,2018 (5):40-44, 49.
[2] 吴海巍. 基于流媒体技术的移动视频直播系统的设计与实现 [D]. 杭州:浙江工业大学,2015.
[3] 参见《互联网直播服务管理规定》。
[4] 李文立. 网络直播的特点及发展 [J]. 数字传媒研究,2016 (8):74-76.
[5] 谭畅,贾桦,杜港. 浅析网络直播的定义、特点、发展历程及其商业模式 [J]. 现代商业,2018 (19):165-168.
[6] 宋黎. 网络直播的兴起、特点与应用 [J]. 东南传播,2017 (9):91-93.

（一）准入门槛低

传统意义上的直播，如一场电视直播，体现出很强的专业性。它需要专业化的工作人员、专业化的直播设备和一个庞大的组织团队，其传递信息的方式也是单向传递给受众，传播效果的好与坏没有一个有效的衡量标准。网络直播与传统意义上的直播有很大的不同，首先表现为低门槛性。在网络直播平台上成为主播非常容易，只需要注册一个账号，通过平台认证就可以，几乎没有准入门槛。因此，人人都可以成为主播，而主播只需要简易的设备就可以进行直播活动。网络直播平台行业的低门槛性让一些有一技之长的普通人有机会把自身的能力展示给大众，甚至可以达到难以想象的成功，这在非互联网时代的社会中是很难实现的。很多主播凭借创新的直播内容，积累了大量财富和很高的社会名气。

网络直播的低门槛性也带来了一系列新的社会问题。鱼龙混杂的直播主体导致直播内容良莠不齐，这主要表现为传递不良的价值观和历史观、传播淫秽暴力信息、采取低俗手段博眼球、侵犯他人隐私、知假售假、网络暴力泛滥等，一些直播平台甚至触碰法律红线，出现违法行为。网络主播的"造富神话"也引发了不少个人对财富的极度渴望，扭曲了社会的金钱观。一部分人采取非正常手段进行直播期望一夜暴富，忽视了成功靠的是个人的才华、能力和勤奋。因此，网络直播中的乱象需要进行规范，以形成一个健康稳定发展的网络直播行业。

（二）互动即时性

沃尔夫冈·豪格认为，商品美学按照人类追逐欲望、对满足和快乐的渴望等特性而设计，其迷人形象使商品成为一种迎合人类内心情感的"感性——超自然的东西"。[1] 网络直播这种商品的出现，恰好满足了互联网虚拟社会中人们对社交的渴望。传统媒介包括主要以单向传播方式进行信息传递的报纸、广播、电视等，受众对信息的及时反馈缺乏有效的渠道。互联网显而易见的优势特性，决定了网络直播具有很强的互动属性。在网络直播过程中，网络主播与用户、用户与用户之间都可以进行实时互动。网络直播不仅仅是内容的输出，还是网络主播展现生活场景的过程，用户通过弹幕、送礼物、连麦等方式进行意见的表达，网络主播能够即时回应用户的各种表现。

网络直播的盛行其实是受众与网络主播相互赋权的过程。受众以打榜、留言、送礼物等互动参与方式赋予网络主播人气，决定网络主播的命运，一夜成名和"毁星运动"的现象层出不穷；部分网络主播以较高人气成为知名主播之后，便对围观的受众施以一定权力，表现为影响受众的消费观、价值观等。目前中国正处于社会深度转型期，大多数个体是独自奋斗与生活，由此导致个人精神上的空虚与强烈的孤独感，而网络直播为克服这种孤独感提供了一种途径。网络受众与陌生人一起通过在直播间的即时互动与狂欢，能体会到共存感，在这样的过程中找到归属感，弥补现实世界中社

---

[1] 张晓萌. "正义"维度下的消费社会批判——兼论沃尔夫冈·豪格的商品美学理论［J］. 理论视野，2016（4）：48-51.

交的缺失。受众的需求得到满足，必然推动网络直播的发展，也吸引着更多的受众成为网络直播的用户。

（三）粉丝经济强劲

粉丝经济（Economy of Fandom）一词来源于约翰·费斯克的著作《粉丝的文化经济学》。费斯克发现，对于文化产业来说，粉丝是一个额外市场，他们不仅经常大量购买"衍生"产品，而且提供了许多宝贵且免费的有关市场趋势和偏好的反馈，并与文化工业争夺话语权。[1] 国内学者认为，粉丝经济是指架构在粉丝和被关注者关系之上的经营性创收行为，是通过提升用户黏度来优化口碑营销实效以获取经济收益与社会收益的信任代理形态与经济运作方式。[2] 也就是说，被关注者在某个平台通过某个兴趣点逐渐积累粉丝，然后向粉丝提供多种商品服务，最终将其转化为粉丝的消费行为。

对很多粉丝而言，主播提供的情感价值大于商品的使用价值。网络主播能够叫出每个老粉的名字，记住他们的各种喜好，常与粉丝们聊日常生活，表现出贴心特质；粉丝能够与主播进行对话，关心主播的生活进展，讲述自己生活中的问题，期望能从直播间得到答案。直播中产生的陪伴体验给予粉丝很大的情感满足感，粉丝从而对主播产生很强的信任感，很多粉丝表示，他们看网络直播主要在于释放生活中的压力，会经常购买主播推荐的商品。粉丝也经常关心主播推荐商品的销售量，一旦出现销售没有达到预期状况的时候，粉丝会表现出"野蛮消费"现象。

三、网络直播兴起的原因

网络直播正在产生一种新的在线文化，影响着不同的行业。各行业纷纷通过直播来展现自己，推广自己和产品，网络直播重新定义了人们与企业的互动。直播已经成为我们不可忽视的一股力量，在国内形成井喷之势。技术的发展、网络直播自身的特点及其他因素综合起来，使网络直播变得火爆。

（一）技术提供支持

网络直播的飞速发展离不开技术的支持，直播的体验效果往往会受到终端设备和网络传输速度的影响。首先，软硬件性能的提升和技术水平的提高，让设备的操作难度大大降低，并且带来很好的直播体验。智能手机硬件性能的提高，如内存的提升、前置摄像头像素的提升，让直播的画面更高清，画面更稳定。直播软件的开发者不断优化软件设计，用户能够简单快速地发起直播，观看者可以自由地发送弹幕、实时点赞等。其他直播辅助设备也大多功能强大，用法简单，如直播声卡能够降低环境声音的影响，让直播用户听清主播的声音，同时具有变音功能，还可提供丰富多样的伴奏

---

[1] 周懿瑾，黄盈佳，梁诗敏."粉与被粉"的四重关系：直播带货的粉丝经济探究［J］．新闻与写作，2020（9）：29-35．
[2] 李文明，吕福玉．"粉丝经济"的发展趋势与应对策略［J］．福建师范大学学报（哲学社会科学版），2014（6）：136-148．

和特效声音，丰富直播间的声音效果，让直播间更加场景化。随着网络直播与 VR、AR 等技术的结合，直播将带来全新的体验感。可以说，设备技术的更新换代使得网络直播内容的生产和传播拥有了更好的环境，直播更流畅。

其次，流量价格的下降大大降低了直播内容生产的成本和用户的消费成本。在移动互联网时代，最核心的是移动通信技术，5G 技术具有更稳定的连接性、更快的传送速度和更低的延迟特点，如今视频传输的速度比以往任何时候都快。每个城市里免费 Wi-Fi 的高渗透和手机网络传输信号的更新换代，加上取消流量漫游、流量共享等提速降费措施的落实，直接降低了流量的门槛，这意味着用户只需花少量的钱或者不花钱，就能随时随地进行一场直播。

（二）用户需求强劲

社交工具是目前人们生活必不可少的一部分，人们能够自由地进行自我展示与表达是社交平台火爆增长的主要原因。网络直播的即时互动特征，让用户产生被陪伴的感觉，用户与众多陌生人连接，在情感上产生满足感，觉得很开心。网络直播提供的多样化内容可以随时供用户观看，主播们在直播中所展示的场景，令观看者觉得新奇，这种真实直观的场景也会让观看者如同身临其境，因此用户具有观看网络直播的积极主动性。而各大网络直播平台能与微博、微信、QQ 等社交平台进行关联，让好友一起看直播，现实的社交互动方式在这样的分享中得到拓展，让直播互动变得更加有趣，同时拉近了现实社交关系，这对用户来说无疑更具有吸引力。

网络直播内容也可以满足用户的求知欲、窥私欲和猎奇心理。很多用户利用直播丰富自己的知识储备，学习更多的技能，比如，学做美食、健身跟练、学会拍照、学习画画等，这一方面能满足自己的兴趣爱好，另一方面通过直播平台也能结识具有同样爱好的朋友。对于他人的生活与隐私，人们有着一种本能的窥私欲，比如，人们都想看看明星日常生活的样子。网络直播能满足公众的窥探心理，让公众了解一些新奇事物和未知事物。正是由于网络直播满足了用户的多种需求，用户才对网络直播疯狂追捧。

（三）资本市场热捧

对于资本市场来说，网络直播是一个高投入项目。一方面，网络直播对带宽的要求非常高，直播公司每个月的带宽成本是一笔不小的支出；另一方面，为了更多地吸引用户流量，平台会支出比较高的运营成本，比如，签约知名主播、购买内容版权、进行直播引流等。因此，经营直播需要投入大量的资金。虽然直播的投入成本高，但是其回报价值也惊人。带货主播的粉丝数在短时间内暴涨，所推荐的商品都被秒空，带动所属机构的股价飞涨，这是真实存在的案例。资本市场也闻风而动，全球顶级投资机构高盛集团、摩根士丹利等也都坚持"定投"。网络直播产生了全新的盈利模式，产生的效益也能在短时间内快速聚集，展现出巨大的经济潜力。而通过网络直播可以获得可观的经济收入，这也吸引了很多人投入直播大潮，为网络直播平台提供了源源不断的内容资源。因此，从直播行业诞生开始，直播市场就一直吸引了众多资本入场。

随着直播产业链的日益完善，各直播平台致力于探索直播的形式和内容，以获取更多商业资本为其发展提供支持。在过去近十年的互联网行业发展中，网络直播在各个行业遍地开花，一直成为资本追逐的热点。截至 2023 年 6 月，我国网络直播用户规模达 7.65 亿人。此外，健康话题居高不下，健身直播正在兴起，医疗直播科普也蔚然成风，源源不断的资金流入相关领域直播市场。人们对直播的需求与强大的资本结合，给网络直播市场的发展注入了强劲动力。

第二节　网络直播行业的发展历程

网络直播是媒介技术发展到一定阶段的产物，有其诞生的必然性。早期国内的直播产业大都复制国外的模式，国外的直播产业无论是在技术上还是在内容上，都比我国直播产业发展稳定。网络直播的发展与技术的发展紧密相连，经历了从电脑端到手机端的发展阶段，多种直播类型迭代兴起。

一、中国网络直播行业的发展

网络直播是媒介发展到一定阶段的必然产物，比传统的电视直播更具有人际传播和大众传播的特点。网络直播形式兴起于电脑端，兴盛于手机端，各种直播类型更迭和交织发展，形成了不同的发展阶段。

（一）第一阶段：萌芽期——秀场直播时代（2004—2012 年）

这一阶段是中国网络直播发展的早期阶段，直播形式以秀场为主，代表平台有 YY 和六间房。2005 年前后，国内各大视频网站相继成立，开始差异化竞争之路。为了突破重围，YY 软件率先试水秀场直播。从 YY 到六间房，开创了初代网红运营模式，吸引了资本市场的目光，不少视频网站转型为主打秀场模式的直播平台。随着各大"秀场"的建立，网络直播为用户带来了全新的内容和观看体验，用户可以实时观看内容和进行即时互动。在直播过程中，用户可以使用虚拟物品表示对主播的喜爱度，也就是"打赏"行为，用户购买鲜花和道具等打赏主播，用户的主观能动性得到充分发挥。

秀场直播核心在于各种"秀"，秀场直播的观看者以男性群体为主，主播的魅力是决定直播间人气高低的直接因素，更是促使男性用户买单的主要因素。因此，不少直播平台利用监管漏洞，打"擦边球"，部分主播进行涉黄、低俗、扮丑、暴力等内容的直播。这一时期，网络直播行业的低俗内容层出不穷，乱象频生，导致网络直播行业的社会认可度低，观看网络直播被认为是"低俗"行为。为此，有关部门对秀场直播平台加强监管，接连出台相关监管政策。

（二）第二阶段：高速发展期——游戏直播时代（2013—2015年）

这一时期得益于电竞游戏的风靡，游戏直播兴盛，网络直播行业大火，进入高速发展时期，代表平台有斗鱼、虎牙、战旗、熊猫等。2011年，英雄联盟国服开启公测，借助腾讯的平台优势，英雄联盟很快发展成国内最受欢迎的网络游戏。2013年，YY开始发展游戏直播业务。2014年，斗鱼从哔哩哔哩平台独立，正式定位为专做游戏直播的平台，并首次引入主播签约费的概念，吸引了大量人气主播。从2014年开始，国内游戏市场规模快速扩张，英雄联盟、DOTA2、绝地求生、守望先锋等游戏成为众多年轻人的爱好。电竞游戏行业举办了一系列规范性的比赛活动，由此高质量游戏获得了足够多的曝光和关注，游戏玩家观看游戏直播成为一种新时尚，大量游戏直播平台涌现。

游戏直播具有极强的观赏性，主播个性化的解说语言吸引了大量的游戏用户，这些用户黏性强、购买力强。游戏直播最开始是直播平台的一个频道，随着游戏直播用户数量的急速增长，游戏直播很快成为独立的门类。游戏直播的商业模式主要通过游戏中虚拟道具的销售得以实现，游戏主播是其核心资源。游戏主播主要分为职业玩家主播和普通玩家主播两类。职业玩家主播一般是十分擅长某类游戏的高手，一边带领玩家打通关或者传授游戏升级的秘籍，一边进行各种互动，这类主播往往被直播平台高薪签约为头部主播。每个游戏主播都有自己的游戏心得体会，其他人难以模仿，因此游戏直播具有一定的门槛。

（三）第三阶段：成熟期——格局稳定，直播出海（2016年至今）

这一阶段网络直播走向成熟发展期，大量资本持续涌入直播行业，直播内容更具多样性，直播场景更加多元化，全民直播时代来临。2016年，得益于移动技术的发展，移动直播爆火，数月间涌现出大大小小数百家直播App，网红、明星扎堆入驻，各大资本竞相追逐。一个主播只需要一台手机，安装直播App，就可以在任何有网络的地方和任何时间进行直播，网络直播行业开始发生重大转折，网络直播在内容层面和商业层面出现了新的形式。移动直播的便利促使了很多新内容的产生，出现了电商直播、旅游直播、教育直播、公益直播等模式，极大地拓展了网络直播的可能性，直播成为一种时尚潮流，被各行业追捧。网络直播行业开始摆脱以往的负面形象，社会对其认可度逐渐提高。

在全民直播之前，主播和用户是绝对区别开来的，主播是内容的创造者，用户是内容的接收者。尽管网络直播平台主播具有低门槛性，但普通用户仍然很难成为秀场主播或游戏主播。全民直播时代给每一位需要展示自己的人提供了机会，用户可以轻而易举地成为主播。

随着直播平台不断更新、成熟，直播多元化的趋势日渐加强，许多直播平台不断拓展直播内容，丰富直播领域。2020年，许多直播平台为了寻求突破，推出短视频功能，不少短视频平台也推出了直播功能，这种将短视频和直播结合起来的方式可以充分发挥两者的优势，实现流量的积攒和转化。此外，腾讯进行了微信小程序直播公测，测试取得了比较好的效果。用户观看小程序直播无须下载软件，更加方便快捷，同时小程序直播将微信的各种功能进行链接，打通企业的网络流量积累，能有效提高直播的转化效果。

随着国家"一带一路"发展战略的实施,众多网络直播平台积极拓展海外市场。相对于中国,东南亚、中东、南美等地区的流量成本低廉,研发能力有限,本土互联网产品匮乏,这些地区的互联网生态比中国要晚2~3年,移动直播在这些地区还处于萌芽阶段,正是中国企业占领海外市场的好时机。不同实力的企业对出海路径的选择也不一致,目前,选择出海的直播企业大致分为三种:国内领先的视频直播企业、专注发展海外市场的互联网企业和在国内发展受阻的小型直播企业。

移动直播出海为中国互联网产品的发展路径提供了新思路,成为中国通过互联网对他国进行文化输出的利器。2016年3月,欢聚时代在泰国上线直播产品BIGO LIVE,凭借自身在国内丰富的直播经验与资金实力,BIGO LIVE发展成出海东南亚移动直播产品的头部产品。2016年4月,猎豹移动在美国上线直播产品Live.me。2016年5月,广州事世讯科技以印尼作为主阵地与第一突破口,上线直播产品Nonolive。2016年6月,全民快乐科技的StarMe进入东南亚市场。随后,众多直播企业开拓海外市场。目前,海外最大的独立直播平台为亚洲创新集团旗下的Uplive。中国网络直播布局遍及东南亚、北美、非洲、中东等地,为用户提供含演艺、游戏、体育、旅游、美食等多元化内容,形成了活跃、庞大的直播生态。

二、美国网络直播的缘起与发展历程

人们最早对网络直播的印象是在互联网上观看电视内容的实时转播,也就是网络电视直播,这是网络直播的原始状态。2000年,美国在线(AOL)推出AOL TV这一交互式电视服务,用户可以像在网上查找网址那样十分方便地挑选电视节目。之后,微软、康卡斯特、时代华纳等大型公司都开始进入这种业务市场。

由于互联网技术的发展和相关政策的松动,越来越多的人观看网络电视节目。2005年,YouTube视频网站成立,用户可以直接在互联网上观看各种视频。2007年,Hulu视频网站成立。Hulu网站免费为用户提供正版的直播内容、视频等服务,并且让节目和剪辑便于分享,甚至可以编辑。这样,用户不仅可以随时随地查找并欣赏专业媒体内容,还可以在自己的博客或社交网站上重新上传整部电影或任何片段。该视频平台的出现,极大地促进了直播行业的发展。同一时期,在线点播视频网站Joost提供基于P2P技术的网络视频服务。网络用户可以任意选择节目,控制节目的播放;Facebook用户可以使用账号登录Joost网站,用户可以和其他Facebook好友进行沟通互动。这个平台具备了一定的社交功能,形成一个社区,让直播行业开始更加注重与受众的互动。

2011年,结合电视真人秀和社交游戏元素的直播应用程序YouNow上线,该应用程序的推出被认为是美国网络直播发力的开端。在YouNow应用程序上,用户可以通过视频匿名向屏幕前一群不知名的用户进行实时广播。该平台的口号是"通过别人的眼睛探索世界",就是指一种在黑暗中冒出来以观察四周的设备。YouNow整个网站的设计目的是创造网络红人,并围绕他们培养粉丝。网站上的功能也是采用游戏化风格,从而让大家的目光都关注在屏幕上。YouNow直播间通过屏幕侧边栏的排名榜鼓励主播争夺该社交网络全部用户的关注。如果YouNow主播退出,浏览者立即会转入新的直播流,新的主播将尽自己的努力挽留观众。该网站没有广告，优秀的 YouNow 主播具备快速社交能力、即兴表演技术，因此能够吸引观众关注并激发他们的热情。

2014 年，贝克普尔（Beykpour）和伯恩斯坦（Bernstein）创立综合性视频直播应用 Bounty。该公司在 2015 年 3 月被 Twitter 收购，收购后应用程序更名为 Periscope。依靠 Twitter 强大的用户群体和推广能力，Periscope 发展迅猛，在发布 10 天之内即获得了 100 多万用户，上线四个月后 Periscope 有超过 1000 万注册用户。2015 年 5 月 2 日，英国凯特王妃诞下第二个孩子，CNN 皇家记者 Max Foster 在拥挤的媒体区内，通过 Periscope 与无数关注英国皇室的网友实时互动，并直播威廉王子和凯特王妃如何带着小公主夏洛特离开圣玛丽医院。这次名人推广策略让 Periscope 火爆程度大增。总体上，Periscope 定位为全民参与的直播，主播多是普通用户，平台上最受关注的内容有脱口秀节目、旅行直播、美食制作、时事热点和明星演唱会等，内容丰富精彩，主播们倾向于表达自我，而非取悦受众。网络观看者可以通过触碰屏幕送爱心给主播，人气高的主播可以在后期吸引商业公司赞助，获得商业利润。

2015 年 2 月，视频直播软件 Meerkat 上线并迅速蹿红，不到一个月用户数超过 30 万，这是美国第一个爆火的直播 App。Meerkat 应用的页面设计简单明了，其用户以普通网友为主，视频整体分为两类——正在直播和即将直播的视频。Meerkat 与 Twitter 账户关联，用户只需要简单的操作就可以开始向粉丝直播，还可以提前预告直播时间。直播开始时，用户的 Twitter 账号会自动发送一条带有在线直播链接的推文，所有人都可以通过链接在任何设备上观看。在 Meerkat 之前，美国的网络直播主要以网页直播的形式为主，Meerkat 开创了手机直播的新时代，并通过用户爱心点赞或写评论的方式强调参与性用户体验。由此开始，移动网络直播迅速成为继 Facebook 的社区式交友互动、Twitter 的简短文字式状态分享、Instagram 的图片式生活记录后的又一主要的网民生活方式。这股移动视频直播的热潮也在此期间涌入中国，并在中国快速发展壮大。

在这股网络直播的热潮下，各网络巨头纷纷参与其中。不仅是 Twitter，许多传统的社交网络或社会媒体平台，通过各种形式开发自己的直播产品与应用。2016 年 4 月，Facebook 向所有用户推出了 Facebook Live，在 Facebook 中作为信息流呈现。Facebook 创始人兼 CEO 马克·扎克伯格在 6 月 2 日与 3 名国际空间站的宇航员进行了约 20 分钟的采访对话，NASA（美国国家航空航天局）的 Facebook 账号进行了实时直播。在此次太空直播过程中，扎克伯格向空间站宇航员提了一些有趣的问题，有些问题是直播中公众在线提的。而 3 位宇航员为地面观众一起表演了太空后空翻，分享了太空中味觉的变化。此次直播吸引了 100 多万网友关注，有近 4.1 万次分享与 14 万多评论。Facebook Live 的优势在于它吸引了许多社会名人和知名媒体的参与，直播内容真正体现直播的价值。比如，特朗普通过直播来宣布新一任最高法院法官的任命，他认为这种方式可以实现与民众的直接对话，而不被媒介进行二次加工。Facebook Live 不断革新直播内容和技术，很快在美国直播界占有一席之地。

谷歌旗下的 YouTube 一直都有直播内容，其在 2017 年更新了 YouTube Live，推出移动设备直播，正式加入直播大战。自此，用户在 YouTube 的应用上就可一键开启直播。由于平台以原创视频作为内容生产，开通直播后，视频爱好者制作的直播内容比较精良，拥有众多粉丝。YouTube Live 向直播平台内容发布者提供按次付费，确保平台发布的内容有价值内涵，广告收入是 YouTube Live 主要的盈利来源，平台不仅拥有巨额的广告收入，还开通了观众打赏、按次数付费等许多功能。

此外，亚马逊旗下拥有一家实时流媒体平台 Twitch，Twitch 是专门进行电子竞技直播的平台，几乎包含市场上所有热门的游戏，并且聚集了世界各地最专业的玩家。Twitch 的前身 Justin.tv 是一家综合性视频网站，包含体育、娱乐新闻、游戏、社交等内容，其中游戏板块发展很快且成为最受欢迎的一个板块。2011 年，Justin.tv 将游戏板块分离出去成立了 Twitch，Twitch 在 2014 年被亚马逊收购。Twitch 包含的游戏种类繁多，如英雄联盟、DOTA2、我的世界等热门游戏。Twitch 的视频直播主要分两种，一种是游戏高手的游戏全程直播，一种是游戏解说。有的解说员衣着火辣，有的语言搞怪，不同的主播靠自己个性化的特点吸引观看者。目前，Twitch 是游戏直播领域的龙头。

目前美国直播平台呈现出"四强争霸"的格局，也就是 Facebook Live，亚马逊的 Twitch、Twitter 的 Periscope 和谷歌的 YouTube Live。这几种软件已经基本覆盖全球大多数用户，无论从技术水平上说，还是从直播内容而言，都比我国直播的发展更加成熟。相比中国，美国直播行业的公司数目少很多，因此竞争程度显得没有那么激烈。谷歌、Facebook、Twitter 等互联网公司巨头的市场优势更为显著，其他公司在资本和用户规模上难以望其项背。在这种情况下，小公司大多另辟蹊径，避免和互联网巨头进行重复性竞争。

同时，美国的直播平台在内容的丰富性上不如中国的平台。与中国直播电商强劲的发展势头形成鲜明对比的是，美国的直播电商市场目前处于发展的初期，无论是在直播平台数量、卖货形式上，还是在整个行业的生态系统上，都无法与中国直播电商相提并论。虽然 YouTube.com、Twitch 和 Facebook 这些免费的平台也允许卖家以直播的形式和观众互动，但目前专门为直播电商而建立的平台在美国只有 Amazon Live。Amazon Live 是亚马逊在 2019 年推出的一项服务，卖家可以在该平台上利用直播与观众互动，出售商品。中国在电商直播这个领域是超过美国的，盈利模式的探索也领先于美国。

第三节 网络直播的价值

网络直播以其特有的优势形成了一个虚拟的公共平台，受众可以在这个平台上充分进行自我表达，也享受着众声喧哗的热闹。网络直播以丰富多彩的内容吸引着受众，迎合大众的趣味追求，引导大众的价值取向，在潜移默化中影响着社会的价值观念。

一、网络直播的社会价值

（一）凝聚社群归属感，增强价值认同

随着移动互联技术的发展、资本的介入及社会价值观的多元变化，当前主流社会结构正演化为各种类型的社群。这种社群不受时间或空间限制,社群成员的职业五花八门,以相同或相似的价值观来聚集成员。虚拟空间内存在大量的青年网络群体,如粉丝群、书友群、车友群,群成员往往具有相同的兴趣爱好或相似的经历,持续参与社群活动增加了他们对群体的归属感,也能够衍生出相互之间的信任。

在网络直播中,受众凭借个人喜好进入不同类型主播的直播间,在观看直播、刷礼物与弹幕交流中,直播受众获得自己所需的情感认同,体现了自己的存在感与参与感。风趣的主播达人、真实的励志故事、精彩的才艺表演、放松的社交话题、高频的社会互动,这些局限于现实条件而难以满足的需求,在网络直播间都能得到满足。在虚拟礼物的赠送、弹幕评论和与主播及其他受众的互动交流中,有共同爱好的受众在直播间外会逐渐组成一个社群。虽然受网络直播吸引而组成的社群,存在身处互联网场域中保持松散社会角色联系、缺乏深度人际联结的弊端,但对于网络直播用户而言,在网络直播所附加的某些契机中,通过媒介技术、资本模式,以及伴生的交际规则和价值观念,可以解决如消费、学习、精神认同等社会需求的满足问题。网络直播日常化、碎片化的内容分享使得受众在观看过程中形成共鸣,在一定程度上解决了现代社会中存在的"群体孤独"问题,实现了现实生活中的"虚拟陪伴",形成一个具有虚拟性的"社交朋友圈"。

我们当前的社会呈几何式的速度发展,引起了社会各领域的深度裂变,网络直播重新定义了时间和空间,改变了社会中的人际关系,一定程度上淡化了现实社会与虚拟空间的边界,使既有的社会结构出现了再组织化过程。因此,网络直播具有间接推动个体增强集体参与的功能,有利于个体认同规则典范和社会核心价值,形成群体凝聚力。

(二) 促进传统文化的传承,拉近历史与大众的距离

在现代文化的冲击下,我国众多的传统文化类别与传统手艺技术面临着文化消失、技艺传承断层的问题。我国传统文化成果种类多、数量大、内容丰富,但很多与当下公众的生活和消费方式格格不入,也没有主动拉近与大众的距离,因此,其蕴含的文化价值无法得到认同。比如,新生代青年对自身民族群体的传统节日认知与重视程度在下降,认知程度越来越低。很多民俗文化、艺术、技艺、衍生产品都需要引入人文资源和依靠纯手工制作,制作过程复杂,需要长时间不停地思考、设计与调整才能达到理想的状态,而且很难获得同等价值的经济效益和可预测的良好发展前景,因此很少有年轻人愿意从事民俗技艺传承工作。长此以往,我国传统文化遗产的式微不可避免。

网络直播以其自身的独有优势打破了传统文化传播单一、老套的刻板印象,实现传统文化的深度传播和品牌的深度形象塑造,越来越受到年轻一代受众群体的追捧,中国传统文化从而得以更广泛地传承。例如,2020年,抖音、淘宝、腾讯、快手等大型互联网平台相继举办"云游博物馆"直播活动,全国几十家博物馆参与。各路文物专家、讲解员在直播现场对人们平时参观时容易忽视的细节进行深度解说,将建筑设计之精巧、文化内涵之丰富、历史信息之厚重传达给网络受众。这些网络直播活动受到社会广泛关注,不仅让"冷门"文化走进大众视野,制造了很多"爆款"文物,形成社会热点,更是打造出了"爆款"主播。在各场直播互动中,众多评论语为祝福祖国、热爱传统文化、激发文化自信等内容,甚至有网友发出"何其有幸,生在中国"这样的感慨。可以说,

通过信息的传递、场景的烘托、文化的熏染、有效的互动，网络直播有效地拉近了历史与大众的距离，促使大众共同建构关于传统文化的知识体系和价值认同，从而唤起更高层次的情感共鸣。

文化具有继承性和延续性，是历史积淀下来的被群体广泛遵从和认同的行为模式，能够维系人与社会的基本关系。文化自信既是文化主体对自身民族文化的理性认识，又是对文化自觉表现出的自信与自豪。博物馆里的文物、历史长河的人物、古籍中的文字、巧妙精湛的技艺等，都可以通过网络直播"活"起来。利用网络直播扩大文化宣传，不仅能使公众了解优秀文化，拓宽传统文化的传播渠道，还可以净化直播空间，满足公众的精神文化诉求，促成优秀传统文化在网络竞相开放的局面，增强国人的文化自信和创新意识，保证文化传承的可持续性。

（三）增加社会流动，体现社会公平

网络直播具有低门槛性，人人都可以参与直播，而网络直播也具有草根性特点。网络直播的强聚焦性，让一些普通人瞬间"走红"和"暴富"，从而改变了他们的人生轨迹，这进而让更多的普通人看到成功的路径，人人都想参与网络直播，成为网络红人。

网络直播的出现，打破了结构化社会形成的阶层区隔。网络主播和受众之间形成一种强关系，受众愿意为网络主播的各种表现去消费。网络主播通过展示个人的才华和能力，达到了在结构化社会中个人难以达到的成就。在一个成熟的社会中，评价一个人的成就大多集中在财富、权力和声望等方面，而聚集一定程度的财富、声望和权力，一般人难以企及。[①] 草根主播通过自身的勤奋和努力，分享互联网科技发展带来的红利，能够积累一定程度的财富和声望，实现社会阶层的流动。

对于网络直播的受众来说，其接收媒体信息和内容的公平性也得以提高。主流媒体生产的内容大多受到比较严格的管控，而网络直播平台的出现，给了众多文化存在的土壤，受众可以自由选择自己喜欢的文化形式，特别是一些网络主播展示的是个人魅力而不是艺术能力，网络直播丰富了社会的文化形式。当然，网络主播在文化程度和知识水平上的参差不齐，导致网络直播的质量参差不齐。一方面，网络直播造就了粉丝文化，促进了文化市场的繁荣；另一方面，网络直播中也存在着低俗内容、拜金主义、历史虚无等现象，影响了社会的价值取向，这是我们需要警惕的。从总体上看，对于网络直播的主播群体和直播的受众群体来说，网络直播改变了人们的机遇和选择机会，体现了社会的公平性。

（四）延伸公共事务空间，缓冲社会情绪

信息公开透明是现代政府的基本特征，网络直播平台的数字化技术手段使信息传播形式呈现多样化特征。网络直播大潮激起了很多政府部门开办政务直播的热情，出现了众多叫好的直播案例，如公安交通管理局发起的"全国交警直播月"、广东地方税

[①] 高文珺，何祎金，田丰. 网络直播参与式文化与体验经济的媒介新景观［M］. 北京：电子工业出版社，2019.

务的"直播+税务"模式、"国资小新"的带货扶贫直播等，政务直播大有星火燎原之势。作为一种新兴的政务传播形态，政务直播扩大了政务传播的范畴，增强了政务传播的效果，在政务信息公开、政务服务等方面有着十分重要的意义。在直播过程中，直播人员脱离传统政务严肃的宣教模式，使用网络流行的趣味性表达方式，传递政策信息，并在直播间对群众的疑惑进行及时解答，这种方式在一定程度上促进了政策信息的上情下达，实现政务从结果公开到过程公开，有效提升了政府部门的行政能力和公信力，有利于政府工作的开展，提高政府的工作效率。

现代生活中，人们的生活节奏加快、压力大，常常会累积某些不良情绪，这些情绪需要安全的宣泄出口。网络直播能够满足人们各种心理的需求，能够起到疏解和缓冲社会情绪的作用，如娱乐、减压、社交等。网络直播的互动性可以给受众带来虚拟的陪伴感，实现情感交流，消解受众的孤独感，这样一来，受众在生活中的一些不良情绪在一定程度上找到了安全的宣泄出口。

直播场景多元互动化、表达形式生活化的政务直播，使公民能有效参与公共事务的讨论，拥有了更多的表达权。公民的诉求能够得到回应，更加调动了公民参与公共话题的讨论热情，政府能更好地建构亲民型、服务型政府形象。网络直播的社会情绪安全阀功能，有利于社会的稳定。现代民主政治的重要特征之一是公民有效参与政治生活，这种参与的有效实现有助于国家治理效能的提升，因而是国家治理的重要组成要素，能够有效助推我国的政治发展和治理能力现代化。

二、网络直播的经济价值

（一）拓展广告形式

与在传统媒体投放的广告相比较，网络直播中的广告样式更加灵活。网络直播平台改变了传统的企业品牌广告按时长收费的方式，网络直播中的广告制作成本低，形式多样，还能根据观看群体的反应实时进行变动。网络直播可以以主播语言、主播形象、文字、图片、视频等丰富的综合性元素为载体，将企业产品形象、品牌文化、品牌服务等需要向消费者传递的内容进行整合传播。消费者看多了精心包装的广告内容，往往容易产生审美疲劳的心理，在直播过程中看到未经修饰的企业日常、正在生产的产品等这些在传统广告形式中不会进行展示的内容，能感觉到新奇和真实性，因此网络直播中的广告更容易引起消费者的关注。企业能在直播中多角度、多方面地向消费者展示品牌内涵，同时在直播过程中与用户进行实时互动，有助于企业更加了解消费者的喜好，为品牌建立更好的口碑，提升用户对品牌的黏性和忠诚度。而这整个传播过程的完成，企业不仅能实现品牌信息的传播，同时还能获得粉丝沉淀和销量转化的附加价值。

（二）扩张虚拟内容创业渠道

网红文化在兴起和不断发展的过程中，促进现代社会大众不断开拓创业就业的思路，借助互联网技术和各大直播平台打造独特形象和品牌，从而推动了互联网电子商务的扩大发展和网络文化影响力的不断扩散，为年轻群体提供更多可供选择的就业机会。网络直播从最初的游戏直播、秀场直播到现在的各类直播遍地开花，网络直播的经济潜力巨大。越来越多的人观看直播，同时也有越来越多的人参与直播，成为网络主播，网络直播的产业链在不断发展与壮大，因此很多人投身到与网络直播相关的职业中。新时代的年轻群体大多追求新奇，不受束缚，思想上大胆创新，并且敢于付出行动。新时代背景下成长起来的年轻群体大多有着不同的特长，如有游戏高手、化妆能手、搭配天才、段子高手等，他们既能为网络直播提供引人注目的创意，也能通过独有的优势在直播间大放异彩。而网络直播只需要一部手机就可以进行，因此，很多年轻群体在就业时选择直播创业，特别是对于大学生群体来说，他们有较富余的空闲时间，通常会选择以较低的成本投入与志同道合的朋友进行虚拟内容创业。

随着网络直播经济在互联网经济中所占的比重越来越大，虚拟内容创业的形式更加多样，增强了社会经济的活力。虚拟产品，指的是没有实物、不需要发货的产品，客户购买产品后可以通过 QQ 或微信、邮箱等渠道发给客户。其优势在于成本低，甚至是零成本，商品可以复制，个人可以完成。比如，会说话的人直播口才提升教程，还有减肥养生直播、美妆代购直播、美食直播教程等。发展势头正盛的网络直播行业在不断扩充产业链，在未来的一段时间内，直播行业仍然具有很大的人才缺口，为社会提供了更多可供选择的就业机会。

（三）增加营销手段

消费者是企业赖以生存的基础，与目标消费者的沟通是否顺畅是决定企业能否获得客户、实现销售的关键所在。具有强交互性和强现场感的网络直播，为企业与消费者之间的沟通带来了一种全新的体验，这种信息传播方式不再是企业对传播内容精挑细选之后推送给消费者的模式，而是让品牌方与消费者直接进行双向互动的交流模式。一场内容优质的网络直播不仅能引起巨大的观看量，还能通过构建沉浸式的实时互动场景引导消费者进行即时消费，给企业和商品带来直接变现的渠道。在网络直播现场，企业可以直接将直播环境布置成一个有产品种类展示、销售负责人、产品体验的虚拟销售现场，产品信息介绍和产品销售同步进行；还可以通过促销手段将消费者引流到产品销售的电商平台进行购买。企业在进行直播销售的过程中，能够把在直播过程中获得的用户转化为消费者，采取综合销售手段把消费者转为粉丝，进一步再把粉丝转化为忠实粉丝，从而能实现精准销售，并能为实现二次销售和多次营销打下基础。

网络直播的"边看边买"方式能缩短消费者了解、咨询、决策的消费过程，实现可观的商品销售量。因此，对于品牌而言，网络直播营销不但能显著降低营销成本，还能快速获得并留下客户，更能实现销售转化和品牌传播的附加价值。网络直播不仅能实现商品的销售，还能有效扩大有利于企业的信息传播范围。网络直播使得企业品牌形象变得更加真实、亲切，能有效拉近品牌与消费者的距离，增强消费者对品牌的忠诚度，这也正是目前越来越多的企业将网络直播作为其重要营销传播手段的原因。

第四节 网络直播的影响

网络直播以其低门槛性、强互动性、内容庞杂性等特征受到了大众的喜爱，成为大众非常重要的社交互动平台。此外，网络直播作为一种手段，在企业转型、知识普及、文化传承和人际交往等方面为人们提供了便利，给社会发展带来了积极的影响。但是，在看到网络直播的优点时，也需要警惕它对受众产生的消极影响。

一、造就了"直播+"模式的兴起

信息技术的更新迭代为网络直播的发展提供了无限的可能，特别是移动直播、区块链、全息影像、VR、5G等技术，更加丰富了网络直播的应用场景。因此，"直播+"模式成为众多行业推进发展的必然选择，直播形态将更加全面地嵌入社会的发展中。

"直播+"的出现，改变了众多行业的运行方式。传统意义上只有通过面对面交流才能完成的服务，通过网络直播技术实现了云端的接续，打破了以往物理空间上的局限，这使得很多行业重新获得了发展活力。2020年以来，网络直播授课越来越为人们所熟知，虽然在教学效果上，网络直播授课可能比不上面对面教学，但是，这种方法为教学方式革新、教育公平等提供了改革思路。此外，"直播+"模式在乡村振兴、助农公益活动等方面，也产生了不可低估的作用。

"直播+"模式也受到政策的鼓励和推动。2020年7月，国家发展改革委、中央网信办、工业和信息化部等13个部门联合发布了《关于支持新业态新模式健康发展 激活消费市场带动扩大就业的意见》，其中指出"构建线上线下教育常态化融合发展机制，形成良性互动格局""支持微商电商、网络直播等多样化的自主就业""支持线上多样化社交、短视频平台有序发展"。可以看出，中央政策在赋能直播行业，不少地方政府也在出台直播电商扶持政策，鼓励新模式的发展。"直播+"模式成为政府、媒体、公众等多元主体进行信息传播和沟通表达的重要工具，也促进了不同产业间的跨界融合，推动社会和谐发展。

二、改变了大众的消费行为

党的二十大报告提出，加快发展数字经济，促进数字经济和实体经济深度融合，打造具有国际竞争力的数字产业集群。数字经济的崛起与繁荣，赋予了经济社会发展的"新领域、新赛道"和"新动能、新优势"，正在成为引领中国经济增长和社会发展的重要力量。[1] 当前，直播经济已经成为数字经济发展的模式之一，网络直播成为受大众欢

---

[1] 戚聿东，杜博. 加快发展数字经济 推动经济高质量发展 [N]. 光明日报，2022-11-15.

迎的购物方式之一，并对大众的消费行为产生了巨大的影响。

网络直播通过丰富的内容吸引大众的目光，能够全方位地满足大众的兴趣需求。移动直播的兴起，让人们更加便捷地消费个人的精力和时间，越来越多的人也选择了这种直观和节省时间的娱乐方式。而一部分创作优质直播内容的网络主播脱颖而出，成为网红，不少受众以打赏、充会员、送礼物、付费观赏等方式表达自己对网络直播内容的认可，受众逐渐接受了网络直播内容消费这种方式。可以说网络直播丰富了消费者的消费方式，能够满足大众的多样化消费需求。网络直播带来的收益是巨大的，产生的满足感也是无比巨大的，这吸引了更多的网络用户成为直播的生产者。由此，网络直播行业能获得长远的发展，消费潜力仍然有着巨大增长空间。

网络直播购物具有其他网上购物方式不具有的巨大优势，即"真实性"。消费者对产品有一定的认知是消费者购买商品的前提，传统的网上购物通过图片展示和文字介绍的方式向消费者介绍产品，很容易存在图片美化物品的现象。在直播平台上，网络主播以实时介绍、现场全方位展示的方式将产品介绍给消费者，消费者"亲眼所见"，同时消费者实时咨询有关问题，主播能及时回答问题，这种方式使得商品的可信度更高。一些网络主播通过团队运作营造出精选商品、保售后的品控形象，大大增加了商品的说服力，尤其是邀请明星进行直播带货，受到众多人的热烈追捧。

三、增加了新的就业方向

网络直播行业的蓬勃发展，造就了大量的新兴就业岗位，如网络主播、产品测评师、直播运营、网络直播销售、直播培训师、直播间超级管理员、直播审核员等。国家及地方政府相继出台了相关政策，为这些新兴岗位保驾护航。2020年，人社部先后发布了两次新职业，其中包括全媒体运营师、互联网营销师（含直播销售员）等。全媒体运营师指的是综合利用各种媒介技术和渠道，采用数据分析、创意策划等方式，从事对信息进行加工、匹配、分发、传播、反馈等工作的人员；互联网营销师指的是在数字化信息平台上，运用网络的交互性与传播公信力，对企业产品进行营销推广的人员。2020年7月，浙江省发布全国第一个直播电商领域标准《直播电商人才培训和评价规范》，为直播电商从业人员的系统化、规范化提供了标准。新兴职业与直播平台相互促进，直播平台为新职业提供发展空间，新兴职业促进直播行业朝着有序的方向发展。政策对新兴职业进行引导与规范，为直播行业发展和全民参与提供了可能。

在"直播+"模式的发展过程中，各行各业都能够与网络直播行业进行结合，这就对直播从业人员提出了大量的市场需求。在网络直播的带动下，传统工作岗位如文案编辑、活动策划、摄像、程序员、调音师等也具有新的发展空间。在众多转行成功人员的影响示范下，网络就业焕发出前所未有的活力。此外，这些新兴岗位的准入门槛较低、灵活性高，并且在短时间内能够有较高的经济回报，因此网络直播的兴起为大众就业提供了新的发展机会，促进了劳动力市场的繁荣，维护了社会经济稳定。

四、开拓了政务活动传播的新方式

网络直播是社会传播信息的重要载体,其去中心化和交互即时的特性,能够使得政务机关直接听到民意,因此,直播无疑是进行政务活动的最好方式之一。政务直播的兴起既有社会上"万物皆可直播"的客观认知基础,也有政府为适应时代发展而进行的主观选择。在过去,我国很多政务活动也进行过电视直播或网络直播,但这些活动只发生在官员与媒体之间,而不是发生在官员与公众个体之间。在政务直播中,官员直接面对众多的公众个体,接受个体的建议、质问、意见等。政务直播可以展示政府全心全意为人民服务的亲民形象,也可以利用现代化技术提高服务的效率和质量。

从目前的实践情况来看,官员进行的网络直播主要分为政务型直播、推介型直播和销售型直播。① 政务型直播是指地方官员对其处理民生、执法等各类问题的过程进行直播,以向网友展示政务过程、官员活动与官民互动的行为。推介型直播是指地方官员在网络直播空间向各界网友介绍本地风土人情、经济发展、政策规划等内容,以实现吸引旅游、就业和投资等目标的网络宣传活动。

总体上说,网络直播形态的出现对整个社会的发展产生了积极的影响。同时,我们也应该看到网络直播的出现也产生了一定的消极影响。如部分网络主播通过一些极端、无底线的手段一夜爆红,之后带来高收益、高名气,这样的案例屡见不鲜,此现象强烈冲击了大众的心理,扭曲了大众的就业观。与原来"脚踏实地、艰苦奋斗"的就业观念相比,不少人期待"一夜暴富",从而急功近利,不愿再脚踏实地学习和工作;网络直播所具备的娱乐功能在于其为娱乐活动提供了多样化的方式与手段,其为了迎合网络受众的各种需求,刻意放大并深入挖掘直播在娱乐方面的功能,使得万物皆可娱乐化;网络直播平台生产的内容和独有的盈利方式,可能会导致大众形成脱离个人真实消费能力的畸形消费行为,容易诱导形成拜金主义的价值观,更是助长了超前消费、过度消费的盛行。网络直播平台要承担起社会责任,相关部门要加强对网络直播行业的监管,共同努力塑造一个风清气正的网络直播大环境,促进社会和谐发展。

本章小结

本章对网络直播的兴起与发展进行了详细的阐述。第一节的内容首先界定了直播、网络直播等概念,归纳了网络直播的特点,包括准入门槛低、互动即时性、粉丝经济强劲,分析了网络直播兴起的原因,具体包括技术的发展、用户的需求、资本的推动等多方面因素。第二节对国内外网络直播的历史发展进行了介绍,其中中国网络直播行业的发展经历了"萌芽期——秀场直播时代""高速发展期——游戏直播时代"和"成熟期——格局稳定,直播出海"三个主要的发展历程,每个阶段涌现出一大批各具特色的代表直播平台。第三节则探

---

① 阳雨秋. 地方官员网络直播的类型、问题与优化对策 [J]. 重庆行政,2020 (4):99-101.

讨了网络直播产生的社会价值和经济价值，其中社会价值主要包括凝聚社群归属感、增强价值认同，促进传统文化的传承、拉近历史与大众距离，增加社会流动、体现社会公平，延伸公共事务空间、缓冲社会情绪四个方面，经济价值包括拓展广告形式、扩张虚拟内容创业渠道、增加营销手段三个方面。第四节探讨了网络直播产生的影响，具体包括造就了"直播＋"模式的兴起、改变了大众的消费行为、增加了新的就业方向和开拓了政务活动传播的新方式四个方面。总之，网络直播的兴起与迅速发展，改变了旧的传播方式和媒介生态，产生了新的传播格局和传播逻辑，带动了社会的发展。但是，网络直播的发展也产生了一定的社会问题，这需要我们深入思考。

第二章

网络直播的平台及类型

◆ **本章主题：**

随着网络直播的兴起和蓬勃发展，网络直播平台不断推陈出新，日益满足用户各种需求。本章主要探讨了网络直播的平台及类型，详细解析了网络直播行业的演变历程，从直播1.0时代到直播3.0时代的发展变迁，以及不同直播平台的特点和运营模式。直播平台覆盖了秀场、游戏、泛娱乐、垂直领域、电商、版权类等类型，并深入讨论了电商直播的营销特点、主播群体的重要性，以及不同类型直播平台的特色和优势。同时，本章也涉及了直播行业的规范化管理和主播素质要求等关键议题。

◆ **学习重点：**

网络直播平台的发展阶段；不同类型直播平台的特点及内容特色；网络直播平台面临的问题。

◆ **学习难点：**

深入理解并分析网络直播行业在不同阶段的发展驱动力和市场变化，以及平台如何通过培养优质主播和优化内容生态提升市场竞争力。

网络直播作为互联网时代的新宠儿，以其独特的实时互动性、内容丰富性和全民参与性，深刻改变了人们的娱乐方式、消费习惯乃至信息传播模式。从2012年网络直播平台的初露锋芒，到2016年"直播元年"的轰轰烈烈，再到当前直播业态的成熟与多元化，网络直播平台的发展经历了从初出茅庐、野蛮生长到类型丰富、规范化的历程。

第一节　网络直播平台的定义及发展阶段

一、网络直播平台的定义

网络直播平台是指通过互联网提供实时直播服务的平台。它们将视频、音频和互动功能实时传输给在线用户，用户能够观看、参与并与主播进行互动。

网络直播平台的兴起基于三个重要的因素。第一，媒介技术的发展提供了网络直播的条件，网络直播平台应运而生。手机的普及使用和网络信号的技术支持，使得随时随地看网络直播成为可能。第二，"网红"时代的到来，激励全民参与网络直播，普通人可以凭借语言表达、才艺表现等过人之处受到网络世界的追捧与喜爱，并获得报酬。第三，从心理层面看，网络直播平台搭建了一个窥私欲与表现欲双向实现的场所，从而促成网络直播平台不断发展壮大。

投资直播的资本快速增长，直播需求用户也大量增长，网络直播平台呈现野蛮生长的态势。2023年8月28日，中国互联网络信息中心（CNNIC）在京发布第52次《中国互联网络发展状况统计报告》。该报告显示，截至2023年6月，我国网络直播用户规模达7.65亿，较2022年12月增长1474万，占网民整体的71%。同时，我国网民使用手机上网的比例达99.8%，手机用户逐渐成为网络直播用户最主要的群体。

二、网络直播平台的发展阶段

我国最早出现的直播平台是成立于2012年的YY，它在服务网络游戏玩家的基础上形成了早期网络直播的雏形，推出语音聊天、唱歌、观看游戏直播等功能。在随后的几年里，一大批网络直播平台如雨后春笋般出现。2016年被称为移动在线"直播元年"，映客直播、斗鱼直播、虎牙直播等多家直播平台相继出现。据统计，2016年，我国的网络直播平台接近200家，用户达到2亿人，网络直播平台由最初的几家迅速发展，成了一个群雄逐鹿的竞技场。

1. 直播1.0时代

纵观在线直播行业发展历史，大致可以划分为三个阶段。直播1.0时代以PC端秀场直播为主体，以熊猫直播和六间房秀场作为主要的代表。这一阶段的直播呈现以下特点：聚焦高颜值主播，在特定的秀场环境进行直播，内容甚至有点低俗，产业链较为成熟，变现模式清晰。

2. 直播 2.0 时代

直播 2.0 时代以 PC 端游戏等垂直领域直播为主体,虎牙直播和斗鱼直播是典型的代表。该阶段的网络直播具有以下特点:颜值不再成为筛选主播的关键标准,电竞的发展带动游戏直播行业发展,主播从颜值导向变为提供专业性、趣味性内容。

"直播元年"虽被定为 2016 年,但由 PC 端起源的在线直播行业早在 2012 年就已出现,在线直播行业整体呈现出一条清晰的发展脉络:从"颜值"经济到"颜值＋内容"经济,直播平台伴随着平台用户的高需求不断发展,趋势明显。由于网络直播在内容生产上具有草根性,用户使用具有便捷性,网红交流具有互动性,网络直播的内容生产日益丰富。从最初的素人自发进行的"个人秀场"式直播,发展到各类网红以个人生活为噱头吸引大量粉丝,而后转向以游戏直播为主导,再到后来各行各业紧紧抓住"直播"红利入场吸金,从而实现泛娱乐化直播的状态,网络直播平台所提供的内容在极大程度上被丰富了。

3. 直播 3.0 时代

以移动端泛娱乐直播为主体的直播 3.0 时代中,映客直播和花椒直播是其代表性的直播平台。随着直播行业高速发展,该阶段的网络直播从业人员大量进入,才貌双全的主播更可能突出重围,被粉丝追捧,女性主播更容易满足平台用户对颜值和内容的双向高要求。

"直播＋电商"可以弥补电商平台营销过程中信息不对称的短板,给用户提供充分的品牌认知与产品介绍。如果该演示活动与电商平台促销活动配套使用,或可创造直接的销售利润。例如,汽车行业利用"直播＋电商"的活动方式,能够打造出成功的品牌营销活动。

除了其他行业为网络直播平台内容贡献力量外,网络直播平台自身在内容方面的建设亦不遗余力。全民直播(即全民 TV)于 2015 年底上线,它是一家涵盖游戏、娱乐、户外等多领域泛娱乐的直播平台。自平台上线起,全民直播致力于进行内容上的打造,该平台重视内容资源,紧跟用户需求,从早期纯粹的以电竞为主要内容,日渐拓展为全民秀场、电竞赛事直播、明星访谈、户外直播、综艺等多元化直播内容,在打造原创 IP 的基础上,通过不断购买 IP 的方式获得优秀的直播栏目。

平台为"器",用者目的则各不相同。网络直播平台在快速崛起的过程中,引发各种热度,自然也带来不少问题。

首先,网络直播平台增速迅猛,存在开发过度的问题。用户对网络直播的使用习惯已然建立,除了新的网络直播平台入场之外,很多已经在各自领域占据一席之地的媒体也开辟了直播功能,例如,社交平台新浪微博、音乐平台酷狗、社交平台陌陌、教育平台学习通等。"网络直播"的概念深入人心,但大量平台涌入带来的直播内容同质化严重、直播功能被过度开发、直播内容监管不力等问题的出现,造成用户接受心理疲乏,对网络直播行业的发展造成不良影响,网络直播平台在市场上的重新洗牌是必然。

其次,各行业利用"直播"造势,以营销借力网络直播,商业炒作气息过于浓厚,低俗化营销、利用用户猎奇心理、拉低内容底线的网络直播层出不穷。

最后，行业乱象频出，需加强对网络平台主播及内容运营的法律监管，严厉打击违反我国法律的行为，营造公平竞争的市场环境。总之，直播行业有待进一步规范和整治。

第二节　网络直播平台的类型划分

自 2012 年第一个网络直播平台出现到如今，网络直播已经由一种新业态发展到与人们的生活息息相关。学者对网络直播平台类型的分类方式有很多种，加之新的直播形态不断出现，平台的类型日益丰富。

一、早期的类型划分

网络直播作为新业态出现时，学者对网络直播平台类型的研究并不充分，将当时的网络直播平台主要分为两大类：一类是娱乐直播平台，具体包含游戏直播、个人秀直播、与生活相关的直播（如美食、户外、时尚等内容）和体育直播四个子类型；另一类是商业直播平台，此类平台主要支持的用户是大型企业或者个体户，摒弃了过分娱乐的效果。[1] 网络直播平台在不断推陈出新，这种分类方法容易过时，而简单地以娱乐、商业为区分标准，只会将网络直播平台的类型大而化之。

二、行业咨询机构的类型划分

专注于新经济领域的数据挖掘和数据报告分析机构艾媒咨询以行业市场为理性分析对象，先后推出网络直播行业多个数据分析报告，在业界具有较高的权威性。艾媒咨询在进行市场调研时，绘就了在线直播行业图谱。它将网络直播平台划分为五大类型：移动直播平台、秀场类直播平台、泛娱乐直播平台、社交类直播平台、电商类直播平台。艾媒咨询数据显示，YY 和斗鱼 TV 在游戏直播上发力较早，用户口碑较好，在泛娱乐类的直播平台知名度排行中，位列一二。[2] 在内容的丰富程度上，斗鱼 TV 的内容丰富度评分最高，泛娱乐直播平台在主打游戏直播的同时，将直播的范围延伸至娱乐、户外、综艺、教育等多个方面，多元化的内容使得它成为内容丰富度较高的平台，受到用户的喜爱。

三、内容及发展模式的类型划分

按照内容进行分类，网络直播平台主要分为以下七种类型：秀场直播、游戏直播、泛娱乐直播、垂直领域的直播、电商直播、版权类直播和慢直播。

---

[1]　王晓莹. 论网络直播行政监管的完善[J]. 法制与经济，2020 (10)：19-20.
[2]　参见《2016 上半年中国在线直播市场研究报告》。

秀场直播是一种通过互联网实时传输视频和音频的直播形式，特指以展示与表演为主题的直播内容，它通常与时尚、美妆、才艺秀、音乐等领域相关。秀场直播作为最早出现的网络直播类型，是由视频聊天室发展而来的直播平台，其中最有代表性的平台是YY。

游戏直播是指将游戏过程实时通过互联网进行直播分享的活动，主播会在游戏过程中展示游戏技巧、解说游戏内容、与观众互动，并通过弹幕和礼物等方式进行互动交流。

泛娱乐直播是一种结合了娱乐元素的直播形式，主要通过网络平台将主播（或团队）的表演、才艺或娱乐内容实时传输给观众。泛娱乐类的直播具有多样化的内容，包括音乐演唱、舞蹈表演、游戏实况转播、脱口秀、综艺节目等，可以满足观众不同的兴趣需求。同时，观众可以在直播过程中通过弹幕、评论、礼物赠送等方式与主播互动，增加参与感和娱乐体验，互动性、实时性和即时性较强。

垂直领域的直播于2016年进入发展期，垂直领域的直播是指在特定的领域或主题上进行的直播活动，具备特定的、有共同兴趣爱好的受众群体。与泛娱乐直播相比，垂直领域的直播更加专注于某一特定领域的内容。其内容涉及多个行业及门类，包括新闻类、体育类、财经类、教育类、音乐类、电台类等细分领域的深度直播，主要强调专注于某个领域做垂直深度延伸。

电商直播（即电子商务平台直播），是指电子商务平台上的企业（主要是零售商）通过网络直播技术与顾客互动，宣传、展示、体验商品，并最终实现商品交易的线上零售商业模式。[①] 它通常涉及品牌商、主播、电商平台和消费者等多个参与方。

版权类直播，主要包括电视节目直播、LIVE演唱会现场直播、视频节目直播等。这类直播是第三方通过对版权内容进行实时跟进发布的在线直播[②]，这些内容包括电影、电视剧、体育赛事、音乐会、综艺节目等。

慢直播是一种借助直播设备对实景进行超长时间的实时记录并原生态呈现的直播形态。它最早出现在旅游景区的直播中，后来被广泛应用于各种场合，如重大主题事件的直播、动物生活的直播等。慢直播具有超长直播时长、真实记录、代入感强等三大特点。

按照发展模式将直播平台进行分类的话，主要有以下三种[③]：第一种是以网络视频直播为主要运营内容的专属门类的纯直播软件，如YY、映客、花椒等；第二种是内嵌式附属类直播，这类直播平台对互联网公司、视频播放软件、新闻主流媒体等的宣传和流量渠道有贡献作用，如新华网的新华直播、爱奇艺的奇秀直播等；第三种是内嵌式捆绑型网络直播，这些直播不同于纯直播类的软件，它们是在相对成熟的网站、视频软件中加入的直播板块，如淘宝软件中加入直播，方便直播带货、向观众全方位展示商品，再如美拍、抖音等视频软件中加入直播，实现扩展其软件本身的功能、增加用户黏性等目的。

[①] 裴学亮，邓辉梅. 基于淘宝直播的电子商务平台直播电商价值共创行为过程研究[J]. 管理学报，2020（11）：1632-1641，1696.

[②] 陈楠. 国内网络视频直播的产业发展研究[D]. 兰州：西北师范大学，2020.

[③] 陈楠. 国内网络视频直播的产业发展研究[D]. 兰州：西北师范大学，2020.

第三节 秀场直播

一、秀场直播的定义及发展阶段

秀场直播是指主播通过才艺表演吸引观众,以网络实时互动为主要特征,观众可以通过打赏等方式支持主播,平台与主播按照一定比例进行收入分成的直播形式。

秀场直播的主要内容可以涵盖多个领域:以服装、视频、配饰的展示和试穿为主的时尚秀,以化妆技巧、护肤品介绍、美容仪演示、彩妆教程等为主要内容的美妆秀,以唱歌、跳舞、乐器演奏、魔术表演、相声小品等各类才艺展示为主的才艺秀,以音乐表演、歌曲创作演示为主的音乐秀,包括各式舞蹈表演、舞蹈教学、编舞示范等内容的舞蹈秀,包括健身教学、运动项目展示、体育技巧演示等内容的体育秀,以美食制作、手工制作、家居摆设展示等为主的生活秀……可见,秀场直播的内容丰富多彩,极具多样化,不同领域的主播可以根据自己的特长和兴趣展示各种才艺和技能,平台用户也可以通过直播平台欣赏到各种有趣、精彩的直播内容,因而秀场直播平台为草根的崛起和网红的孵化起到了很大的助推作用。秀场直播具有多个特点:用户在观看直播内容时,可与主播实时进行互动,互动方式多样,用户可以通过弹幕、点赞、送礼物等方式与主播交流,该打赏机制成为多种网络直播平台主要的盈利机制。除此之外,用户可以在直播中与其他用户交流互动,分享观看体验,秀场直播平台具备一定的社交性。

美国具有代表性的秀场直播平台是 Periscope,它是一款基于 iOS 和 Android 平台的直播应用。Periscope 在 2015 年 3 月推出后,迅速获得了用户的关注和喜爱。其直播功能可以让用户随时随地进行视频直播,而且直播内容多种多样。在推出一年后,Periscope 似乎已经在业内取得了领先地位,但后来被 Twitter 收购,并没有成长为一个强大的秀场直播平台,而 Facebook 也开始向视频直播领域投入大量资金。

反观国内,我国最具有代表性的秀场直播平台是 YY。YY 是国内最早的网络视频直播平台之一,以音乐、舞蹈、户外等娱乐直播内容为主,拥有大量的粉丝和主播。2005 年左右,秀场直播平台的发展进入萌芽期,国内出现了一些视频聊天室网站,如六间房等,这些网站提供在线视频聊天和才艺表演的功能,秀场直播的雏形已具备。2009 年左右,随着网络提速、移动端设备的普及,秀场直播平台兴起,YY、六间房等网站逐渐成为秀场直播的代表平台。2014 年左右,秀场直播平台进入快速发展期,资本的大量涌入,推动秀场直播平台快速前进,各大平台纷纷推出直播功能,彼此之间的竞争局势愈演愈烈。到目前为止,秀场直播平台已经形成相对稳定的竞争格局,有的平台被市场淘汰,有的平台顺利完成多轮融资,平台的用户体验和盈利能力随着平台自身内容的丰富、模式的创新而不断提升,政府对秀场直播平台的监管也越发严格。

二、秀场直播的打赏机制

在网络直播发展的早期阶段,秀场直播占据网络直播的主流地位。根据王建磊和冯楷在2017年10月的一次抽样检测数据结果显示,5家主要的网络平台的首页中,秀场直播的视频数量占到52.88%。由此可见,秀场直播作为早期主流的直播形态,它打造了一个"凝视"的平台,主播们凭借颜值及才艺展示,塑造出形态丰富的各大秀场,满足线上观众的猎奇心理,充分地将主播的表现欲与观众的窥私欲融合在一起。

秀场直播的主播群体以年轻女性为主,通常在相对固定的时间直播,而秀场直播的受众群体则以男性为主,其观看时间具有周期性。打赏机制是秀场直播的主要盈利机制,虚拟礼物赠予是目前秀场直播最重要的盈利方式。礼物作为中国传统的社交方式,从传统社会走入网络直播间,为网络空间中的主播和粉丝建立起互动关系,这既是对真实社会生活的投射,也是对现实生活的超越,构建并延伸着网络空间中人际关系的脉络。

直播间送礼往往被称为"打赏",我国的打赏文化起源于先秦时期,最早代指古时梨园曲艺表演中观众为赞赏演员而赠予的金钱或其他礼物。[①] 进入直播盛行的时期,打赏通常指互联网用户对网上发布、传播的原创内容进行直接的金钱或虚拟商品奖励的一种行为,是一种新兴的、非强制性的付费鼓励模式。[②] 送礼物本是真实社会关系中人际交往的重要方式,反映在网络直播平台中,打赏成为同样复杂的社会关系活动。基于情感和声望的需求,粉丝会在看网络直播的时候送礼。现代社会的人们在网络中寻找情感的慰藉,网络直播平台成为虚拟的社交平台,而秀场直播间日渐成为现代人释放与接收情感的新兴场域。排解孤独、打发无聊时光、渴求社交互动、寻找情感共鸣等成为观众进入秀场直播间的初衷,打赏成为观众对主播表达喜欢的重要方式,同时也体现出观众内在的情感需求。礼物作为中介,既让观众排解了当下空虚无聊的情绪,又让主播及平台收获了利润价值,情感付出和回应都及时兑现才是秀场直播间基于情感送礼的最大动力。[③] 除此之外,在秀场直播中驱使观众送礼的另一大因素来自对声望的渴求。在真实世界中沉默寡言、备受冷落的社会人往往希望在网络世界中寻求尊重、面子与地位,而他们往往通过向主播赠予高额礼物来获取他人的认可和尊重,礼物的财富等级往往与该观众在粉丝群体中的声望呈正相关。直播间的观众具有高度聚集性,短时间内送礼影响较大,送礼者可在短时间内受到较大关注。

三、秀场直播中的人际关系网

保罗·萨福认为,网络传播就是跨时空的社会交往并与他人发生联系[④],粉丝与主播通过礼物互惠在直播间构建不同层次的网络人际关系。秀场直播的人际关系基本可以

---

① 沈晓静,徐星. 网络打赏及其商业价值 [J]. 青年记者,2015 (29):89-90.
② 王霜奉. 网络打赏 表达爱的进阶方式 [J]. 上海信息化,2016 (9):79-80.
③ 冯馨瑶. 礼物交换理论视角下网络秀场直播间送礼动机研究 [D]. 广州:广州大学,2022.
④ 胡冰,范海燕. 网络为王 [M]. 海口:海南出版社,1997.

分为三类：粉丝与粉丝之间、主播与主播之间、主播与粉丝之间。主播与粉丝之间的关系作为主体的关系呈现，他们的关系直接决定着直播间的人际关系网络构建。

主播与粉丝通过礼物的连接，在虚拟的场域中获得了情感的共鸣。但现实中也有不少粉丝无法区分虚拟世界与真实世界，故而产生诸多的社会情感纠纷，甚至出现多例情感纠纷案、债务纠纷案、诽谤纠纷案等案件。由于直播的开放性和互动性，主播与粉丝之间的情感关系往往比较复杂，容易出现各种纠纷。因此，对于主播和粉丝来说，都应该保持理性、客观的态度，避免因为一时的冲动而产生不必要的麻烦。

第四节 游戏直播

电竞直播平台是指以电子竞技游戏为主要内容，通过互联网直播平台进行游戏比赛直播、解说等内容实时传播的平台。

电竞直播平台具有实时性、互动性、多样性的特点，在内容搭建方面，一些平台会邀请职业电竞选手进行直播或参与比赛，提供高水平的竞技内容。另外，平台会直播各种电竞赛事，包括知名的国内外赛事，给观众带来激烈的竞技对局。因此，游戏直播平台往往被称为电竞直播平台。近年来，电竞直播平台经历了快速发展的历程。随着游戏产业和电竞产业的不断壮大，电竞赛事的规模和知名度不断提升，游戏直播平台也得到了更多的关注和用户。同时，一些新兴的平台如斗鱼、哔哩哔哩等崭露头角，为电竞直播行业带来了新的竞争力。游戏直播平台也推出了更多的功能和服务，如付费订阅、打赏系统等，以增加平台的盈利能力和用户黏性。

一、代表性平台介绍

在我国，成立于2012年的虎牙直播是领先的互动直播平台之一，也是我国第一家上市的游戏直播公司（2018年5月11日，虎牙直播在纽约证券交易所挂牌上市）。它以游戏直播为主，涵盖了英雄联盟、穿越火线等颇受玩家喜爱的多类型游戏，它的特点是具备丰富的互动功能和多样化的赛事活动。为了适应市场发展的需要，虎牙直播在以游戏为核心业务的前提下，涵盖了综艺、娱乐、体育等多元化的弹幕式直播内容，实现了其扩大受众群体的目的。

成立于2014年的斗鱼直播是中国最大的游戏直播平台之一，它涵盖了各种类型的游戏，如英雄联盟、王者荣耀、绝地求生等，直播内容丰富、互动性强、拥有大量的知名主播和粉丝群体是该平台的主要特点。随着其业务范围和受众群体的扩大，斗鱼吸引到各大资本的投资。2016年，斗鱼先后获得腾讯资本和凤凰资本领投的超亿元投资；2017年，完成由南山资本、禾母基金和招银国际领投的D轮投资；2018年，斗鱼又一次获得腾讯资本独家投资的6.3亿美元；2019年，斗鱼直播在纳斯达克证券交易所上市；

2020年底,斗鱼直播市值已达37亿美元。① 在资本进入的助推下,斗鱼直播进入发展快车道,顺利成为国内网络直播行业的巨头之一。

成立于2017年的快手游戏直播是快手旗下的游戏直播平台,它同样涵盖了王者荣耀等多种类型的游戏,不过,快手游戏直播较为年轻化、社交性较强,同时还有丰富的赛事资源和礼物打赏等功能。

哔哩哔哩直播是哔哩哔哩(B站)旗下的直播平台,成立于2015年。哔哩哔哩直播以二次元、动漫、游戏等内容为主,同时也有许多知名的游戏主播和粉丝群体。哔哩哔哩直播的特点是弹幕互动,内容多样化。

小葫芦大数据的调查显示,2020年,"宅经济"迅猛发展,观看游戏直播成为足不出户的年轻人的首选。2020年,全平台游戏直播的总礼物收入高达115.52亿元,同比增长了34%。其中,斗鱼、虎牙分别以33.60%和26.50%的占比率成为游戏直播行业的两大赢家,占据了60%左右的市场份额②;网易CC、快手、B站、企鹅电竞和YY共瓜分不足四成的游戏直播礼物收入。

这些平台各自拥有不同的特点和优势,但都致力于提供高清、流畅的直播体验,满足用户对游戏电竞直播的需求。未来随着技术的发展和市场的变化,这些平台将继续发挥其专业性和创新性,为用户提供更加丰富、优质的直播服务。

二、游戏电竞直播平台的核心功能

在我国,2003年电子竞技得到国家的认可,成为一种全新的体育竞技项目,经过20多年的发展,整体产业发展的规模不断扩大。2020年,我国电竞相关企业达2.1万家,电竞市场收入为1365.5亿元,同比增长44%,用户规模高达4.88亿人。③ 据统计,2020年中国游戏市场实际销售额达2786.87亿元,同比增长20.71%,游戏用户规模超出6.5亿人,同比增长3.7%。④ 电竞直播平台也经历了较大变化,由之前的熊猫、龙珠、战旗、斗鱼、YY等多家竞争、百发齐放的格局转变成斗鱼、虎牙、企鹅三家鼎立的形势,出现了新的短视频直播平台,如快手、抖音等,促使电竞行业洗牌发展。

纵观国内的电竞直播平台,其核心功能多样。首先,电竞直播平台最基本的功能是直播。各大平台需要提供高清、流畅的直播服务,确保用户能够实时观看比赛。同时,平台也需要提供各种直播工具,如弹幕、礼物打赏、互动交流等,增强用户的参与感和互动性。其次,平台需要提供各种赛事运营。电竞直播平台需借助所拥有的丰富的赛事资源,包括各种类型的电竞赛事,如联赛、杯赛、国际赛事等,进行赛事的组织、宣传和运营,为用户提供完整的赛事解决方案,确保比赛的顺利进行。在保障基础的直播功能之外,平台还需要进行内容制作。电竞平台要提供各种形式的内容,如赛事解说、教

---

① 黄彦儒.斗鱼直播平台盈利模式研究[J].现代营销(学苑版),2022(1):124-127.
② 小葫芦大数据.2020游戏直播行业数据报告——斗鱼、虎牙占比33.60%和26.50%成最大赢家[J].国际品牌观察,2021(11):67-70.
③ 黄露漫,朱晓东.电子竞技直播平台的现状与对策分析[J].中阿科技论坛(中英文),2021(8):46-48.
④ 游戏产业网.

学视频、娱乐节目等，满足用户对电竞知识和娱乐内容的需求，平台需要具备强大的内容制作能力，为用户提供多样化、高质量的内容，以增加用户量，增强用户黏性。电竞直播平台还需建立用户社区，提供用户之间的互动交流功能。平台通过打造一个聚集地，让用户在这里分享经验、交流技巧、参与活动等，增强用户的归属感和参与感。当然，电竞直播平台在基础核心功能的基础上，仍需具备数据分析能力，对用户行为、观看数据等进行深入分析，实时了解用户需求和最新的市场趋势，为平台的持续发展提供数据支持。最后，电竞直播平台拥有广泛的用户群体和品牌影响力，平台需要借助资源提升广告合作能力，进行广告位销售、广告内容制作等，以期实现商业化运营。

总的来说，电竞直播平台的核心功能包括直播功能、赛事运营、社区建设、内容制作、广告合作和数据分析等方面，这些功能相互关联、相互支持，共同构成了电竞直播平台的完整生态系统。

电竞直播平台最核心的功能是直播，但电竞直播本是对游戏的一种二次创作，故平台的直播内容及直播功能要建立在热门游戏的基础之上。我国电竞直播平台多样，但电竞游戏类型较少，受到观众热捧的游戏局限于王者荣耀、英雄联盟、绝地求生、DOTA2等，因而平台的直播功能设计大同小异，内容较为单一，直播画面、弹幕显示区、打赏栏等的布局基本一致，这在一定程度上限制了电竞直播平台的创新发展。同时，电竞直播平台的版权问题日益严重，平台中涉及的各种影视作品、个人肖像、音频等构成侵权的问题较多，有待规范治理。

三、游戏电竞直播平台的画面特点

电竞直播是指以电竞游戏为主要内容，游戏选手、解说员等主体通过网络直播的过程展示游戏的操作技巧，给大众玩家提供游戏玩法参考的过程，[1] 它具有实时性和互动性。电子竞技直播画面是指电子竞技比赛时，对职业选手、游戏玩家的操作进行直播而形成的画面，同时包含导播对画面的现场切换、解说员对游戏赛事的解说，此画面是经过多方主体共同参与而最终形成的。

电竞直播平台的画面主要包括以下几个方面的特点。第一，为了让用户能够清晰地观看比赛，提升用户的观赛体验，电竞直播平台必须尽可能地提供高清、流畅的直播画面。第二，电竞直播本身就是对游戏主播、职业选手进行游戏比赛过程的直播，平台需要确保比赛画面能够快速、准确地传输给观众，所以实时性是电竞直播画面的另一大特点。第三，电竞直播平台通常提供多角度的直播画面选择，如主视角、特写、回放等，使用户能够从不同角度观看比赛，多角度切换能够提供更加丰富的观赛体验。第四，电竞直播平台通常会使用特效来增强直播画面的视觉效果，如弹幕、礼物打赏、背景音乐等，这些特效能够提升用户的参与感和观赛体验。第五，电竞直播平台通常提供个性化的设置选项，如画面比例、分辨率、码率等，使用户能够根据自己的需求和偏好调整直播画面的参数，个性化设置能够提高用户的使用体验和满意度。

---

[1] 刘亚琼，阿不都热西提·阿卜都卡地尔，汤垚，等. 将电子竞技直播画面纳入著作权法调整范围的可行性分析——以电竞赛事直播为例 [J]. 法制与经济，2020（1）：13-15.

总的来说，电竞直播平台的画面特点包括高清画质、实时性、多角度切换、特效和个性化设置等方面，这些特点共同构成了电竞直播平台的独特视觉体验，满足了用户高质量的观赛需求。

近年来，随着电竞平台的火热发展，国内游戏直播产业也蓬勃发展，其市场巨大、吸金能力较强，有关电竞直播画面的著作权问题引发较多争议，游戏直播产业的大发展背后暴露出游戏直播行业著作权界定不清的问题。面对不断出炉的网络游戏版权争议，2020年4月，广东省高级人民法院发布了《关于网络游戏知识产权民事纠纷案件的审判指引（试行）》，其中第十九条明确规定："直播电子竞技赛事活动所形成的游戏直播画面，符合以类似摄制电影的方法创作的作品构成要件的，应予保护。游戏主播个人进行的，以自己或他人运行游戏所形成的游戏连续动态画面为基础，伴随主播口头解说及其他文字、声音、图像、动画等元素的直播画面，符合以类似摄制电影的方法创作的作品构成要件的，应予保护。若直播画面伴随的主播口头解说及其他元素仅系对相关游戏过程的简单描述、评论，不宜认定该直播画面独立于游戏连续动态画面构成新的作品。"这一指引明确了网络游戏直播画面的可版权性，并在此基础上针对电竞直播画面和个人直播画面进行了区分。但鉴于网络直播客体的复杂性、直播过程的创新性，它规定的作品审查规则并不能全数适用所有类型的网络游戏直播画面，仍难以解决著作权法对网络游戏直播画面相关智力成果的保护问题。

第五节　泛娱乐直播

伴随Web 3.0时代的到来，2016年既是中国网络"直播元年"，也是泛娱乐直播平台异军突起的一年。从"泛娱乐"中的"泛"字可见一斑，之所以称为泛娱乐直播平台，是因为当时直播业界的分类尚不清晰，能满足受众广泛需求的泛娱乐直播平台类型多样，其业态仍旧处于高速变化中，因此，业界约定俗成地将娱乐类及其周边的直播平台称为泛娱乐直播平台。

艾瑞咨询在《2017中国泛娱乐直播用户白皮书》中，将泛娱乐直播平台定义为："以直播娱乐内容为主的直播平台，主要内容包括演艺直播、明星直播、游戏直播。"泛娱乐直播的代表性平台有很多，其中一些较为知名的平台有映客、花椒、YY、斗鱼、虎牙等。这些平台的特点是内容广泛，涵盖了音乐、舞蹈、美食、户外活动等多个领域，吸引了大量年轻用户。此外，还有一些专注于特定领域的平台，如BIGO LIVE、Uplive等，这些平台主要面向海外市场。BIGO LIVE在海外市场拥有较大用户群体，而Uplive则主要服务于新兴市场的年轻人。这些平台的主播们具有高人气和忠诚度，与粉丝互动频繁，能够快速聚集大量观众。

这些泛娱乐直播平台的出现，不仅为观众提供了多样化的娱乐内容，也为主播和内容创作者提供了展示才华的平台。同时，这些平台也在不断探索新的商业模式和互动形式,以满足用户和市场的需求。

一、泛娱乐直播发展现状

2016年,随着资本大量进入网络直播市场,加之技术水平提高,直播平台的数量超过200家。花椒直播、映客直播以打造移动互动直播平台为目标,定位准确,发展迅速,移动视频直播市场进入全面爆发的时期,各大直播平台纷纷开始丰富平台内容、争抢用户市场、抢夺稀缺流量,竞争态势日趋激烈。

2016年网络视频直播的井喷式发展看似突然,其实早有铺垫。2010年以前的直播市场是电脑端秀场直播的天下,2010年到2014年间,各大直播平台纷纷推出网页版和手机端App,更注重移动直播的新形态。其间,YY推出移动YY,来疯直播上线,六间房推出移动端等。2014年,多家游戏直播平台爆发,以游戏直播为主的斗鱼直播和战旗直播同步上线。

经历了2014年直播平台从PC端向移动端的成功转向,2015年,各大移动端直播呈现爆发式增长,直播平台用户大幅增加。1月,YY游戏直播更名为以游戏直播为核心业务的虎牙直播;2月,致力于专业电子竞技赛事举办、直播、转播的多媒体综合平台龙珠直播上线;4月,网易新闻与腾讯新闻推出直播功能;接着,映客直播与花椒直播上线;10月,拥有强大明星主播阵容的热门直播平台熊猫直播上线。在2015年众多平台爆发式上线的基础上,网络视频直播在2016年进入3.0时代。

作为直播领域的新秀,奇虎360旗下的花椒直播于2015年6月进入直播市场,经过多维发力,在短短一年半的时间里,花椒直播变身为泛娱乐时代极具代表性的平台。

2016年下半年,经过几轮定位的变化,花椒直播最终以强明星属性和社交属性为定位,推出多种发展策略,并取得月活量增长率达到行业第一的成绩。在内容制作上,针对"90后""95后"等直播平台用户的主力军,花椒直播较早上线了校园频道;针对不同年龄和文化背景的群体,花椒直播在不同时间段推出文化、娱乐、体育、健身、综艺节目等不同类型的上百档自制直播节目;同时,邀请传统电视台和网络电视的主持人入驻花椒直播,借助传统节目主持人丰富的经验、出色的口才、极佳的形象,不断丰富花椒直播的直播内容。在核心技术上,特意开发萌颜特效,在其他平台还没有美颜技术时,让花椒直播的主播们实现不用化妆就直接开始直播;同时,积极引入VR直播技术,为用户和主播免费发放10万副VR眼镜和1000台VR摄像设备[①],降低了用户参与VR体验门槛的同时,增加了同类型直播平台的技术壁垒。在平台发展定位上,邀请大批明星入驻的同时,捧红了一批"椒红"主播;组织直播各类影视剧的发布会、拍摄现场等,与中国超模大赛、环球小姐大赛等合作,通过直播为用户带来视觉盛宴。在社交属性的维护上,通过搭建主播与粉丝间稳定的社群关系,保持用户黏性;通过推出小视频、附近的人、K歌等功能,凸显平台的实时性、趣味性和社交属性。

---

① 曹晚红,田璇. 泛娱乐直播平台的发展策略与商业变现——以花椒直播为例[J]. 东南传播,2017(3):67-69.

随着直播领域的投资密度降低和金额下降，市场整体的投资热度趋于理性，加之行业监管不断加强，网络直播平台流量和收入逐步减少，移动直播平台已逐渐结束了初期的野蛮生长，步入了快速成长期。在资本的压力下，直播平台的持续发展迫切需要创新商业变现的模式。

BAT（百度、阿里巴巴、腾讯）巨头纷纷在直播行业中自建或投资并购直播平台，已形成主导直播市场的趋势。如腾讯自建 NOW 直播、QQ 空间直播等，并投资斗鱼、龙珠等平台；百度旗下自建百度百秀和奇秀直播；阿里巴巴旗下囊括优酷直播和来疯直播。根据艾瑞 2017 年泛娱乐直播平台数量集中度及营收规模集中度数据，头部 9 家企业营收规模占比超 70%；中等企业 16 家，营收规模占比约 15%；小型直播平台众多，营收规模占比约 15%。由此可见，强势资本进入网络直播市场，头部直播平台的吸金能力强劲，让网络直播行业的进入成本大大提升，利润空间越来越低，马太效应越发明显，中小直播平台面临倒闭、被收购或被兼并的危机。

二、代表性平台介绍

随着互联网技术的不断发展和普及，泛娱乐直播平台已经成为人们日常生活中的重要组成部分，具有较高的商业价值和社会价值。泛娱乐直播平台通常设有关注、点赞、粉丝等功能，建立了主播与观众之间的社交关系，观众可以成为主播的粉丝并通过送礼物、付费订阅等方式支持主播，因而泛娱乐直播具有社交性，并能较好地带动粉丝经济。直播平台的商业模式成熟，收益丰厚。平台可以通过广告、打赏分成等方式实现盈利，同时也可以通过直播带货、直播营销等方式拓展商业价值。典型的泛娱乐直播平台有斗鱼直播、虎牙直播、映客直播、花椒直播、YY 直播等。这些平台通过丰富多样的直播内容和广泛的受众群体，吸引了大量观众的关注和参与。同时，这些平台也通过灵活的商业模式和良好的发展态势，实现了商业价值的最大化。

泛娱乐类网络直播的代表性平台包括大型综合平台和专注于特定领域的平台，这些平台各有特色，为用户提供了丰富多彩的娱乐内容和服务。泛娱乐直播起源于早期秀场形式的网络直播间，但由于内容多流于低俗，网络直播间并没有成为主流的娱乐项目。而游戏和电子竞技产业的兴起，促进了泛娱乐直播平台的不断成型与火热。相关调查数据显示，88% 的网络直播用户经常观看电子竞技的内容，72% 的网络直播用户同时也是电竞游戏的忠实玩家。[①]

由品牌网（CHINAPP）依托全网大数据，经过专业评测评定出"2023 年度网络直播平台十大品牌排行榜"。从中可见，斗鱼、虎牙、企鹅电竞、龙珠直播、战旗直播、火猫直播、触手等游戏直播平台，占据十大品牌榜中的七个席位，而熊猫直播、全民直播、CC 直播则成为知名度和口碑度较高的泛娱乐直播平台，占据十大品牌中剩余的三个席位。由此可见，泛娱乐直播平台在众多直播平台中收获了较高的知名度。

泛娱乐直播平台中较有代表性的平台有映客直播和花椒直播。2015 年 5 月，映客 App 正式上线，为用户提供娱乐、时尚及生动的实时互动平台。映客直播于 2016 年 6 月

---

① 丁家佳. 从"映客直播"看泛娱乐网络直播互动 [D]. 合肥：安徽大学，2017.

17日成功上榜腾讯应用宝发布的星App5月榜;11月,映客直播荣登2016中国泛娱乐指数盛典"中国文娱创新企业榜TOP30"。2018年7月12日,映客正式在港交所挂牌交易,成为港交所娱乐直播第一股。映客直播主要为用户提供娱乐、时尚、生动的互动平台,开创了移动直播的新时代,在游戏、秀场、综艺、电商等方面都有覆盖,受到不少用户的信赖和认可。

　　致力于打造移动社交直播平台的花椒直播于2015年6月上线。2016年,花椒直播VR专区上线,成为全球首个VR直播平台,开启移动直播VR时代;作为国内移动社交直播平台的代表之一,花椒直播已入驻大量明星,用户可以通过直播了解明星鲜活、接地气的一面;花椒直播已推出上百档自制直播节目,涵盖文化、娱乐、体育、旅游、音乐、健身、综艺节目、情景剧等多个领域;花椒直播独创萌颜和变脸功能,丰富了用户交互体验。易观数据显示:2016年5月TOP500 App榜单中,视频直播迎井喷式增长,花椒直播表现出色,其环比增长率达到了191%,远超同类产品50%,增长率居泛娱乐直播平台之首。

　　对比映客直播和花椒直播,不难发现它们各有特色。这两大平台都是以年轻人为主体用户,从年轻人的视角出发进行对比,映客直播因更注重主播的个人表现、技术创新,能提供更多元的直播场景而受到追求高质量直播的年轻人的喜欢。根据艾媒咨询发布的《中国在线直播市场环境分析与用户行为调查数据》来看,2021年6月映客平台月活用户为1035.6万人,花椒平台月活用户为958.8万人。映客直播拥有庞大的用户量,打赏的金额也更高,适合有一定才艺、粉丝量大的用户去使用。而花椒直播则以娱乐直播为主,加之有多位知名明星入驻平台,因此,它对于追星和看直播的年轻人来说更具有吸引力。同时,花椒直播的目标用户比较广泛,不仅吸引年轻人,还可以吸引其他年龄段的用户,因此它的市场占有率比较高。2021年上半年中国娱乐直播平台月活用户情况见图2-1。

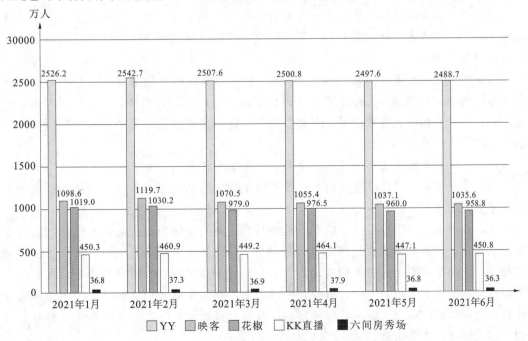

图2-1　2021年上半年中国娱乐直播平台月活用户情况

中老年人的兴趣和需求与年轻人不尽相同，在选择直播平台的偏好上自然也不同。糖豆和中老年之家这两个平台都专注于中老年人的需求，提供了丰富的生活服务、社交互动和娱乐内容，满足了中老年人对健康、养生、旅游等方面的需求。此外，这些平台的使用门槛较低，操作简单明了，对中老年人来说易于上手。

随着移动互联网的发展，一些移动端的直播平台也逐渐受到用户的欢迎，如抖音、快手等。这些平台通过提供简单易用的直播功能和丰富多样的内容，吸引了大量用户观看和参与直播。

三、泛娱乐直播平台的内容特色

泛娱乐直播平台以内容丰富、涵盖领域广、互动性强而受到用户的喜爱。综合来看，这类平台通常具有以下几个特点：第一，观众在平台中可以通过弹幕、点赞、送礼物等方式与主播互动，参与度高，互动性强；第二，此类平台涵盖多种类型的内容，可以满足不同观众的需求，因而内容具有多样化特点；第三，泛娱乐直播平台同时也是一个社交平台，观众、粉丝、主播之间可以相互交流，形成良好的线上社区氛围；第四，此类平台通过广告、礼物、付费观看等方式实现商业化，此举创新了直播平台的商业模式。

泛娱乐直播平台的内容生产具有低门槛性、强交互性、高融合性三大特点。在移动直播平台蓬勃发展的同时，泛娱乐直播平台面临严重的内容同质化问题。根据艾瑞数据，平台内容质量下降是用户平台迁移的主要原因。为了提高内容质量，凸显平台特色，避免同质化现象，各大直播平台创意频出，打造了在内容上多种特色并存的局面。

花椒直播采用明星策略，打造以明星为噱头的内容，增强粉丝黏性。

培养平台自身的优质主播也是一种有效的战略布局方法，如NOW直播、虎牙直播均推出扶持原创内容生产者的计划，培养优质的主播，从源头改善并丰富平台内容，以此提高市场竞争力。

在拓展直播内容形式方面，映客、花椒、YY等操作得比较成功。这些平台不仅提供了传统的个人直播服务，还推出了多种形式的直播内容，如团队直播、群体直播、连麦互动、打榜赢排位、趣味游戏、有奖竞猜等。这些形式丰富了直播内容，提高了观众的参与度和活跃度。

此外，一些直播平台还通过技术创新，推出了虚拟现实、在线试妆、在线盲盒等玩法，吸引了大量观众参与。这些技术手段不仅增加了直播的互动性和沉浸感，还为观众提供了新颖的观看体验。

随着竞争加剧，平台对内容的要求越来越高，需要提供更加优质、有创意的内容才能吸引观众，内容升级成为泛娱乐直播平台当下急需解决的问题。同时，在技术进步的基础上，直播平台需引入更多的互动形式和功能，如虚拟现实、增强现实等，提升用户体验也成为下一步的努力方向。另外，平台需要不断探索新的商业模式，以期实现商业化转型，提高盈利能力。随着行业的发展，政府对直播平台的监管也会加强，平台需要遵守相关法规，规范运营。

四、泛娱乐直播平台的主播群体

网络直播平台中的主播俨然是特定领域中的"意见领袖",他们与受众之间的关系紧密。在特殊的直播场域中,主播拥有丰富的资源、充足的信息、核心的话题和强大的号召力。网络直播世界中的主播类似于明星,但又不同于真实世界中的明星。因泛娱乐直播平台的准入门槛较低,有才艺、有特色、有想法的素人只要用心经营,稍具才艺、口才、表现力即可经营好自己的直播间,成为自己直播间的"意见领袖"。因此,与普通观众差距不大,社会价值相近,这使得主播与受众的亲近感更强,距离感更近。与高高在上、遥不可及的明星截然不同,主播不仅会主动向受众问好,第一时间反馈受众消息,必要时还会为粉丝送礼表示感谢,这种类似普通朋友之间的互动和沟通,自然消解了传统明星和受众之间的距离。

艾瑞数据显示,泛娱乐直播平台中的主播呈现年轻态,2018年,年龄在18~27岁的主播人群占比达82%;从地域分布来看,一线城市主播仅占一成,超过八成聚集于二线及以下城市和农村地区;从学历上看,处于高中、大专和初中学历的人群占近80%;在性别比例上,泛娱乐主播呈现女性占优,游戏直播呈现男性占优。

交互性是泛娱乐直播平台中内容生产最大的一个特点,网络直播平台中的内容有强大的受众属性,其中的内容不仅仅是网络主播或主播团队的集体智慧,还带有浓厚的互动属性、沟通属性,以及强烈的受众印记,是主播、主播团队、受众互动而来的产物。主播提出话题,受众参与并修正信息,同步反馈给主播,主播接收、改善后再行反馈,如此互动、沟通的文本片段能满足双方的需求,同时产生更多的情感共鸣和同理心。网络直播平台中的主播非常关注受众的需求,特别是能将需求转化成经济效益的粉丝。在某些层面上,直播产品是为了讨好直播观众的消费习惯而发生改变的。[①]

在泛娱乐直播平台的内容生产过程中,观众参与是最常见的方式。平台直播中大多数的内容生产都来自主播与受众之间的对话。受众会以弹幕的形式针对主播提出的话题进行互动,在弹幕中也会出现新的议题、新的话题,主播敏感捕捉话题后,及时回应进行反馈。受众的反馈通常是主播关注的话题焦点,主播也会倾向性地基于受众的兴趣点来选择议题,将部分直播内容的决定权交给受众。例如,很多游戏主播会在下一期直播开始前,提前向受众征集游戏或发布游戏投票,让受众决定主播下一次直播的游戏项目。充分尊重受众选择的权利是网络直播的特点之一,也是网络直播保持用户黏性的有效方式之一。

除此之外,网络主播可以通过以下策略来提升用户黏性。第一,主播通过展示自己的才华、个性或专业性,吸引受众注意,建立独特的个人品牌,增加粉丝对主播的忠诚度。第二,主播不断提供高质量的直播内容,确保内容有趣、独特且能满足受众的需求,吸引观众的长期关注。第三,主播积极与观众互动,通过抽奖、答题、连麦等方式增加互动,及时回应评论及问题,增强与受众的互动和连接,让受众感到被重视和关注。第四,主播团队建立或加入粉丝社群,通过社群来扩大影响力,提高受众对主播的黏性。

[①] 王泽川. 泛娱乐直播平台下体育类直播的内容生产策略研究 [D]. 武汉:武汉体育学院,2020.

第五，主播保持定期直播的频率，并维持稳定的时间安排，培养受众收看直播的习惯，保持粉丝稳定性。第六，主播不断尝试新的直播形式，与其他主播或相关行业进行合作，互相推广的同时扩大影响力，既满足受众的新鲜感，又拓展新的粉丝空间。

以上策略有助于主播提升用户黏性。为了保持直播平台稳定持续的发展，除了提升内在环境外，还要加强网络监管、优化直播环境，保持整个网络直播大环境的健康有序发展。

第六节 垂直领域的直播

垂直领域的直播平台是针对特定领域或需求的直播平台，如教育直播、游戏直播、电商直播等。这些平台专注于某一特定领域，用户群体相对集中。通过在垂直领域直播平台进行直播，可以更精准地触达目标受众，提升直播效果。

具有代表性的垂直领域直播平台较多，如网易云音乐推出的音乐直播平台，主要提供音乐会、演唱会、音乐节等直播内容；VIPKID推出的在线教育直播平台VIPKID Live，提供了外教一对一在线教学服务；美国职业篮球联赛（NBA）官方提供的直播平台NBA League Pass，用户可以观看比赛直播和相关内容等。这些垂直领域的直播平台针对特定领域或主题，内容更加专业化和精细化，它们通过直播形式提供实时的互动和参与体验，能够吸引特定领域的目标受众，增加粉丝和用户黏性。同时，能够提供特定领域相关的增值服务，如实时咨询、互动问答等。这些平台通过深耕具体领域，为用户提供了更加个性化和专业化的直播内容和服务。

垂直领域直播平台的发展可以追溯到2016年左右，当时随着移动互联网的普及和直播技术的成熟，一些创业者发现了在特定领域进行直播的商业机会。我国最早出现的垂直领域直播平台是虎牙直播。虎牙直播是国内大型游戏直播平台，也是中国首家全网启用HTML5直播技术的平台。它拥有3800多款游戏内容，主要以游戏直播为核心的弹幕进行互动，自上市以来，受到很多用户的追捧，成为中国游戏直播平台十大品牌之一。类似于虎牙直播的这些早期平台通常专注于某一特定领域，如游戏、教育、体育、电商等，通过提供专业化的直播内容吸引目标用户。随着用户需求的不断增长和技术的不断进步，垂直领域直播平台逐渐崭露头角，成为一种新型的内容形式。

一、垂直领域直播平台的内容特点

垂直领域的直播平台因为专注于某一特定的领域，垂直化向下延伸，力求在纵深方向发展，因而得名。它具有专业性强、互动性强、实时性强的特点，具有明显的定制化服务的优势。

第一，垂直领域直播平台专注于某一特定领域，因此其内容具有较强的专业性，这使得用户在观看直播时能够获得更深入、更专业的知识和信息。如专注于财经直播平台的"第一财经"，该平台提供各类财经资讯、股市分析、理财产品等，通过直播形式进行股票交易指导和金融知识普及，其特点是内容专业、权威性强，为投资者提供有价值的信息和服务。再如，专注于商业活动直播的"微吼直播"，专注于为企业提供会议、产品发布会等商业内容的在线直播服务；"疯牛直播"作为一个财经分析直播平台，为投资者提供市场动态、股票分析等财经资讯。

第二，垂直领域直播平台通常具有较强的互动性，用户可以在直播过程中与主播进行实时交流，提问、发表观点、回复、点赞、关注等。这种互动性使得用户的参与感更强，也为主播和用户之间的交流提供了便利。比如，专注于游戏直播的平台斗鱼，该平台涵盖了各类游戏赛事、游戏教学和娱乐直播。它的特点是互动性高、娱乐性强，能够吸引大量游戏爱好者和主播参与。

第三，垂直领域直播平台的内容通常是实时产生的，用户可以第一时间获取最新的信息和内容，这种实时性使得用户能够更加及时地了解某一领域的最新动态和趋势。比如，用户可以在电商直播平台中获取最新款式的服装样式、售卖优惠、活动满减券、穿搭使用效果等，用户也可以在教育直播平台中得知最新的考试要求，获取最新的备考复习资料，甚至获得预测类题库等。

第四，垂直领域直播平台可以根据用户需求提供定制化的服务。例如，电商直播平台可以根据用户的购物需求推荐相关产品，教育直播平台可以根据用户的学习目标制订个性化的学习计划。比如，专注于教育的直播平台"云开教育"，该平台专注于医学考试、公务员考试、司法考试、研究生考试等不同领域，提供在线直播、录播课程和学习服务。它的特点是内容专业、精准定位，能够满足不同领域学习者的需求，为用户提供专业化、定制化的服务。

这些垂直领域直播平台都具有专业性强、定位精准的特点，能够满足不同领域用户的特定需求。同时，通过直播的形式能够更直观、生动地呈现内容，提高用户的参与度和满意度。

综上所述，垂直领域直播平台的发展轨迹是从兴起、探索到逐渐成熟的过程。垂直领域直播平台在发展过程中虽然面临内容质量参差不齐、监管难度大、商业模式不清晰等问题，但随着5G等新技术的普及和应用，直播的画质和流畅度得到进一步提升，为用户带来更好的观看体验。同时，随着用户付费意愿的提高和付费方式的多样化，垂直领域直播平台将有更多机会实现盈利。此外，随着行业标准的制定和监管政策的完善，垂直领域直播平台的发展将更加规范和健康。

体育赛事直播平台在垂直领域直播平台中占有重要地位，其影响力和市场份额均显示出强劲的增长态势。虽然没有数据直接表明体育赛事直播平台在所有垂直领域直播平台中的确切占比，但体育赛事直播平台凭借用户基础广泛、市场活跃度高、资本投入大等特点，不仅成为垂直直播领域中重要的组成部分，而且在技术、经济、文化等多个层面发挥着关键作用，推动着整个直播行业乃至体育产业的持续发展。

二、体育赛事直播代表性平台介绍

体育类网络直播平台兴起于2015年。最早的章鱼直播于2015年4月上线,成立之初,章鱼直播致力于成为全球体育爱好者的体育信息服务平台,其产品矩阵包括章鱼直播、体育赛事直播平台章鱼娱乐、提供真人直播内容的章鱼比分、实时掌握全球体育赛事动态的章鱼导航、找到自己感兴趣的阵地的章鱼部落、让热爱体育的人寻找到自己的体育快乐的章鱼体育等。目前,章鱼直播已经成为专业的体育直播平台,提供无插件足球直播、NBA直播、CBA直播、英超直播、欧冠直播、亚冠直播等。除了全天24小时更新足球、篮球直播高清信号免费在线观看外,还提供NBA视频录像、足球精彩视频、CCTV5在线直播等服务。2017年,章鱼直播被乐视体育收购,后因乐视体育自身经营出现问题,章鱼直播受到一定的影响,但它凭借自身的专业性和品牌优势,依然在体育直播领域保持了一定的竞争力。

2016年4月,企鹅直播上线,依托斗鱼直播在直播领域的优势积累和腾讯体育强大的赛事版权支持,虽然上线时间相对较晚,但企鹅直播迅速在业内立足。其内容涵盖了众多热门体育项目,如NBA、FIBA、欧冠、德甲、NFL、NCAA等。栏目包括篮球、足球、台球、搏击、舞蹈、健身、综合、棋牌、游戏等。平台以草根主播为主,直播形式以对体育赛事进行直播解说或复盘为主。

在体育赛事直播平台中,腾讯体育和央视体育是被广大用户认可的最受欢迎的平台。腾讯体育作为中国领先的在线体育平台,拥有广泛的用户基础和丰富的赛事资源,提供了高清、流畅的直播服务,同时拥有强大的互动社交功能,让用户可以与好友一起观看、讨论赛事。腾讯体育对于直播平台资源的购买舍得花重金,2015年,它以5万美元购得NBA五年的直播版权,此举并非盲目之举。单赛季超过1500场次的赛事直播资源,正是腾讯体育看中的重磅资源,此等经济实力是传统的体育电视频道和其他体育门户网站所不能及的。除了关注度极高的NBA比赛,还有英超、意甲、西甲、中超、电竞等体育赛事直播,腾讯体育通过收购国内外的优质直播资源版权,具备了数量庞大的体育赛事直播内容,为国内观众带来前所未有的视觉盛宴。

央视体育则是国内历史最悠久、规模最大的体育直播平台之一,它拥有丰富的体育赛事报道和直播经验,专业性和权威性在业内数一数二。同时,央视体育拥有广泛的体育赛事资源,包括奥运会、世界杯、欧洲杯、NBA、CBA等国内外顶级赛事的独家报道权,能够提供全方位的赛事直播和新闻报道。作为中国电视媒体的代表之一,央视体育直播平台具有广泛的市场影响力和品牌知名度,对于广告主和合作伙伴具有很高的吸引力。

此外,其他知名的体育赛事直播平台,如优酷体育、爱奇艺体育、新浪体育、网易体育等,也具有一定的用户群体和市场影响力。这些平台能提供丰富多样的赛事直播内容,包括足球、篮球、网球等各类全球性赛事,内容丰富。同时,这些平台采用先进的直播技术,提供了高清流畅的直播体验。用户可以在直播过程中与主播或其他用户进行实时互动交流,具备互动性强的特征。基于大数据分析,这些平台可以为用户提供个性化的赛事推荐服务。

三、体育赛事直播平台发展状况

由于技术和资金的限制,以前的观众要观看体育赛事,只能通过传统的电视频道看实况转播。随着模拟信号转变为数字信号,移动终端4G技术和互联网技术的大量普及应用,体育赛事直播平台纷纷崛起。因移动设备观看直播的便利性,越来越多的观众锁定体育赛事直播平台观看体育比赛。

体育网络直播平台相较于传统的电视体育频道,具有多重优势。相较于传统的电视体育频道,网络媒介本身具有更大的传播影响力。传统的电视直播虽具有实时性,但是受限于版权、国内外时差等因素,很多体育赛事无法进行转播。而体育直播平台则具有自由的转播时间,一旦获取版权,体育网络直播平台借助网络技术的实时性优势,便能第一时间转播体育比赛。另外,互动性是体育网络直播平台的突出优势之一。一方面平台在转播赛事时配备了专业的解说员对赛事进行讲解,另一方面直播平台兼具弹幕、留言、评论等多重互动功能,观众在观看比赛的同时可以发表看法、表达情绪、实时交流,充分提高了观众的互动性和参与性。

基于群众基础广泛、直播资源丰富、传播时间自由、互动性强、时空适应性强等多重优势,体育直播平台蓬勃发展。共研网的调查数据显示,2022年我国体育直播的用户规模为3.06亿人,较2021年12月增长2232万人,占网民整体的29.1%。

2015年4月,章鱼TV上线,这个国内最大的原创网络体育直播平台在上线不到一年的时间内,峰值用户数量超过500万。从新浪体育的发力,到腾讯体育、PP体育、新英体育、爱奇艺体育的崛起,再到2018年优酷与咪咕的强势加入,我国网络体育直播平台呈现出"百花齐放"的发展格局。[1] 网络体育直播平台的受众已经远超过传统的电视媒体。以中超联赛为例,选择网络直播平台的观众达到了70.5%。[2]

虽然体育直播平台经历了蓬勃发展期,但在实际的运行中仍存在不少问题。首先,版权是体育直播平台的生命线,各大平台争夺版权的竞争激烈,在赛事版权保障较弱的情况下,盗播现象较为猖獗。对于没有版权的赛事,部分平台仍然顶风作案进行播出。其次,部分平台盈利模式单一,单纯依靠主播的礼物抽成实现盈利,鲜有会员增值服务、电商导流等盈利模式,变现能力不强。最后,部分平台的用户黏性相对较低,用户活跃度不高成为平台持续运营的难题。面对诸多平台发展困境,相关平台必须快速转型,更好地匹配市场,找到持续发展之路。

---

[1] 姚诗佳.新媒体时代我国体育赛事网络直播发展策略研究[J].新闻世界,2019(8):46-49.
[2] 姚诗佳.新媒体时代我国体育赛事网络直播发展策略研究[J].新闻世界,2019(8):46-49.

第七节 电商直播

一、代表性平台介绍

直播带货是当下十分火热的词汇，而电商直播平台就是专注于直播带货的平台，变观众为消费者，变用户为买家，电商直播平台的变现能力较强。直播带货的"风口"于2019年开启。据艾媒咨询数据统计，2020年全国在线直播用户规模将突破5亿人，直播电商总规模将达到9000亿元以上。截至2021年6月，中国电商直播用户规模达3.84亿，同比增长7524万，占网络直播用户的60.19%。

我国电商直播行业发展迅速，电商直播平台有很多，包括淘宝直播、快手直播、抖音直播、唯品会直播和拼多多直播等。较为成熟的平台多样且各具特点，比如，淘宝拥有庞大的用户群体，京东以品质及成熟的物流服务为定位，抖音和快手则以时下流行的短视频和主播直播为主要的内容形式，吸引了大量的年轻用户。电商直播已经成为一种重要的电商形式，为消费者提供了更加直观和便捷的购物体验，日益成为人们生活中不可缺少的一部分。

我国电商直播平台的发展大致经历了初期、发展期、爆发期和成熟期这几个阶段。初期阶段，电商直播平台主要集中在淘宝、快手、抖音等几个大型平台，这些平台通过提供直播功能，吸引商家和消费者参与。随着直播电商的兴起，越来越多的商家和消费者开始加入这个市场，一些传统的电商平台也开始推出直播功能，如京东、拼多多等，电商直播平台进入大发展期。2020年初，电商直播快速发展，"宅经济"带动了线上消费市场，商家纷纷嗅觉敏锐地加入直播带货的行列，电商直播平台进入爆发期。到如今，电商直播市场逐渐成熟，消费者的购物习惯已经养成，政府对于规范市场发展的相关政策布局到位，电商直播市场进入规范化运行、成熟化运作的状态。展望未来，电商直播市场的规模将继续保持稳定式增长。

二、电商直播的营销特点

电商直播是直播与电商的融合，电商直播是利用网络直播方式引导消费者购买相关产品或服务的电子商务创新模式，它具有强有力的经济赋能作用。从本质上来看，电商直播围绕"人、货、场"这三个核心要素，以优化成本、提高效率、完善体验为目标，在技术赋能和消费升级的背景下，融消费者的购物需求、情感需求为一体，建构一个"人要货，货到人"的沉浸式商业场景，提供全方位的贴心服务，满足消费者全方位的需求。品牌商通过主播向消费者介绍、展示商品，释放优惠信息，告知物流及售后服务，增强消费者对商品的认知度和体验感,从而促进商品销售。主播在直播中主要展示并推广商品,通过与消费者的实时互动、问题解答等,使用营销话术及手法刺激消费者的购买意愿。电商平台则为品牌商和带货主播提供直播的技术及流量支持,同时为消费者提供购买渠道及服务保障。

主播是电商直播中核心的三要素之一,主播自身的素质会对直播带货的效果起很大的决定性作用。然而,当电商直播成为风口产业后,越来越多的年轻人认为成为主播就能轻松从直播带货中快速挣钱,使得网红、主播成为时下流行的职业,也导致部分人群盲目地认为主播门槛很低。其实不然,电商直播对主播的外貌、专业知识、市场观察力、法律意识和道德素养等都有一定的要求。在电商直播中,主播需要具备多方面的素质才能赢得消费者的信任和认可,提升直播的销售效果和市场竞争力。

电商直播的主要目的是通过网络直播平台,由带货主播实时展示商品,并通过主播的推荐和销售引导刺激消费。简而言之,电商直播的营销特点可以总结为三个字:短、快、精。

首先,用户观看一场电商直播,一个最直观的感受就是直播总体时间虽长,但主播用于单个产品的介绍和展示时间较短。而直播营销是一种短时营销,时间短暂,主播需要在短时间内介绍清楚单款产品的关键信息、优惠方案等,在尽量短的时间内促成消费者"见面即心动,心动即下单"。在直播带货时,主播需要在有限的时间内,快速地展示产品的特点、优势和使用方法等,让消费者在短时间内对产品有全面的了解,同时保证在正常直播带货中有尽量多的商品能实现售卖。

其次,直播营销的互动性很强,信息反馈及时。消费者可以通过弹幕、评论等方式与主播进行互动,提出问题或反馈意见。主播需要及时回答问题,调整直播策略以满足消费者的需求,这种快速响应的互动方式可以提高消费者的参与感和黏性。另外,主播在带货时往往引入限时抢购和限量推销等策略,刺激消费者的购买欲望,并通过倒计时、库存信息等方式制造消费的紧迫感,促使用户即刻下单购买。这是电商直播中主播常用的营销手段,但也带来了大量的非理性消费,导致直播结束后商品的退单率较高。

最后,直播营销需要对内容进行精心设计和安排,以吸引消费者的注意力。主播需要具备良好的语言表达能力和互动技巧,能够引导消费者进入情境,促进产品的销售。同时,直播场景的布置、陈列和氛围也需要考虑周到,以提供良好的观看体验和信任感。另外,为了增加商品的卖相和使用体验的介绍,带货团队往往会将商品的展示形式升级为动态、场景化的展示方式,不局限于简单的图片或文字推荐,主播可以将产品使用场景与自己的生活场景相结合,详细地演示商品的用途、品质和效果,甚至会针对性地设计实验环节考验产品的品质等,通过精细化的编排和设计,让用户充分认知商品,以此提高销售转化率。

综上所述,带货主播需要在有限的时间内快速地展示产品信息,与消费者进行互动交流,并及时响应反馈,以提高消费者的参与感和黏性,促进产品销售。本节主要从电商直播的基础性内容展开讲述,更多内容将在后面的章节中重点介绍。

第八节　版权类直播

一、版权类直播的代表性平台

版权类直播平台是指以播放受版权保护的内容为主的直播平台，这类平台通常涉及电视节目、赛事、音乐会等现场活动的直播和转播，直播或转播行为需经由版权方授权。

在国外，Netflix、Hulu、Disney＋、HBO Max、Twitch.tv 等都是较有知名度的版权类直播平台，主要提供各种类型的电影、电视剧、综艺节目等内容，并且有一些是独家的原创节目。而在中国，较有代表性的版权类直播平台有爱奇艺、腾讯视频、优酷、芒果 TV 等，这些平台拥有庞大的用户基础，通过与版权方合作，提供了丰富的影视内容供用户观看。用户可以通过这些平台订阅会员或购买相关服务，以享受更多的高质量、正版的版权内容。同时，这些平台也积极投资制作自家的原创节目，以提供更多独特的内容和用户体验。

在我国，典型的版权类直播平台包括腾讯直播、网易直播、优酷直播、芒果 TV 等，这类平台通常拥有大量的受版权保护的内容资源，可以进行各种类型的直播活动，包括电影、电视剧、音乐、体育赛事等。同时，这些平台还会提供各种互动功能，如弹幕、礼物、打赏等，增强用户的参与感和互动性。

二、版权类直播的内容特点

版权类直播平台播放的内容通常受到版权保护，需要获得相关版权所有者的授权才能进行播放，所以版权类直播平台具备内容受到版权保护的基础特点。也正是因为受到版权的保护，版权类直播平台通常能提供高品质的内容，包括各种类型的电视节目、赛事和音乐会，吸引了大批忠实的观众和用户。平台往往是以实时直播为主，能够提供现场活动的实时信号，满足用户实时观看的需求，因而版权类直播平台具有较强的实时性特点。由于版权类直播平台的内容受到版权保护，用户需要付费才能观看相关内容，同时平台也会提供付费会员服务，用户可以享受更多的优惠和特权。总之，版权类直播平台的内容具有专业性、高品质、实时性和互动性等特点，能够满足用户的在线观看需求。各具特色的平台一方面为受众提供了丰富的选择，另一方面促进了版权类视频直播产业的发展。

以腾讯视频为例，由于腾讯视频的内容丰富、品质保证以及互动性强的特点，用户通常会对该平台产生较高的黏性，并长期使用。2011 年 4 月上线的腾讯视频，全平台日均覆盖人数超过 2 亿。截至 2022 年 3 月 31 日，腾讯视频付费会员数达到 1.24 亿。腾讯视频在电视剧、综艺、动漫、电影、纪录片等领域集合了相当丰富的内容资源，用户可以通过它获取海量的优质视频。在剧集方面，腾讯视频作为行业领先地位的电视剧平台，基本实现了对热门剧集的全覆盖，并具备多个独家剧目的播放权；综艺方面，腾讯视频以多元化的题材和精品音乐节目为优势，领跑网综领域；动漫方面，腾讯视频通过打造头部经典与建立垂类标杆，长期处于国漫行业的领先地位；在电影方面，腾讯视频加大资金投入，在实现国内院线电影新媒体版权全覆盖的同时，与派拉蒙、迪士尼、索尼、环球、华纳进行深度合作，搭建行业前沿的电影片库，为用户提供具备更高艺术水准和娱乐观赏性的内容。作为国内领先的在线视频平台之一，腾讯视频也涵盖了体育赛事、音乐会等领域的直播内容。

第九节 慢 直 播

一、慢直播的定义及特点

融媒体时代到来，随着5G信号的普及和科技水平的提升，慢直播作为一种新的直播形态，在越来越多的生活场景中使用，并很好地呈现出特殊场景下事物发展的特点。慢直播是指借助直播设备对新闻事件或实景进行全程、超长时间的实时记录，无任何人为干预和后期策划剪辑，以陪伴性、交互性、自然态、长时段为主要特征，创造出与观众的深度互动与共情，全方位、原生态地呈现真实画面的一种新型直播形式。一个"慢"字能展现出慢直播最大的特点，即慢节奏、无干扰。在层出不穷的快餐式娱乐直播之外，节奏舒缓、画面简单的慢直播具有陪伴式、沉浸式、原生态的特点，在媒体融合背景下发挥着其独特的作用。

慢直播起源于2009年，当时挪威电视NRK为了纪念卑尔根铁路诞生百年，在车头安装了3个摄像头，完整记录了306公里火车运行的7小时14分钟的直播节目，这场直播吸引了120万挪威居民观看。国内较为典型的慢直播平台包括央视频、云南的慢直播账号、优视云播等，这些平台提供了各种类型的慢直播内容，如"云旅游""云养猫""云种菜""云监工""云考古""慢旅游云直播"等。

相较于传统媒体对新闻事件的选择性报道和后期剪辑，慢直播可以更直观、连贯、完整地呈现事件的过程，中间无人为干扰的因素，也没有剪辑的痕迹，提供了相对完整的事件全貌，从补偿性媒介理论的角度出发，慢直播的这种特性能补偿受众对于信息获取、社交互动、情感交流等方面的需求。同时，慢直播具有一些显著特征。第一，慢直播的时长通常较长，可以达到数小时甚至全天候直播。这种长时间的直播形式为用户提供了更多时间来沉浸在直播内容中，同时也可以展示更多细节和过程。第二，慢直播的内容通常具有强烈的真实性，它并不经过剪辑或加工，只是将摄像机捕捉到的画面真实地呈现给观众。第三，慢直播聚焦于单个场景或事件，通过长时间的记录和呈现，让事件本身来说明问题，不需要额外的解释或说明，具有事件自我阐释的特点。第四，慢直播通常鼓励用户参与和互动，他们可以通过评论、弹幕等方式与其他观众交流，分享自己的看法和感受。第五，由于慢直播的时间较长，它能够展示更多的细节和过程。

二、慢直播的代表性平台及市场空间

1963年，安迪·沃霍尔在拍摄电影《沉睡》时完成了对主人公约翰·乔尔诺长达5个小时睡眠过程的拍摄，这被称为慢直播最早的雏形。在中国，2013年，央视网与成都大熊猫繁育研究基地共同开办了IPANDA熊猫频道，对大熊猫的生活进行24小时慢直播。

国内媒体对慢直播的新形态使用得较为广泛，例如，河北广播电视台推出《美丽河北》慢直播来进行城市形象传播，极目新闻开启"武大云赏樱"慢直播，澎湃新闻推出《上直播》慢直播栏目等，都受到了观众的热捧。当遇到气象、灾害类新闻节点或突发事件，如台风、大降温、大雪、潮汐等，以慢直播的形式进行报道，可以让观众直观地置身新闻事件现场，真实地把握新闻事件本身的细节。慢直播的客观记录、实时监督功能可以最大限度地还原新闻现场的真实情况，其使用场景和使用效果有待不断挖掘，市场空间广阔。

本章小结

本章详细探讨了网络直播平台的平台类型与特征，综合评述了其不同阶段的发展历程和现状，并针对不同类型的网络直播平台的内容特点、代表性平台、发展状况、发展面临的问题及未来的趋势进行了分析，全面展示了网络直播平台的全貌。

其中，第一节围绕网络直播平台的定义及发展阶段展开讲述，分析了网络直播平台兴起的重要因素，给出网络直播平台的基础性定义，并将网络直播平台的发展阶段划分为直播1.0时代、直播2.0时代和直播3.0时代，简要阐述了阶段划分的依据及不同时代发展的特点。在第二节中，我们根据早期的类型划分、行业咨询机构的类型划分等依据，最终选择根据内容及发展模式将网络直播平台进行类型划分，并简要介绍了秀场直播、游戏直播、泛娱乐直播、电商直播、版权类直播、慢直播等平台类型。第三节主要介绍了秀场直播的定义、发展阶段、代表性平台，并围绕打赏机制、主播群体、人际关系网等展开分析。第四节重点介绍了电竞直播平台的核心功能，分析了其平台的画面特点，游戏电竞直播平台凭借其高清、流畅、专业性强、实时性的画面特点，为用户提供了极佳的观赛体验。第五节重点介绍了泛娱乐直播的发展现状、代表性平台、内容特色等，泛娱乐直播内容广泛，包括娱乐、游戏、教育等，强调内容多样性与互动性，满足不同用户群体的需求。本节围绕其主播群体分析了泛娱乐直播平台在内容运营、增强用户黏性上的个性化方法。第六至九节分别以垂直领域的直播、电商直播、版权类直播、慢直播为主题,重点分析其代表性平台、发展状况、内容特色、面临的问题及市场空间,从立体式、全面式的角度介绍了不同类型电商平台的发展概况,为读者提供了深入了解网络直播平台及其在网络直播行业中的作用和地位。

通过本章的学习,读者能理解到,随着行业监管加强、技术迭代,网络直播平台正朝规范化、专业化方向发展。同时,垂直领域的直播的精细化、个性化内容以及慢直播等新形式的探索,预示着直播行业将持续创新,满足用户多元化需求,推动行业健康、稳定增长。未来,直播平台需要在内容创新、合规运营、技术升级等方面持续努力,以适应市场变化,实现可持续发展。

第三章

电商直播的平台及特征

◆ 本章主题：

电商直播是网络直播行业的重要组成部分。本章将对电商直播的发展历程进行梳理，介绍电商从电视购物频道到网络电视购物，再到专业电商直播的发展过程和具有代表性的直播机构。本章会重点介绍专业"电商＋直播"与"直播＋电商"这两种电商直播平台的特点与优劣势，同时也会对直播带货的类型进行归纳，分别介绍店铺直播、导购直播、名人站台直播、国外代购直播、帮砍价直播与产地直播等不同类型直播的特点。此外，针对电商直播带货的三要素，剖析"人、货、场"三者的有效整合对直播带货的作用。

◆ 学习重点：

专业电商平台的主要类型与特点；直播带货的类型。

◆ 学习难点：

不同电商直播平台的特点与优劣势。

电商直播，也称为购物直播，是一种通过直播平台进行商品销售和推广的活动。它结合了电子商务和直播视频，是电子商务在互联网技术的推动下继图文货架和短视频之后的又一新的发展阶段。

早期的"图文货架"阶段，商家主要通过商品的图片和文字描述向消费者介绍商品，消费者则通过互联网商品页面对商品进行浏览、了解、比对、选择。相对于传统实体店，它更便捷、选择更多元，但缺点也很明显：商品展示方式较为单一，仅靠图片和文字无法全面立体地展示商品的特点与使用效果。因此，很快，短视频作为一种新的信息传递方式广泛为商家所采用。通过几十秒到几分钟不等的视频，消费者可以更加直观地了解商品的特点，商家也能更生动具体地介绍产品。不过，Web 2.0时代习惯即时互动的受众，还是渴望互动性更强的购物体验。于是，伴随着直播视频的出现，电商直播应运而生。它既能帮助消费者更加直观地了解、体验商品,也能通过主播与消费者的交流和互动更好地刺激消费者的购物兴趣,具有互动性强、直观性强、销售效果好与销售成本低的特点,迅速成为目前电子商务的重要形式,广泛应用于各个行业和领域。

直播带货并不是网络时代特有的产物,早在20世纪80年代,人们已经开始尝试通过电视节目销售商品。从最初的电视购物节目,到后来大量出现的电视购物频道,电视直播带货的方式也迅速从美国席卷到全球,成为20世纪90年代到21世纪初最主要的电商直播带货形式,直至移动网络技术普及,网络直播带货开始兴起,电商直播也进入了新的发展阶段。

第一节 传统媒体的直播带货平台

最早的直播带货源自电视购物。不过电视购物最初主要以录像的形式出现在购物节目中,直到后来电视购物公司出现,电视购物频道成立,电视购物才开始以直播的形式出现在受众面前。进入21世纪后,随着互联网技术的发展,电视购物逐渐与网络结合,开始出现了网络电视购物。此后,传统电视购物与互联网的融合逐渐深入,传播平台多元化,传播方式与网络直播带货逐渐趋同。

一、电视购物频道

电视购物频道,也称为家庭购物,是指"以专门展示各类日用商品,使消费者通过电话、网络订货,并由专业物流公司配送商品的无店铺商品销售模式为特征的专业化频道"[①]。

1. 国外电视购物频道

电视购物频道最早出现在美国。20世纪80年代,美国电视业已经相当发达,电视成为家庭娱乐和信息获取的主要渠道。随着人们生活节奏的加快,人们越来越注重购物的时间和效率。电视购物频道通过直播的方式展示商品,消费者可以在家中轻松观看并购买所需商品,而无须亲自前往商店,可以大大节省时间和精力。在这种背景下,美国陆续出现了十几家电视购物频道,其中最具代表性的是 HSN(Home Shopping Network)和 QVC(Quality, Value and Convenience)购物频道。

HSN 诞生于1982年,位于美国佛罗里达州,是全球第一家电视购物公司。其业务范围涵盖了家居、电子、时尚、美容、厨房电器等多个领域,几乎包含了消费者日常所需的所有商品,以其独特的商业模式和全球化的经营范围,为消费者提供了丰富的购物

---

① 李云华. 电视购物频道运营与管理[M]. 武汉:武汉大学出版社,2013.

选择。自开播以来，HSN 就以其创新的商业模式和广泛的商品种类赢得了消费者的喜爱，这一全新的销售方式迅速席卷全美，销售额不断攀升，面对巨大商机，很多购物频道也紧跟其上，其中最为成功的是 QVC 购物频道。

QVC 诞生于 1986 年，由美国著名模型生产商 The Franklin Mint 的创始人 Joseph Segel 创办。QVC 的发展势头迅猛，成立第一年的营运收入就达到 1.12 亿美元，并很快赶上了 HSN，成为全美第一大电视购物频道，也是全球最大的电视与网络零售商。

这些购物频道通常采用直播的方式，由主持人实时介绍商品，与观众互动，提供即时的购买服务，消费者只需要通过电话或在线方式，即可购买到心仪的商品，而频道会提供全天候的客户服务，解答消费者的问题，处理订单和退换货等事宜。这种方便快捷的购物方式在 20 世纪 80—90 年代取得了巨大的成功，并在市场上获得了广泛的认可，被称为"零售业的第三次革命"。

很快，这一模式迅速扩散到其他国家。首先受到美国电视购物模式的启发，欧洲电视购物频道的引进和发展较早，购物频道众多，其中具有代表性的有德国的"QVC Germany"、英国的"Ideal World"等知名电视购物频道；韩国在 1995 年出现了由 CJ 和 LG 等大型集团运营的电视购物频道；而日本最早的电视购物公司 Jupiter Shop Channel 于 1996 年成立。

2. 国内电视购物频道

20 世纪 90 年代，电视购物开始传入中国。1992 年，珠江电视台率先在中国推出电视直销节目《美的精品 TV 特惠店》，电视购物的形式正式走入中国消费者的视线。观众可以通过电视媒体直观了解产品，并通过电话热线或其他指定方式购买产品，这一创举不仅引领了当时的时尚潮流，也受到了观众广泛的关注和热烈反响。很快，1995 年，北京电视台 BTV 电视购物成立，随后全国数百家电视台也纷纷开播电视直销节目，年销售额达到几十亿元，掀起了中国电视购物风潮。

这一时期电视购物一般以电视节目的形式进行直播销售，销售的商品多以家居用品、电子产品、化妆品和保健品为主。这些商品通常具有较大的市场需求，通过电视购物的方式能够更直观地展示产品的特点和优势。但是，由于当时行业规范尚未完善，一些不良商家利用电视购物平台进行虚假宣传和售卖劣质商品，给消费者带来了极大的损失，尤其是保健品、电子产品问题居多，造成了极其恶劣的社会影响。这些行为严重影响了电视购物的良性发展，面对这一情况，我国针对电视购物节目在商品质量、销售行为、售后服务等方面逐步建立了严格的监管和规范。随着相关法律法规的完善和消费者权益保护意识的提高，电视购物行业也逐渐走向了健康发展的道路。

进入 21 世纪，得益于技术的进步和供应链的优化，电视购物在商品种类、购物体验和服务质量方面不断提升，除了传统的中老年消费者外，越来越多的年轻人也开始接受并喜欢电视购物这种购物方式。随着中国经济的高速增长和消费者购买力的提升，大量电视购物频道开始涌现，市场规模迅速扩大，电视购物频道开始进入快速发展阶段。最具代表性的有湖南电视台的快乐购频道、上海电视台的东方购物频道和中央电视台的中视购物频道。

二、网络电视购物

电视购物频道快速发展的同时,网络技术也在不断进步,消费者的购物习惯悄然改变,传统的电视购物也逐渐向网络平台迁移,网络电视购物同时期应运而生。作为电视购物与互联网融合的产物,网络电视购物不仅仅是将传统的电视购物内容简单迁移到网络平台上,而是充分利用互联网的特性,对电视购物模式进行革新和优化。随着宽带网络的普及、视频技术的提升和在线支付系统的完善,网络购物频道逐渐成为电子商务领域的重要组成部分,为消费者提供了更为便捷、互动性更强的购物体验。

相对于传统的电视购物,网络电视购物主要有以下几个特点。

第一,跨平台融合。结合网页、App、社交媒体等多种网络平台,打破时间和空间限制,随时随地观看并购买。

第二,高度互动性。观众可以直接通过留言、评论与主播互动,询问商品信息,甚至影响直播内容走向,形成社区氛围。

第三,数据驱动的个性化。利用大数据分析用户行为,智能推荐商品,实现精准营销。

第四,直播+短视频+图文综合展示。除了直播外,还整合短视频介绍和图文详情页,满足不同用户的信息获取偏好。

第五,即时交易与反馈。内置的在线支付系统支持一键下单,同时提供快速物流跟踪和售后服务评价,形成闭环购物体验。

正因为网络电视购物的这些便利性,当时几乎所有传统电视购物频道都在互联网上开辟了自己的官方网站或专属App,购物直播在电视上播出的同时也会在网络上进行播出,实现了多平台覆盖,以适应不同观众的观看习惯和购物需求,如东方购物、央广购物、快乐购、家有购物、中视购物等均建立了线上商城和移动购物平台,顾客可以在这些平台上浏览商品,观看直播、回放,并直接下单购买。

不过,早期的网络电视购物并没能充分显示出网络购物的互动性、灵活性和个性化优势。相对于后来的直播带货,网络电视购物还是更侧重于将传统电视购物模式迁移到网络环境中,依然保持一定的媒体中心化特征;互动性主要依赖于观众打电话或访问网站下单,互动反馈周期较长;销售风格更偏向标准化的销售脚本和演示,远没有直播带货灵活多样,个人风格强烈。同时,网络电视购物虽然也有类似的促销策略,但直播带货因其灵活性和供应链的紧密合作,往往能更快适应市场,提供更具吸引力的价格和优惠。所以,直播带货很快受到广大顾客与商家的青睐,成为新的潮流。除了早期的电视购物集团,各大电商平台也纷纷推出直播功能,如淘宝直播、京东直播等。此外,随着5G技术的应用,直播体验迅速攀升,任何人都可以成为主播,个人直播带货也成为不可忽视的销售渠道。

第二节 专业电商直播平台

电商直播的萌芽可追溯到 2014 年前后,但真正兴起则是 2019 年左右。起初,一些小型电商平台和社交媒体尝试通过直播功能推广商品,这种直观、互动性强的销售方式迅速吸引了大量用户的关注。随后,随着移动互联网的普及和直播技术的成熟,电商直播开始专业化、规模化发展,形成了独立的电商直播平台。

一、专业电商直播平台的发展历程

1. 萌芽期(2014—2016 年)

在电商直播的初期,大多数电商平台和商家都处于试水阶段,对这种新兴的销售模式持观望态度。它们通过小范围的直播活动,测试市场反应和用户接受度,尝试如何将直播与电商有效结合。所以,当时的直播平台数量较少,而且多数并非专门的电商直播平台,而是传统电商平台增设的直播功能,如 2016 年淘宝直播上线之初,并不是一个独立的应用或网站,而是嵌入在淘宝 App 内的一个功能模块,没有形成独立的生态系统。

直播内容也相对单一,主要是主播在镜头前展示商品,包括外观、材质、使用方法等,类似于电视购物的线上版本。主播会详细介绍产品的特性,但互动性和娱乐性较弱,缺乏丰富的场景设置和创意内容,更多的是直接的商品说明和促销信息。由于早期的直播设备和技术相对简陋,画质、音质和直播稳定性都不如现在。主播使用的往往是基础的手机或电脑摄像头,直播环境也多为简单的室内场景,缺乏专业化的直播设备和优化的直播环境。

同时,由于早期电商直播的运营、监管政策和行业标准尚未完善,存在一定的混乱状态。比如,商品质量参差不齐,价格透明度不足,以及主播的专业性和诚信度等问题,都是当时面临的挑战。电商直播的营销和推广力度也不大,主要依赖于平台内部的流量引导和部分早期尝试者的口碑传播,没有形成大规模的社会化营销效应。

2. 快速发展期(2017—2019 年)

随着支付宝、微信支付等移动支付方式的广泛普及和便捷性提升,消费者在观看直播时能够实现无缝购买,大大简化了支付流程,提高了交易效率。这种即时支付体验降低了购买门槛,使得冲动消费变得更加普遍,从而推动了电商直播的交易量激增。同时,中国物流行业的快速发展和完善也为电商直播提供了强有力的支持。高效的仓储、分拣、配送系统确保了直播期间售出的商品能够迅速送达消费者手中,增强了消费者的购物满意度和对直播购物的信任度。特别是"双十一""双十二"等大型购物节期间,物流体系的高效运作成为电商直播能够承载巨大订单量的关键。

这一时期，一批头部主播凭借个人魅力、专业的产品知识以及与粉丝的深度互动，吸引了大量观众并创造了惊人的销售额。头部主播的成功不仅为他们自身带来了巨大收益，也进一步推动了电商直播的影响力，吸引更多商家和品牌加入直播行列。电商直播的内容也不再局限于单一的商品展示，而是发展出了多种多样的直播形式，包括但不限于生活分享、产品评测、专业知识讲解、限时抢购等，满足了不同消费者的需求。品牌和商家开始重视直播内容的创意和质量，以吸引并保持观众的兴趣。淘宝、京东、拼多多等电商平台不断加大对直播业务的投入，优化直播功能，比如，增加直播预约、商品链接快捷跳转、直播数据分析工具等，帮助商家更高效地运营直播。同时，快手、抖音等短视频平台也开始涉足电商直播，利用自身的流量优势和算法推荐机制，为电商直播开辟了新的战场。

随着行业规模的扩大，政府相关部门也加大了对电商直播的监管力度，出台了一系列政策和规范，旨在保护消费者权益，打击虚假宣传，促进市场的健康发展。这促使行业向更加规范化、专业化的方向迈进。

3. 成熟整合期（2020年至今）

2020年，传统零售业遭受了巨大冲击，但也为电商直播的加速发展提供了机遇。电商直播以其独特的交互性和便捷性，成为连接商家与消费者的重要桥梁，推动了线上购物的爆发式增长。

电商直播以其直观、互动的形式满足了居家人们的购物需求。为解决配套的供应链和物流的问题，电商平台和物流企业加快了供应链的数字化进程。阿里巴巴旗下的菜鸟网络采用智能物流系统，通过大数据分析预测消费者需求分布，自动优化配送路线，同时提高配送效率；京东物流在一些偏远地区，利用无人机完成"最后一公里"的配送，提高配送速度；拼多多平台通过数字化供应链管理系统，实现了供应商、仓库、配送各个环节的信息透明化和协同作业。这些措施大大优化了物流配送效率，保障了直播电商的货物供应和快速送达。

而众多线下商家和品牌也意识到线上渠道的重要性，纷纷转向电商直播，利用直播带货来缓解库存压力，维持经营。餐饮业也开始尝试直播带货。如知名火锅商家在抖音上直播，不仅直播制作火锅的过程，还售卖自家品牌的火锅底料、调味品等商品，既宣传了品牌，又开辟了新的销售渠道。

与此同时，政府出台了一系列扶持政策，2020年，国务院办公厅发布了《关于以新业态新模式引领新型消费加快发展的意见》，明确提出鼓励实体商业发展直播电子商务等。在这一国家政策的引领下，各省市也纷纷出台相应的政策支持，包括增值税减免、所得税优惠等，针对小微企业和个体工商户，尤其是从事电子商务、直播带货的企业和个人，给予税收减免，降低经营成本。多地政府对符合条件的电商直播平台、MCN（Multi-Channel Network，多频道网络）机构及主播提供一次性补助或运营补贴，鼓励其创新内容和形式，扩大市场规模。同时，还推出专项贷款和贴息政策，为电商直播相关企业提供低息贷款、信用贷款等金融服务，解决企业资金周转难题。

在这一系列措施下，电商直播的发展被注入了强大动力，也促成了专业直播平台与传统电商平台的深度整合。淘宝、京东、拼多多等传统电商平台迅速强化直播功能，将其作为核心模块嵌入平台，让商家可以直接开播，实现商品展示、销售、互动一体化；短视频平台如抖音、快手等，也利用其内容生产优势，将直播带货与短视频内容创作相结合，形成"内容＋电商"的新型营销模式，拓宽了直播的边界；跨界合作与明星效应开始凸显，电商平台积极与娱乐、体育、教育等行业进行跨界合作，邀请明星、名人、专家进行直播，提高直播的吸引力和专业性，扩大用户覆盖面；而同时期5G、AR/VR、人工智能等技术的引入，也提升了直播画质、互动性和个性化推荐，为用户带来沉浸式购物体验。

总之，这一时期的电商直播从单一的销售工具转变为集娱乐、社交、教育、文化于一体的多元化生态系统，不仅推动了消费模式的变革，也加速了数字经济与实体经济的深度融合。

二、专业电商直播平台的主要类型

电商直播作为直播与电商深度融合的产物，从两个维度推动了行业的发展，即电商直播化与直播电商化：一方面，直播电商作为连接社交流量与电商平台的桥梁为电商带来新的流量，由此呈现电商直播化趋势；另一方面，直播社交平台依托流量高低实现商业变现，由此呈现直播电商化趋势。

1. 电商＋直播

"电商＋直播"模式主要起源于成熟的电商平台，如淘宝直播、京东直播等，这些平台原本就拥有庞大的用户基础和完善的电商体系。它们在原有电商功能的基础上，加入了直播元素，作为一种增强用户体验、提高转化率的新尝试。这种模式的兴起可以追溯到2016年前后，随着移动互联网和直播技术的普及，电商平台开始探索如何利用直播的实时互动特性来促进商品销售。淘宝直播在2016年上线，成为这一模式的典型代表，它利用平台的商家资源和商品库，结合主播的个人魅力和专业解说，实现了商品展示和即时购买的无缝对接。

这种模式的电商平台核心在于电商，它首先定位为电商平台，直播是作为提升购物体验、增加用户停留时间和提高转化率的手段。直播的内容紧密围绕商品销售，主播们通常会根据商品特性，设计不同的直播主题和脚本，如新品首发、限时折扣、节日特惠等，通过直观的产品展示、使用示范、效果对比等方法，让消费者全方位了解商品，增强购买信心。这类平台通常有强大的供应链和商品库存支持，能够为用户提供丰富的商品选择和快速物流。比如，淘宝直播背靠淘宝平台，拥有海量的商品资源，涵盖了服饰、美妆、食品、家电、家居等各类目。强大的供应链支持确保了直播间的商品供应稳定，同时快速响应市场需求，及时上架新品。其主播在直播中通常扮演着销售员的角色，以销售为目的，强调产品的性价比、功能介绍，还擅长营造购物氛围，通过互动问答、抽奖、优惠券发放等方式，激发观众的购买欲。由于这类直播平台依托原有的电商平台，已经积累了大量忠实用户，这些用户对平台的信任度高，所以转化购买的意愿较强。当他们在熟悉且信任的平台看到直播推荐时，更容易接受并完成购买行为。

2. 直播＋电商

"直播＋电商"模式则更多源自直播平台，如抖音、快手等短视频直播平台。这些平台原本以内容生产和用户娱乐为主，随着用户基数的膨胀和商业化探索的深入，它们逐渐发现直播带货的巨大潜力，从而向电商领域延伸。这一模式的发展动力在于主播个人IP的打造和粉丝经济，最早可追溯到2018年前后，一些具有影响力的主播开始尝试在直播中销售商品并取得显著成效，从而推动了整个行业的快速发展。

这种模式的电商平台核心在于直播内容，它首先定位为内容平台，通过优质内容吸引并留住用户，电商是内容变现的自然延伸。主播们通过才艺展示、生活分享、专业知识讲解等多种形式的直播内容，先吸引粉丝关注，再适时引入商品推广，内容的多样性与创意性是维持用户兴趣的关键。其主播的个性和魅力也是直播成功的重要因素。许多头部主播凭借其独特的风格、亲和力或专业能力，建立了强大的粉丝基础，粉丝也愿意跟随主播的推荐进行购买。直播中，商品销售是内容的一部分而非全部，主播会巧妙地将商品介绍融入内容中，比如，在美妆教程中推荐使用的化妆品，在健身直播中推广运动装备，这样既不突兀，又满足了粉丝的需求。总之，在这种模式中，直播内容更侧重娱乐性和社交性，通过直播间的互动、游戏、抽奖等活动增加用户参与感，主播与粉丝之间建立起的信任关系是促进商品销售的关键。粉丝因为喜欢和支持主播，更易接受其推荐的商品，从而实现高转化率和复购率。主播通过分享自己的使用体验、解答粉丝疑问，进一步加强这种信任。这种模式强调的是内容与电商的和谐共生，以内容驱动消费，为电商行业带来了新的增长点。

总之，这两种模式都属于电商直播的大范畴，但"电商＋直播"更注重交易本身，依托于商品和服务；而"直播＋电商"则更侧重内容和社交互动，通过内容吸引流量进而转化为购买行为。不过，随着市场的成熟，两者之间的界限逐渐模糊，许多平台开始融合这两种模式的优点，力求在保证商品质量和服务的同时，提供更加丰富和个性化的直播内容，以满足不同用户的需求。

三、代表性专业电商直播平台介绍

根据网经社电子商务研究中心联合中国商业联合会直播电商工作委员会发布的《2023年（上）中国直播电商市场数据报告》，目前主流电商直播平台包括抖音、快手、淘宝直播、视频号、京东直播、B站、多多直播、蘑菇街、唯品会直播、小红书直播等，其中抖音、快手和淘宝直播占领了绝大多数市场份额。

2023年，抖音电商商品交易总额（Gross Merchandise Volume，GMV）约为26000亿元，快手约为10000亿元，淘宝直播约为9800亿元。而这一数据近几年变化很快，市场份额占比波动很大，不过几年的时间，依托短视频社交平台的电商直播发展迅猛，增速惊人。下面我们选取淘宝直播、抖音直播和快手直播三大头部直播电商平台作为典型进行介绍，以便了解这些电商平台的发展特点。

1. 淘宝直播

淘宝直播是阿里巴巴集团在 2016 年推出的一项创新服务，它将电子商务与实时视频流媒体相结合，开创了"边买边看"这种消费类直播的全新购物模式。作为电商直播市场中的领航者，自 2016 年推出以来它便在电商与内容融合的浪潮中占据了重要位置。

淘宝直播上线初期主要是为了丰富用户体验，为商家提供新的展示和销售渠道，但随着时间的推移，直播带货越来越展现出巨大的销售能力，淘宝直播也不断调整战略，利用其优势加大开发的力度、表现其特点。淘宝直播充分利用阿里巴巴电商生态的优势，将商品销售与内容创作紧密结合，主播不仅展示商品，更通过故事讲述、使用演示等方式，为商品赋予情感价值，增强用户购买动机。

同时，淘宝直播平台也在向商家腰部化、用户年轻化、市场下沉化方向发展，近年来不断加大对中腰部及新达人的扶持力度，通过发布年度激励计划等措施，促进直播生态的多元化发展，吸引更多内容创作者加入，以满足更广泛人群的消费需求。此外，私域流量也不可小觑，淘宝直播近年来也在强调流量运营私域化，帮助商家和主播构建私域流量池，通过精细化运营提高用户黏性和复购率，形成稳定的粉丝经济。

总之，淘宝直播虽然相较于初期的"一家独大"，市场份额近年来有所下降，但淘宝直播面对后来居上的社交类直播平台，也在不断探索新的发展方向，在电商直播中还是占有重要地位。

2. 抖音直播

抖音直播作为短视频平台抖音涉足电商直播领域的成果，自推出以来，在整个电商直播市场中展现出独特的竞争优势和快速的发展态势。抖音最初以短视频分享为主，直到 2018 年左右，抖音开始尝试电商功能，推出"好物推荐"。

"好物推荐"是抖音在电商领域的一次初步尝试，主要是通过短视频内容来展示和推荐商品。不同于传统的商品列表或广告展示，抖音利用其平台上的内容创作者（KOL、普通用户等），制作富有吸引力的短视频，将商品融入有趣的、有价值的内容中，如产品使用评测、生活场景演示、开箱体验等，从而在用户观看视频的过程中自然地引起其对商品的兴趣。抖音鼓励平台上的内容创作者参与好物推荐，允许他们在视频中插入商品链接，这些链接通常导向淘宝、京东等第三方电商平台。创作者通过分享他们认为好的、值得推荐的商品，可以赚取佣金或推广费用，形成内容创作与商品销售的双赢模式。而利用抖音强大的算法推荐系统，平台会根据用户的观看历史、喜好、互动行为等因素，智能推送相关的好物推荐视频，使得商品展示更加个性化和精准，提高用户发现心仪商品的概率。2019 年，抖音成立"抖商"，明确发力电商业务，直播电商成为其战略重点。同年，抖音推出"抖商直播"功能，它的推出标志着抖音直播电商模式的确立。在此之前，抖音虽然已经有电商元素的尝试，如短视频中的商品链接跳转，但"抖商直播"则直接允许主播在直播过程中展示和销售商品，实现了内容与交易的即时交互，极大地缩短了用户从发现商品到购买商品的路径。2020 年，抖音直播电商迎来爆发式增长，推出"商品橱窗""短视频电商"等功能。"商品橱窗"这一功能允许创作者在个人主页设置商品展示区域，用户可以直接浏览并点击购买。"商品橱窗"的推出，简化了用户从内容到商品的转化路径，提高了购买便利性；而"短视频电商"则能通过短视频内容直接嵌入商品链接，用户在观看有趣、实用的短视频内容时，可直接点击链接购买视频中展示的商品，实现了内容与购物的无缝衔接。除此之外，抖音还推出了"抖音小店"，作为一个内置于平台的电商工具，它允许商家直接在抖音内部开店、上传商品、处理订单和客户服务，无须跳转到外部电商平台。这种模式减少了用户流失，提高了转化率，同时，抖音小店享有平台流量倾斜特权，有助于商家触达更多潜在消费者，成为抖音构建电商闭环的关键步骤。

总之，抖音直播利用其平台短视频内容的娱乐性与社交性，配合抖音强大的算法推荐系统，精准匹配用户兴趣与直播内容，经常实现"爆款"效应。近几年来，通过不断的功能优化、生态升级和大型活动的营销策略，成功构建了强大的电商直播生态系统，抖音直播无论在直播场次、观看量、搜索量，还是商品交易总额等方面，都体现出飞速攀升的态势，成为电商直播领域的领头羊。

3. 快手直播

快手起源于2011年，最初是一个GIF制作工具，后转型为短视频社区，最终发展成集短视频、直播、社交和电商于一体的综合平台。快手直播电商的发展可以追溯到2018年前后，随着短视频行业的兴起和直播带货的流行，快手迅速抓住了这一趋势，利用其庞大的用户基础和社交黏性，构建起了电商直播的生态系统。

相对于其他电商平台，快手直播最大的特点在于其"老铁经济"与"下沉市场深耕"。快手直播特有的"老铁文化"是一种强调亲密、信任和互助的社区氛围，源自东北方言中"老铁"一词，意为关系非常铁的好朋友、铁哥们儿。在快手平台上，这种文化体现为主播与粉丝之间建立的深厚情感联系，以及基于这种信任的互动和交易模式。快手主播通常会以非常接地气的方式与粉丝交流，比如，使用口语化的表达，分享日常生活的小事，甚至直播吃饭、聊天，这种真实、不做作的表现形式拉近了与观众的距离。粉丝们会觉得自己像是主播的"老铁"，彼此间形成了一种超越普通观众与内容创作者的关系。当主播推荐商品时，粉丝们往往基于对主播的信任而购买，即使价格不是最低的，他们也愿意支持，因为他们认为这是对"老铁"事业的一种支持。例如，某些主播在推荐农产品时，粉丝们会积极响应，即便不是生活必需品，也会出于对主播的支持而购买。此外，"老铁"文化也体现在商品推荐上。主播们倾向于推荐与粉丝生活密切相关的、实用性强的产品，并且常常强调性价比，因为"老铁"之间讲究的是实在和实惠。比如，一些主播专门推荐适合农村或小镇青年的服装、日用品，这些商品往往能引发共鸣，快速促成销售。

除了"老铁经济"，快手直播电商在下沉市场的表现也非常突出。下沉市场用户，通常指的是三四线城市及农村地区的消费者，这部分群体对价格较为敏感，追求高性价比的商品。他们往往更注重产品的实用性而非品牌效应，喜欢物美价廉的生活必需品和提高生活质量的小家电等。快手直播电商深刻洞察到这一点，因此主播们倾向于推荐那些能满足基本生活需求、价格亲民的商品。为此，快手主播在选择商品时，会优先考虑那些能提供极致性价比的产品。这意味着主播会亲自筛选、测试商品，确保质量可靠的同时，尽可能地压低价格，以满足下沉市场用户对"好而不贵"的商品的需求。为了进一步降低商品成本,快手主播和平台通常会直接与制造商或一级供应商建立合作关系,跳过层层中间商,减少流通成本。这种直接对接供应链的方式,不仅能够保证商品价格的优势,还能确保供应链的稳定性和商品的供应效率,快速响应市场需求变化。下沉市场的用户群体中,口碑和信任尤为重要。快手的"老铁文化"在这种环境下发挥了重要作用,主播与粉丝之间的亲密关系和信任度,使得商品推荐变得更为自然和有效。

总之,快手直播在强敌环伺的直播电商市场,展示了电商直播在不同用户群体和市场环境中的多样可能性,因而面对激烈竞争时能够占有一席之地。

第三节 电商直播带货的类型

电商直播带货作为一种新兴的零售模式,近年来经历了迅速的发展和显著的变化,直播内容从早期的单一商品推销发展到现在,直播类型也越来越多样化。

一、店铺直播

店铺直播模式源自中国电商行业,在2016年前后,随着移动互联网的普及和直播技术的发展,一些电商平台开始尝试将直播与传统在线购物相结合。起初,这种模式多由个人主播(如KOL)主导,但很快商家发现,直接在自家店铺内直播,即店铺直播,可以更直接地向消费者展示商品、互动答疑,并促进即时销售,从而逐渐发展成一种新的电商营销手段。后来,随着直播带货的爆发式增长,电商平台如淘宝、京东、快手等开始加大对店铺直播的支持,提供流量倾斜、技术工具、培训资源等,推动店铺直播走向规模化和专业化。此时,店铺直播已经成为众多商家标配,从服装、美妆到食品、家居,几乎覆盖所有品类。

店铺直播一般具有以下特点。

第一,直接性与互动性。店铺直播让商家可以直接与消费者沟通,实时解答疑问,增加购买决策的透明度和信任感。

第二,成本效益。相较于传统广告或聘请外部主播,店铺直播降低了营销成本,商家可以自行控制直播内容和节奏,提高效率。

第三,灵活性与个性化。店铺可以根据自身品牌调性、商品特点灵活安排直播内容,展示商品细节,创造个性化购物体验。

第四,供应链优化。直接与生产端对接,减少了中间环节,使商品价格更具竞争力,同时能更快响应市场变化。

第五,流量支持与数据驱动。电商平台给予店铺直播流量支持,同时提供数据分析工具,帮助商家精准营销,优化库存管理。

第六，全天候无限制。不受时间和地点限制，商家可根据消费者活跃时段灵活安排直播，延长销售窗口。

第七，社交电商的融合。结合社交媒体分享、互动等功能，利用粉丝经济，实现口碑传播和社交裂变。

店铺直播，凭借其独树一帜的优势，已然成为电商界的一股强大力量。然而，这种直播方式对内容的持续更新和创新有着极高的要求，以持续吸引并保持观众的关注。维持长时间、高质量的直播内容创新，尤其在每日或定期的直播场景下，确实是一个不小的考验。内容重复、单调乏味是常见的风险，而这往往会导致观众的流失。再者，随着直播店铺的日益增多，平台内部的流量之争也日趋白热化。大品牌或已有稳定粉丝基础的店铺，无疑在获取推荐和曝光上更具优势。相较之下，小店铺或新入驻的商家可能难以在众多的直播中崭露头角，获取应有的关注和流量。鉴于此，为了直播模式的长期和稳健发展，店铺必须不断地在直播内容上寻求创新，并对直播策略进行持续优化。

二、导购直播

导购直播，作为一种融合线上购物与即时互动的全新零售模式，其兴起主要得益于移动互联网的普及与直播平台的迅猛发展。最初，一些电商平台勇于尝试，将传统电视购物的理念与新兴直播技术相结合，让主播在直播中详尽介绍商品、解答用户疑虑，从而打造出一种模拟线下购物的互动体验。这种模式很快受到了各大电商平台的热烈追捧，尤其在中国市场，以淘宝、快手、抖音等为代表的巨头们大力推动了导购直播的蓬勃发展。

随着5G、AI等尖端技术的不断进步，直播的画面品质与互动性得到了显著提升。众多线下实体店纷纷转型线上，导购直播因此迎来了前所未有的爆发式增长。各大品牌门店也开始认识到这一趋势的重要性，纷纷投入资源培养自家的导购主播，并逐步建立起专业化的直播团队。

时至今日，导购直播模式已经日趋完善，其内容不再局限于单一的商品展示与销售，而是融入了更多元化的内容营销、娱乐互动和社交传播等元素。同时，平台方也提供了更为先进的直播工具、精准的数据分析支持，以及大力的流量扶持政策，从而使得导购直播在品牌营销与销售领域中占据了举足轻重的地位。

导购直播一般具有以下特点。

第一，即时互动性。主播能够实时与观众交流，解答疑问，甚至根据观众反馈调整直播策略，提高购买率。

第二，场景化体验。通过直播，消费者仿佛置身于实体店，可以看到商品的全方位展示，增强购物的真实感和信任度。

第三，社群经济。导购主播通过直播建立粉丝社群，形成忠实的消费者群体，利用粉丝效应推动销售。

第四，供应链整合。直接与供应链端合作，减少中间环节，提高商品性价比，快速响应市场变化。

第五，技术驱动。运用 AR 试衣、VR 体验等技术，提升互动性和购物体验，促进销售。

导购直播因此很快成为电商领域的一大亮点。此外，许多线下实体商家也通过微信小程序开启直播，如服装店、餐饮店等，主播不仅展示商品，还提供穿搭建议、烹饪教学等附加内容，利用微信生态的社交传播能力，实现私域流量的转化。这些直播不仅重塑了消费者的购物习惯，也为商家打开了新的增长空间。

三、名人站台直播

在直播刚刚兴起时，少数明星开始尝试通过直播平台与粉丝互动，这被视为名人站台直播的雏形。此时的直播内容较为简单，主要是明星的生活分享或小型互动活动。随着直播带货的兴起，名人站台直播进入快速发展期。为了吸引更多用户关注和参与，平台纷纷邀请具有较高知名度的明星、网红、行业专家等名人参与直播活动。发展到现在，名人站台直播逐渐形成专业化运作，不局限于简单的带货，而是结合品牌代言、内容营销、慈善公益等多种形式，构建了更加多元和深度的品牌合作模式。同时，直播内容的制作也越来越精致，注重故事情节和创意，力求为观众提供更加丰富和高质量的观看体验。

名人站台直播一般具有以下特点。

第一，粉丝经济。名人自带粉丝基础，能够快速吸引大量观众进入直播间，形成规模效应。

第二，信任背书。名人作为公众人物，其推荐的产品往往被视为有质量保证，增加了消费者的信任度和购买意愿。

第三，高度互动性。直播形式允许名人与观众实时互动，问答、抽奖、定制福利等方式增强了用户的参与感和忠诚度。

第四，品牌提升。名人站台不仅能直接带动销量，还能通过名人形象为品牌赋予更多文化价值和情感连接，提升品牌形象。

第五，跨界融合。名人站台直播跨越了娱乐、电商、教育等多个领域，推动了跨界的资源整合与创新。

名人站台直播巧妙地融合了名人资源与直播平台的优势，从而创造了巨大的商业价值。这种双赢的模式极大激发了平台和明星的合作热情，吸引了越来越多的明星投身直播带货的潮流中。然而，随着名人带来的庞大流量和销售额的增长，一些潜在问题也逐渐浮出水面。例如，受到高额佣金或其他利益的驱使，名人可能会推荐一些未经严格筛选的产品，这往往导致质量问题层出不穷。当消费者购买后发现产品与实际宣传不符时，他们不仅会对产品感到失望，更会对名人的推荐产生怀疑，长期下来会严重损害名人的形象和消费者对直播购物的信任度。此外，名人效应有时会推高商品价格。尽管消费者可能通过所谓的"优惠"活动觉得获得了实惠，但实际上商品的性价比并不高。在名人的影响下，消费者可能会做出冲动的购买决策，事后却常常感到后悔，认为自己为名人的代言费用买单，而非商品本身的价值。名人站台还可能扭曲市场对商品真实价值的认知。在这种模式下，优质的产品可能因缺乏名人代言而被市场忽视，而那些质量一般甚至低劣的产品却可能因名人的推广而热销。这种现象对建立健康、公平的市场竞争环境构成了威胁。同时，随着越来越多的名人涌入直播带货领域，市场逐渐趋于饱和，同质化竞争日益激烈。这导致名人效应的边际效益逐渐降低，消费者对这种模式的兴趣和新鲜感也可能会随之减弱。

因此，尽管名人站台直播模式在吸引流量方面具有显著优势，但它也伴随着一系列潜在的风险。为了确保市场的健康发展，保障消费者权益，需要名人、平台、监管机构和消费者共同努力，形成合力。

四、国外代购直播

国外代购直播的兴起，根植于全球化消费趋势和电子商务的蓬勃发展。随着互联网技术的不断进步，消费者对海外商品的需求日益增长，代购行业应运而生。起初，代购主要通过社交媒体、电商平台进行图文展示和一对一咨询服务。然而，随着直播技术的广泛应用，以及消费者对购物体验要求的提高，国外代购开始探索直播模式，将商品展示、互动咨询和即时购买融为一体，这种模式大约于2020年在中国等国家和地区逐渐兴起，并逐渐拓展到全球范围。

最初一些海外华人或留学生开始尝试在社交媒体平台上进行直播，展示海外购物环境，分享购物经验，并接受观众的实时下单，这种模式尚处于尝试和摸索阶段。后来随着淘宝、京东等中国电商平台的海外布局，以及快手、抖音等短视频平台的国际化，国外代购直播获得了平台的强力支持。平台提供直播技术、支付接口、物流解决方案等，使得海外代购直播更加规范化和便捷化，吸引了大量用户关注。如今随着市场的成熟，国外代购直播逐渐形成完整的产业链，包括专业的代购团队、直播运营公司、跨境物流服务商等。同时，各国对跨境电商的监管政策逐步完善，促使代购直播模式向更加合规、透明的方向发展。

海外代购直播一般具有以下特点。

第一，即时互动。主播可以在直播过程中即时回应观众问题，提供商品详情，甚至根据观众需求现场挑选商品，增加了购物的互动性和真实性。

第二，现场体验。通过直播，消费者可以远程感受到海外购物场景，如商场、免税店等，增强了购物体验的临场感。

第三，信任建立。主播通过现场直播展示购物过程，从选购到付款，再到打包邮寄，全程透明，有助于建立消费者对代购的信任。

第四，价格优势。代购直播通常能提供比国内市场更低的价格，因为直接从源头购买，省去了中间商环节，同时结合直播特惠，吸引价格敏感型消费者。

第五，文化融合。国外代购直播不只是商品买卖，还常常融入异国文化介绍、旅游分享等内容，丰富了直播的内涵。

国外代购直播作为一种新兴商业模式，既迎合了消费者对海外商品的渴望，又为海外品牌开辟了中国市场的新路径，有力地推动了全球贸易的深度融合与发展。然而，该模式也存在一些固有的挑战和弊端。

首先，由于不同国家和地区在跨境交易、关税及知识产权保护方面的法律法规差异显著,代购直播必须严格遵守这些多样化的法律要求,以防范走私、逃税及售卖假冒伪劣商品等法律风险。任何违规操作都可能引发法律纠纷,进而损害个人信誉,威胁业务的持续运营。其次,跨境物流的高成本、长周期,以及货物丢失或损坏的高风险,都是代购直播必须应对的难题。各国清关流程的复杂性无疑增加了运营的难度。最后,由于商品跨境流通,退换货问题变得异常复杂且成本高昂。语言差异、时差问题和各国售后服务标准的不统一,都为处理售后问题带来了额外的难度,这也在一定程度上影响了消费者的信任和满意度。

综上所述,为了实现国外代购直播模式的健康、可持续发展,行业必须持续优化运营流程,以应对多方面的挑战。

五、帮砍价直播

早期,电商平台通过分享链接的方式,让用户邀请亲朋好友帮忙砍价,以此降低商品价格,甚至免费获取商品。随着时间的推移,这一模式逐渐被引入直播领域,主播在直播间内直接与观众互动,通过观众参与、游戏、竞猜等形式,集体为商品砍价,形成了一种新型的购物体验。

最初,砍价活动主要通过 H5 页面、小程序等形式在社交平台上进行传播,用户之间通过分享链接来助力砍价。随着直播的流行,一些主播开始尝试在直播内容中加入砍价元素,尽管当时这种模式还未系统化。随着直播电商的迅速崛起和平台对直播内容创新的积极推动,砍价直播逐渐发展成一个独立的直播类别。例如,拼多多平台就通过直播的方式推出了大规模的"百亿补贴"活动。在直播中,主播会展示各类商品,并引导观众参与砍价。通过互动游戏和任务完成,商品价格得以降低,从而吸引了众多用户积极参与。同样,在淘宝直播中,也有主播组织"砍价团",观众可以通过邀请新用户、观看直播达到一定时长或完成互动任务等方式来助力砍价。一旦砍价成功,所有参与的观众都能以优惠的价格购买。这种砍价直播不仅增加了用户黏性,还极大地提升了直播的趣味性。

时至今日,随着市场的不断成熟,砍价直播模式也日趋规范化。电商平台和监管机构已出台相关规则,旨在保护消费者权益,打击虚假宣传和欺诈行为,并为用户带来更加优质的体验。

帮砍价直播一般具有以下特点。

第一,互动性强。观众可以通过发送弹幕、参与游戏、完成任务等形式直接参与到砍价过程中,增强了直播的互动性和参与感。

第二,群体效应。借助直播的即时性和广泛覆盖,可以迅速聚集大量观众共同参与砍价,形成规模效应,快速达到砍价目标。

第三,营销创新。帮砍价直播不仅是促销手段,也是一种营销创新,通过社交裂变传播,有效增加品牌曝光度和用户黏性。

第四,价格透明。直播过程中价格的动态变化直观地展现给观众,增强了价格透明度和购物的公平感。

尽管帮砍价直播模式为消费者带来了新颖的购物体验,但其存在的问题不容忽视。

这种模式可能会引发一系列诚信问题，如虚假砍价、最终成交价高于消费者预期，或者商品质量不符合标准，这些问题无疑会削弱消费者的信任。此外，一些砍价活动要求消费者提供个人信息，这增加了信息泄露的潜在风险。另外，频繁的砍价活动可能会使消费者感到疲惫，长远来看，这可能对品牌的价值造成负面影响。因此，如何在营销创新和消费者权益保护之间找到平衡点，对监管部门构成了一项新的挑战。综上所述，帮砍价直播模式在提供独特购物体验的同时，也需积极应对并妥善处理伴随而来的诸多难题，以确保电商直播生态的健康发展。

六、产地直播

随着互联网技术的不断进步，消费者对食品安全和产品源头信息的需求日益增强，农产品生产者与电商平台开始携手，通过直播这一新兴形式，将田间地头的真实场景直接呈现给消费者。这种创新的连接方式，催生了产地直播模式的诞生。

起初，产地直播是一些小型农户或销售地方特色产品的商家在社交媒体上的自发尝试。他们借助简易设备，以直播的方式展示农产品的自然生长环境和原生态生产过程，旨在建立消费者的信任感。这种模式随后受到大型电商平台如淘宝、快手、抖音等的关注和采纳，迅速演变为一种新型的农产品营销手段。各大电商平台积极整合资源，为产地直播提供全方位的支持，包括技术协助、流量倾斜，以及物流解决方案等，推动了这一模式的规范化与规模化发展。例如，抖音推出的"山货上头条"项目，巧妙地利用直播的形式，助力贫困地区的优质农产品走出深山，直接触达城市消费者，不仅提升了农产品的销售量，也为扶贫事业贡献了一份力量。快手则通过选拔和培养乡村主播，让他们以直播的方式展示家乡特色农产品的种养过程，有效拉动了当地农产品的销售，并在无形中传播了深厚的乡村文化。如今的产地直播，已不只是农产品展示平台，还融合了文化体验、旅游宣传、教育科普等多重内容，为消费者带来了更加丰富多彩的视听享受。

相对于其他类型的直播，产地直播具有以下特点。

第一，直观真实。直接在产地进行直播，比如，消费者可以直观地看到农产品的生长、收获等过程，增加产品的可信度和吸引力。

第二，互动性强。主播与观众间的即时互动，如问答、订单直接下达等，提升了购物体验，增强了用户的参与感和购买意愿。

第三，缩短供应链。产地直发减少了中间环节，降低了成本，同时也缩短了农产品从田间到餐桌的时间，保证了产品的新鲜度。

第四，文化传播。直播过程中往往会融入当地的文化、风俗展示，促进文化的传播与交流。

产地直播在农产品销售中扮演着重要的角色，尤其对于助农和乡村振兴具有深远的意义。然而，这一模式所面临的问题与挑战同样不容忽视。

首先，农村地区往往面临网络信号不稳定的问题，直播设备也相对简陋，更缺乏专业的直播人才，这些都制约了产地直播的进一步发展。其次，农产品因其非标准化的特性，使得在直播过程中难以对每件产品进行全面的质量检查，这可能会引发消费者对产品质量的疑虑。再次，偏远产地的物流效率通常较低，售后服务体系也不够健全，这无疑会影响到消费者的购物体验。最后，随着产地直播的日益普及，内容和形式上的同质化问题愈发严重，创新的压力也随之增大。

因此，如何持续优化这一模式，充分发挥其潜力，以更好地助力乡村发展，无疑是一个值得我们深思的问题。

第四节　电商直播带货的三要素

从零售组织形式来看，所有零售模式均是围绕"人、货、场"这三个核心要素进行组织的过程。作为媒介技术下演变的新型销售方式，电商直播的成功在很大程度上依赖于"人、货、场"三个核心要素的有效整合。

一、人：主播、团队与消费者

在电商直播中，"人"这一要素是核心驱动力，它涵盖了主播、消费者和背后支持团队等多个层面，构成了直播电商生态中的关键组成部分。

1. 主播

（1）主播的专业素养要求。主播在电商直播中扮演着至关重要的角色，其个人特质和能力直接影响到直播间的氛围、观众的参与度及最终的销售成果。要成为一名杰出的主播，需兼备多重专业素养。

首先，主播必须深入掌握所推广商品的专业知识，包括产品特点、功能、使用方法及保养常识等，以便在直播时精准解答观众提问。同时，他们还应洞悉行业的最新趋势，为观众提供有价值的信息，从而增强观众的信任。出色的沟通技巧和表达能力不可或缺。主播应拥有引人入胜的语言魅力，能够有效地传达产品详情，并积极回应观众的评论和问题，营造出良好的互动氛围。主播还需塑造和维护个人形象。整洁得体的外表和与直播主题相契合的形象能够提升观众好感。而积极、真诚和幽默的个性特点则有助于拉近与观众的情感距离。

其次，主播应熟练掌握销售技巧，如营造紧迫感、巧设优惠策略等，以激发观众的购买欲。同时，他们需要具备数据分析能力，根据直播数据如观看人数、互动率等调整策略。在法律法规方面，主播必须熟知并严格遵守《广告法》《消费者权益保护法》等，确保直播内容的合法性，并维护消费者权益。面对直播中的突发状况和负面评论，主播需展现出强大的抗压和应变能力，冷静处理各种挑战。

最后，主播与选品、运营、客服等团队的紧密合作也是关键，他们共同为观众呈现最佳的直播体验。在电商直播行业迅速发展的背景下，主播还应保持持续学习的态度，不断提升自己，以适应行业的快速变化。

（2）主播的主要类型。电商主播的类型繁多，各种类型的主播以其独特的风格和魅力吸引着不同的受众群体。我们可以从不同维度对他们进行分类。

从直播内容和功能角度来看，电商主播可以分为四大类。首先是卖货型主播，他们以销售商品为核心任务，通过精湛的产品演示、详细的讲解和诱人的促销活动，引领观众踏入购物的狂欢。这类主播往往擅长营造紧迫的购物氛围，专攻化妆品、服饰、食品等消费品领域。其次是场景引入型主播，他们在特定的生活场景中巧妙地展示产品，如厨房中的烹饪神器、野外的户外装备等，通过场景化的演绎，让商品的实用性更加凸显。再次是教学型主播，他们在传授美妆、烹饪等知识技能的同时，推荐相关产品，让观众在学习中自然而然产生购买欲望。最后是供应链型主播，他们深入产品源头，如田间地头、工厂车间，展示商品的生产过程和品质保障，为观众带来原生态、高品质的商品。

从主播风格和角色的维度划分，电商主播同样类型多样。专业型主播凭借深厚的行业知识和专业背景，为消费者提供专业可靠的购物建议；娱乐型主播通过幽默风趣的表演和才艺展示，让购物过程充满欢乐；亲民型主播以邻家朋友的形象，与观众建立深厚的情感联系，推荐日常用品时更注重生活共鸣；达人型主播则在特定领域具有较高的知名度和影响力，他们的专业意见往往能引导粉丝的购买决策。值得注意的是，许多成功的主播并非只属于单一类型。

2. 团队

电商直播行业经历了从个体主播"单打独斗"到团队协作的转型。最初，个体主播需亲力亲为，从选品、推广到直播互动和售后，一肩挑起所有重任。然而，行业的蓬勃发展推动了直播电商的专业化与规模化演变，团队分工日益精细化，逐渐构筑起一个涵盖主播、运营、技术支持、客服及物流等多元职能的协同体系。电商直播现已成为高度协同的商务活动，其成功不再仅依赖主播的个人魅力，更需要一个高效团队作为坚强后盾。在完备的电商直播团队中，每个岗位都举足轻重。除了主播，团队中还囊括了以下关键角色。

（1）助播。这一角色的主要任务是为主播提供全方位的辅助，从直播前的商品整理、样品准备，到直播中协助商品更换、流程提示，再到直播后的整理总结，都需要他们的细心与条理。他们还需具备快速响应能力和一定的产品知识。

（2）场控。他们掌控着直播间的后台操作，如商品上下架、优惠券发放，同时还要调节直播间气氛，监控直播数据，并及时解决技术问题。场控必须熟练掌握直播平台操作，并拥有出色的应变能力和技术知识。

（3）运营团队。这个团队进一步细分为多个角色。运营主管负责直播的宏观规划和策略制定，内容运营则专注于策划吸引人的直播内容，商品运营把控商品选择、定价及库存管理，而数据分析师则通过收集和分析直播数据来优化直播策略。

（4）创意与设计团队。他们的工作重心在于直播间的视觉呈现，包括设计直播海报、制作宣传素材，并进行商品展示的视觉优化，以提升观众的观看体验。

（5）客户服务团队。他们专门处理直播期间及之后的消费者咨询、投诉等问题，致力于提升顾客满意度。

（6）招商团队。该团队负责寻找并洽谈合作品牌，确保直播中有丰富且优质的商品供应，这对他们的商务谈判能力和市场洞察力提出了较高要求。

电商直播团队是一个高度协同的多元集体，每个成员在其专业领域内都发挥着不可或缺的作用，共同助力直播取得成功。随着行业的持续进步，团队将根据实际情况灵活调整规模和结构，以适应不断变化的市场需求，推动业务的广泛拓展。

3. 消费者

深入理解和精准锁定电商直播的目标观众，对于提升直播效率和转化率至关重要。消费者的线上行为和偏好就像是电商直播的指南针，为商家和主播在复杂的商业环境中指明方向，助力其精确锁定目标市场并规划出有效的市场策略。

要把握目标受众，首要任务是掌握他们的兴趣、需求和消费模式，这是构建直播策略的基石。受众的基础数据，如年龄、性别、地域分布等人口统计学信息，为商家初步描绘出目标市场的轮廓。通过追踪用户在平台上的浏览、点击、加入购物车、购买等一系列行为，可以深入剖析消费者的兴趣动向和购买意向。举例来说，如果数据揭示某一时期内健身器材的搜索量显著上升，这可能表明健康生活方式正成为新的趋势，商家可据此调整直播内容，加大对相关产品的推广力度。

借助大数据技术，可以按照多个维度（如年龄、性别、地理位置、消费层次）对消费者进行细分，为每个细分群体量身打造直播内容和产品推荐。例如，年轻女性可能更倾向于时尚美妆产品，而中年男性可能对科技数码产品更感兴趣。基于这些详尽的分析，主播能够更精准地选择产品和制定营销策略。假如数据显示某地区消费者对有机食品表现出强烈兴趣，主播便可以重点推介这类产品的健康优势，并邀请营养师现场讲解，从而增强说服力。在直播过程中，实时监控观众的反应也是至关重要的。通过观察弹幕反馈、商品点击量变化等数据，主播可以快速调整直播节奏和产品展示顺序，确保直播内容与观众当前的兴趣点高度契合。

此外，消费者的口碑传播对电商直播也很重要。它能够以较低的成本实现流量的迅速增长和品牌形象的塑造。消费者在社交媒体或直播间评论区的真实购买体验和使用心得分享，往往比其他形式的广告更具影响力。同时，建立围绕直播间的社群，如微信群、QQ群等，能够促进观众之间的交流与经验分享。社群内部的推荐通常建立在高度的信任基础之上，从而有效促使新用户尝试直播中推荐的产品。

总之，通过深入理解和精准定位目标观众，结合数据驱动的策略制定，以及有效的社群运营与口碑传播机制，我们能够显著提升电商直播的效果。这不仅有助于增强直播的商业价值，更能在品牌与消费者之间建立起长久而稳固的联结。

二、货：商品与供应链

在电商直播中，"货"即商品，它与供应链是整个直播销售链条中的核心要素之一，其质量、多样性、供应链的效率直接关系到直播能否成功。

1. 商品

商品是电商直播的基石，其筛选与策略布局对直播成效和用户转化率具有直接且深远的影响。要精心策划商品的选择，并考虑如何结合外部因素，打造出爆款或特色产品。

在商品选择方面，首先要对目标受众进行深入剖析，包括他们的年龄层、性别分布、个人兴趣及消费能力，从而挑选出最符合受众口味和需求的商品。例如，若直播间的主体观众是年轻女性，那么美妆和时尚服饰类商品就可能成为主打。同时，还要敏锐捕捉市场的新趋势，及时选择那些热门且有增长潜力的商品。近年来健康养生受到大众追捧，因此，在直播中推广智能穿戴设备和健康食品等，就是一个不错的选择。与此同时，价格策略也是关键一环。在确保商品质量的前提下，要努力提供具有市场竞争力的价格。这可以通过与厂家的直接合作和大批量采购来降低成本，同时，合理的折扣和套餐优惠也能有效提升商品的性价比。当然，商品质量始终是核心，必须选择那些口碑良好、经过正规认证的品牌和产品，以确保消费者的满意度，进而维护直播间的信誉。

在打造特色产品方面，要善于结合外部因素。根据季节变化，推出相应的季节性商品，如夏季的防晒霜和冬季的保暖衣物，以满足观众的时令需求。同时，利用节假日的契机，推出与节日氛围相契合的限定商品，如情人节的礼品套装或中秋节的月饼礼盒，以激发观众的节日消费热情。此外，也可以紧跟社会热点，推出与之相关的特色商品。同时，也可以挖掘并推广具有地方特色和文化特色的商品，如利用"国潮"文化热潮，精选具有中国元素的服装、饰品、家居用品等，结合中国文化故事进行讲解，以吸引那些追求文化认同和个性表达的年轻消费者。

在大型购物节期间，可以整合各大品牌资源，推出独家优惠套装、限时秒杀和买一赠一等促销活动。通过紧张刺激的倒计时和抽奖环节，营造出购物狂欢的氛围，从而吸引大量观众并提高转化率。

2. 供应链

电商直播的顺畅进行与消费者满意度息息相关，而供应链管理则是其关键环节。这一环节不仅要求高度的灵活性和快速响应的能力，还需要各方之间的高效协同。供应链的起点在于精心挑选商品、与供应商建立稳固的合作关系。直播团队应与可信赖的供应商紧密联手，这样既能保证商品质量上乘，又能迅速应对直播中激增的订单需求。更进一步，根据直播的实时反馈，团队甚至能灵活地调整供应计划。

为确保供应链的稳健，一方面要科学预测直播销量，实施精准的库存管理策略，这既能避免因库存过多而带来的成本压力，也能确保热销商品始终有货；另一方面，采用尖端的仓储管理系统，以提升库存周转速度和分拣打包效率。直播中订单量的急剧增加，要求系统能够自动化、快速地处理大量订单，将错误和延迟降到最低。在物流配送方面，与多家物流公司携手，不仅能实现商品的快速发货，还能为消费者提供多样化的配送选择，满足他们对速度和服务的个性化需求。此外，构建高效的售后服务体系同样重要，简化退换货流程能显著提升消费者的购物体验。同时，完善的逆向物流系统能够确保退货商品得到及时有效的处理，减少资源的浪费。

在供应链管理中，可能面临的挑战包括瞬时订单量的剧烈波动、需求预测的难度、物流成本的控制和退货率的上升等。为应对这些问题,可以采取小批量、多批次的生产模式,并与供应商达成紧急补货协议,以便快速响应市场变化。利用大数据和 AI 算法,可以更精准地预测直播销量,从而动态地调整库存。同时,构建或接入物流协同平台,实时共享订单、库存和运输信息,有助于优化配送路径,进而降低成本。

三、场:直播场景与平台

电商直播中的"场",即直播场景与平台,是构建直播氛围、吸引观众关注、促进商品销售的重要组成部分。它不仅涉及物理空间的设计与布置,还包括虚拟平台的选择与优化。

1. 直播场景设计

直播间的场景设计对于营造购物体验至关重要,它必须精心策划以确保与商品、品牌和受众的高度契合,从而打造出引人入胜且具有强大说服力的直播环境。视觉设计上,直播场景应与品牌调性一致,创造出专业、宜人且引人入胜的购物氛围。这涵盖了颜色搭配、灯光效果和背景装潢等多个方面的周到规划,旨在提升观众的视觉享受,进一步激发他们的购物热情。例如,时尚美妆类直播可能会选用柔和温暖的色调,而户外运动类直播则可能倾向于选择户外自然景色作为直播背景。

除了美观性,场景设计的实用性同样重要。商品展示、互动及试用等区域应布局合理,既要便于主播在直播中灵活切换,也要帮助观众更直观地理解商品特性。例如,在直播厨房用品时,特别设置的烹饪演示区就能起到很好的展示效果。同时,创新的场景设计也能为直播增添趣味,成为观众记忆中的亮点。例如,运用 AR 技术构建虚拟试衣间,或者在特定节日打造主题场景,都能显著提升观众的参与感和沉浸体验。

针对不同的商品特性,直播团队会选择不同类型的直播场景。目前,主要有三种常见的直播场景。

(1) 专业直播间。此类直播间装备了专业的灯光、音响、背景板和展示架,旨在营造专业且集中的购物环境。这种设计特别适合用于需要高品质展示环境的商品,如电子产品、美妆和珠宝首饰。它突出了商品的细节,并增强了产品展示的专业性和可信度,对追求品质、精致和高科技感的品牌尤为有利。

(2) 户外实景。户外直播为观众提供了更为真实和生动的体验,特别适合推广旅游、户外装备和农产品等。自然光线和真实环境能更好地展现商品的实际使用场景,增强观众对商品的感知。这种场景多用于户外运动装备、旅游产品、农产品和园艺用品的直播,尤其是强调自然、健康或冒险精神的品牌。例如,销售登山装备的品牌可以在山区实地直播,通过展示真实的使用环境和产品性能,有效激发观众的购买意愿。

(3) 工厂车间。直接在生产线旁进行直播,揭示商品的生产过程和工艺细节,能极大地提升透明度并建立消费者信任。这种场景特别适合用于那些强调生产流程和品质管控的品牌,如食品加工、手工艺品和家居用品,尤其是手工制作、无添加或源头直供的产品。例如,有机食品公司直播从农场采摘到加工的全过程,能加深消费者对产品质量的信任,并传达品牌的核心理念。

2. 直播平台选择

在选择直播平台时,需综合考虑多个维度以确保策略的有效性。抖音、快手和淘宝直播等平台,各具特色并拥有不同的用户基础。为了更有效地触及潜在消费者,必须精心挑选合适的平台,并充分利用其流量资源、智能推荐算法及特色工具。

首先,要明确目标消费者群体主要活跃于哪些平台。例如,年轻时尚的用户群体可能更倾向于使用抖音或快手,而寻求详尽商品信息和深度购物体验的用户则可能偏爱淘宝直播。了解这一点对于确定直播策略至关重要。其次,不同平台的算法推荐、特色工具及流量分配机制各不相同。因此,在选择平台时,需深入了解其特性,以确保所选平台与自身的营销策略相契合。例如,如果内容营销和粉丝快速增长是主要目标,那么抖音的算法推荐及短视频引流功能将大有裨益。最后,商品类型与平台用户偏好的匹配度也是一个重要的考量因素。高端品牌可能更适合在具有强大品牌展示功能的平台上进行直播,而生活用品则可能在用户覆盖面广、互动性强的平台上表现更佳。

同时,不容忽视的是各平台的扶持政策。这些政策可能包括流量支持、活动助力及优惠的佣金制度等,特别是对于新手主播和小型商家而言,这些初期扶持措施至关重要。

除了上述因素,还需权衡平台入驻成本、交易手续费及推广成本等经济因素,以选择性价比最高的平台。此外,平台是否提供全面的数据分析工具,以帮助主播和商家追踪销售数据及用户行为,从而进行复盘和策略调整,也是选择平台时需要考虑的重要因素。平台的技术稳定性和优质的客服支持对于确保直播流畅度和提升用户体验至关重要,在选择平台时应充分考量。

总之,在选择电商直播平台时,应全面考虑各方面因素,挑选出最适合自身品牌和产品特性的平台,并充分利用平台的资源和功能,结合精细化的运营策略,以达成最佳销售效果。

其实,除了直播场景设计与平台的选择外,直播中技术支持与优化也同样重要。为了确保直播的音视频质量,我们必须关注多个方面:首先,高清画质、清晰流畅的音频以及低延迟传输是关键,它们能够显著提升用户的观看体验;其次,选用专业的直播设备也至关重要,如高清摄像头、专业麦克风及稳定器等,这些都能保证直播的画面与声音达到专业水平;最后,网络稳定性同样不容忽视,必须确保直播地点的网络连接可靠,从而避免卡顿、掉线等不利情况对直播效果造成负面影响。

在电商直播的领域中,"场"的概念十分广泛,它不仅包括直播场景的物理布局与视觉设计,还涉及直播平台的选择与功能利用,以及技术支持等多个层面。一个精心策划和打造的直播场景,结合平台的优化选择,不仅能够成功吸引并留住观众,还能有效地促进直播的互动性和转化率。这些因素共同构成了电商直播成功的关键要素。

本章小结

本章深入探讨了电商直播的平台及其特征,从传统媒体的直播带货形式过渡到专业的电商直播平台,全面剖析了电商直播的多样类型及成功背后的三要素，为理解电商直播生态体系提供了全面的视角。

在第一节中，我们回顾了传统媒体在直播带货领域的角色，特别是电视购物频道和网络电视购物利用其广泛的覆盖范围和成熟的销售技巧，为早期的直播购物模式奠定基础。第二节聚焦于专业电商直播平台的崛起与发展历程，揭示了这类平台从无到有、逐渐成熟并分化出多种类型的过程。通过对主要类型和代表性平台的介绍，本节强调了专业平台通过技术创新和商业模式优化，为电商直播带来了革命性的变化。第三节详细列举了电商直播带货的六种主要类型，从店铺直播到产地直播，每一种类型都针对特定的消费场景和需求，展现了电商直播灵活多变的适应性和创新能力，同时也反映了主播与消费者互动方式的多元化。最后，在第四节中，我们归纳了电商直播成功的三要素——"人、货、场"。人，即主播、团队与消费者之间的互动，是情感连接和信任构建的基础；货，商品与供应链的优化，确保了直播带货的效率和质量；场，直播场景与平台的选择，则直接关系到用户体验和销售转化的效果。这三要素的有机融合，构成了电商直播独特且高效的商业模式。

综上所述，本章系统地梳理了电商直播平台的演变脉络、类型划分，以及其核心成功要素，为读者提供了电商直播领域全面而深入的理解框架。

第四章

网络直播的主体

◆ **本章主题：**

塑造网络主播的人设，或者说，打造一个满足粉丝需求的主播人设是直播取得成功的关键因素之一。本章将介绍网络直播的主体，包括网络主播人设的概念、类型、特点和塑造策略，还将介绍网络直播团队的一般性人员构成，由此拓展出直播团队的运营策略。最后，还将重点介绍网络直播的互动方式，以及网络直播互动的深层次需求。

◆ **学习重点：**

网络主播人设的类型、特点及塑造策略；网络直播的互动方式。

◆ **学习难点：**

通过打造主播人设来提高粉丝黏性；创新互动方式获取高关注度和高流量。

网络主播作为网络直播的主体，在整个直播过程中处于核心地位，起着引领、引导作用。纵观网络直播的发展史，考察其从个别平台的特殊领域兴起到现在蔓延至直播带货、明星直播、媒体直播等诸多领域，不难发现，网络主播的人设随着平台类型、直播手段、内容生产、消费主义及个人表达的变化，正变得越来越丰富、多元、鲜明。塑造良好的主播人设，对于直播的成功至关重要，相反，"负面"人设、人设的"崩塌"对于直播而言则可能意味着灭顶之灾。

第一节 网络主播人设

一、网络主播人设的概念

随着直播在各个网络平台的快速发展,以及更加碎片化、多元化、专业化的直播技术和直播需求的增长,对主播人设的关注度日益提升,塑造何种形象的主播成为平台、直播团队需要考虑的关键问题。

人设是人物形象设计、形象塑造的统称,既包含外在的肢体动作、表情、讲话方式、造型等,还包含内在的性格、知识与专长、价值观等,外在形象与内在形象共同构成了人设的基本内涵。目前对人设的概念还没有统一的界定,其关键词多为"公众人物形象"或"形象",有的研究认为人设特指公众人物在大众传播中的符号化"面具",有的研究从心理学及社会互动的角度认为,人设是在本我、自我、超我的基础上进行的自我认知与反复确认的构建过程,有的研究则认为人设是一种虚拟化的、可复制的、消费性的资本符号。

纵观各种对人设的研究与定义,结合网络主播人设的发展现状及与视听节目中主播形象的比较,我们对网络主播人设给出如下定义:网络主播人设是基于互联网传播特点,利用新兴直播技术,综合采用视觉与听觉元素,在与受众互动的氛围下,有意识、有目的、有组织地塑造形成的内在与外在统一的人物形象。其内涵可以从以下两个方面来理解。

1. 外在形象

(1)肢体动作。网络主播通过有意与无意的肢体动作来进行直播可以有效地提升个人形象。从心理学的角度来看,主播在直播中辅以一定的手势、身体动作可以更好地促使屏幕前的受众关注和互动,相对而言,运动的物体更能吸引人的注意。在一些好物分享、电商直播、舞蹈时尚类直播中,丰富的、专业的甚至略带夸张的肢体动作更能吸引眼球。

(2)表情。表情是主播情绪最直接的外在表现,同时也体现主播与粉丝互动的热情程度。丰富的、积极的、有耐心的表情往往更能博得粉丝的好感,能有效地提升亲和力,相反地,不耐烦的、冷漠的表情将传递负面情绪,阻碍与粉丝的互动,直播效果也会大打折扣。因此,做好表情管理,通过表情传递正能量是网络主播需要注意的问题。

(3)讲话方式。讲话方式让网络主播考虑用什么样的语气、语调、语速、音量来进行直播并与粉丝互动。与电视直播相比,网络直播的不同在于直面受众,可以直接与受众进行互动,此外,直播环境的自由性、灵活性,可以让网络主播以轻松的聊天对话与粉丝互动,实践证明,主播可以通过培养极具个人风格的讲话方式来提升个人形象。

(4) 造型。网络主播的造型主要指依靠服装、道具、化妆等手段来增强其个人风格。造型设计是形成主播个人风格的有效策略，根据直播内容、主播身份的不同，可以设计不同的造型。在开放、独立、个性化的直播环境下，网络主播们凭借亮眼的造型能够很好地凸显个人形象特色。

2. 内在形象

（1）性格。网络直播具有开放、多元、包容的环境特性，在直播发展日益泛化的当下，同质化直播与主播层出不穷，碎片化的直播信息会分散受众对主播人设的关注，因此，塑造一个个性化的主播形象对于主播人设的差异化构建至关重要。在直播中，有意识地凸显主播的性格，可以增强主播的个性，拉近与粉丝的距离。

（2）知识与专长。网络直播的低门槛性，让越来越多的普通人都成为主播。随着大众学历水平与知识水平的提升，受众对于知识分享型、专业型的主播的诉求越来越多，受众将网络直播过程当成学习的过程，要求主播是具备某一领域的专家。因此，主播的人设建立在自身专长的分享与传播基础上，将极大地促进知识的传播与专业经验的分享。

（3）价值观。网络主播人设体现在价值观上，主要表现为主播对社会、消费、生活、教育等多个领域的认知与表达。每个网络主播的成长背景、生活工作经验不同，决定了其价值观存在差异。主播如果能在直播中表达积极正向的价值观，站在受众的角度，引起受众的共鸣，则在无形中树立了传播正能量的人设。

二、网络主播人设的类型

网络主播的人设是在自身特点、主播背后的 MCN 机构或经纪公司、受众评价三者共同作用下的结果。在短短的几年时间里，网络主播人设的类型经过了由简单到复杂的转变，初期的主播人设较为单一、模糊与浅层化，现今的主播人设类型朝着更为个性化、专业化的方向发展。

按照直播内容，网络主播人设可以分为娱乐时尚类、电商消费类、文化分享类、个性展示类及综合类；按照主播自身身份的差异，则可以分为专家型、生活家、明星、运动达人等；按照直播目的可以分为消费型、娱乐型、学习型、分享型等。笔者根据直播属性与主播身份的基本特征，将网络主播人设划分为个性型、身份型、专业型三个类型进行分析。此种划分方法只是基于网络主播某一较为鲜明的特征和主要的直播目的而做的一种分类，并不具有严格的排他性。实际上，不同的主播人设存在一定的复杂性和交叉性，这种人设的主播同时可能也具有其他的特征。

1. 个性型

个性型是较为常见的网络主播人设类型。这类主播在直播中主要展现其个人魅力，通过夸张的肢体动作、略带煽动性的话术及具有辨识度的造型来吸引流量和粉丝。

2. 身份型

身份型的人设来源于网络主播本身的身份、职业，此种人设的数量在当前的直播行业呈现出快速增长的态势。面对日趋激烈的竞争环境，MCN 机构、影视传媒公司和经纪公司越来越偏向于签约具有原本身份的网络主播，特别是身份特征明显、具有个人特色的主播。

3. 专业型

专业型是网络主播人设的一种特殊类型，也是越来越被关注的一种类型，随着受众知识水平、学历水平的提升，以及对某一领域知识、信息、专业技能技巧的学习分享诉求增加，专家型主播人设在吸引特定群体粉丝、引导特定关注流量方面显示出较强的竞争力。

网络直播经过初期的游戏直播兴起，到个体个性化直播的全面铺开，再到后来电商带货直播的兴盛，主播人设也经过了一个由泛化、简单化到专业化的发展历程。具体而言，随着一批高学历、行业经验丰富的主播加入直播领域，在诸如摄影、医疗、健身、饮食、艺术、传统文化、动漫、知识百科等专业领域均涌现出高流量与高粉丝数的专业型主播。

三、网络主播人设的特点

纵观网络主播人设的演变历史，比较不同直播内容和主播人设的类型差异，可以发现，主播人设往往是建立在一个相对简单的词汇描述之上的，而且主播人设一旦形成，在一定时期内会形成一个比较稳定的状态。此外，网络主播的人设一般与受众的喜好、偏好具有关联性，主播的人设会随着受众群体的喜好发生相应的变化。

1. 简洁性

简洁性是指网络主播人设往往会具有一个主要的形象侧重，在人设用词的提炼上，表现为可以用简单的词汇表示这种人设的特征，这种词汇一般是一种浓缩的结构，符合现代汉语的词语构成规律。

简洁性人设可以帮助网络主播建立一个较为鲜明的形象，其作用主要表现在三个方面。一是单一、简洁的词汇构成的人设可以加深受众的印象。在信息爆炸、碎片化的视频时代，要想在海量的信息流与视频流里被人记住，人设不能太复杂，一个核心的、鲜明的人设形象能在最短的时间内跳入受众的脑海。二是简洁的人设可以促使主播将主要的精力放在打造这一核心人设上，同时也方便直播团队围绕这一核心人设进行相应的策划与持续维护。三是简单醒目的人物形象设定符合网络直播的基本规律，能满足受众浅层化的、直观的、娱乐化的信息传播与接收心理。

2. 固定性

刻板印象主要是指人们对某个事物或物体形成的一种固定的看法，并把这种固定的看法推而广之，认为这个事物或整体都具有该特征，而忽视个体差异。固定性是指主播一旦建立了某种人设，受众在接受和承认这种人设以后，会将这种人设固化，当主播持续地表现出这种人设特征，受众就会认同、感到满意，而一旦主播的表现偏离该人设或与之相悖，则会引起受众的不习惯、不满，甚至出现厌弃、鄙视的负面态度。从心理学的角度来看，刻板印象使得受众对主播人设形成了一种长期的、稳定的、直接的认知，并且不会轻易改变这种认知。

固定性对于主播人设的正面塑造有着积极作用。一个固定不变的人设，往往是直播团队和主播本人经过长期的策划、探索和运营所形成的，人设在形成的过程中，已经得到了流量和粉丝的双重检验和肯定，这种人设"IP"代表着主播的号召力，也是吸引铁杆粉丝长期观看直播的核心符号。长期稳定的、固定的人设，不仅能对已有的粉丝形成稳定的吸引力，而且能相对更容易地吸引新的粉丝。

3. 关联性

关联性是指人设的建立一般受到直播团队、受众与社会流行文化的多重影响。从直播团队的角度来说，在直播之前，主播的人设就已经经过严密的、有目的的策划，MCN机构不会放任主播自行去塑造形象，而是基于市场调查，给主播限定了某种特定的人设类型，围绕该人设的特点，综合运用多种手段维持这种形象。从受众的角度而言，主播的人设在多数情况下，都符合主流价值观和大众的心理预设，给受众营造亲切感，进而让受众产生共鸣，引发互动行为。从社会流行文化的角度来看，人设是当前流行文化与社会生活热点的一种折射，人设的形成受到新闻话题人物、新闻事件、艺术娱乐等方面的广泛影响。

尽管主播的人设呈现出独特的个性，是主播自身魅力的表现，但是如果能实现主播个性与受众喜好重叠的话，则能收获更多的关注和流量。例如，"老饕""吃货"的人设一方面反映出直播团队通过主播来塑造热爱美食、熟悉美食的人设，另一方面，主播也和普通人一样喜好美食，民以食为天，主播带领粉丝挖寻美食，是很符合一般人性特点和受众心理的。"健身达人"的人设能凸显积极、阳光、健康的生活态度，同时也与受众粉丝群体追求美、维持良好体形的诉求不谋而合。

四、网络主播人设的塑造策略

1. 打造个性差异

随着越来越多的团队涌入直播行业，同一类直播内容下的主播人设越来越同质化、脸谱化，打造和挖掘主播的个性差异，可以帮助直播在信息泛滥的网络环境中脱颖而出。直播不同于短视频，是一种即时的互动型媒体，信息的编码与解码是在一个快速的时间内完成的，主播在与受众互动的过程中如果能有意无意地突出自己的个性，针对某些话题，直接表达出爱憎的态度，更能博得受众的理解、认同与喜爱。

打造个性化的人设，还需要主播在直播中综合使用肢体动作、语言、表情等去塑造一个高度具象化的、个性化的自身形象。

2. 强化身份特征

相比较而言，原本便有某种身份或从事某种职业的签约主播，更能吸引高数据的流量与粉丝。挖掘、发现与打造身份型的网络主播对于直播至关重要，而这取决于主创团队、MCN机构或经纪公司缜密的甄选与策划。

利用主播自身原有的身份，并且去借力这种优势，对于直播来说可以起到推动的效果。

3. 增强黏性

网络直播的媒介特点与传播特点决定了主播是直接面对受众进行的互动，并且这种互动是有多种手段的、即时实现的，主播与受众是一种虚拟面对面、一对多的交流沟通，主播的一言一行随时都能从粉丝那里得到即刻的反馈，这就要求主播在直播中要尽量保持亲和力与耐心。

在直播初期，很多主播会表现出"高冷"的态度，作为一种直播策略，直播团队也要求主播在前期和受众保持一定的距离，维持一种神秘的感觉。但是，这显然不是一种长期有效的策略。要想尽快吸引流量，主播必须放下"姿态"，与粉丝聊成一片、打成一片，这样才能拉近距离，增强黏性。此外，从受众的心理来看，点开直播、观看直播的重要动机是互动，因此，主播务必增加互动的频率，综合采用对话、连麦、回复等形式来积极地回应粉丝，这样才能满足粉丝被"关注"的心理需求。

4. 开发主播专业

从传播学的角度来看，网络主播具有意见领袖的属性，直播的过程实际上也是一种信息、知识、技能传播的过程。在专业型主播日渐兴起的背景下，培养、挖掘、发挥主播的专业特长显得尤为重要。

对于技能分享型的直播来说，专业型人设的营造，可以从两个方面展开。第一，在策划的基础上，将主播个人的专长与才艺拆解成可以持续更新的若干个分支。第二，网络主播应该努力营造学习型的人设。此种策略分为新才艺的"验收"与展示、挑战型直播两种类型，前者主要是主播在直播的整个过程中，不断地学习新的才艺，展示给粉丝并接受其评价与互动，同时，粉丝也可以向主播提出某种诉求；挑战型直播要求主播自告奋勇，或者接受粉丝提出的挑战请求，直播的过程就是挑战的过程。

5. 创新直播场景

一般情况下，直播团队和经纪公司为了节省成本、考虑便捷性等因素，往往将直播的场所设置在固定的室内场景中。此种模式的优势是可用较低成本的投入获得丰厚的流量与收益，但是，这样会导致直播场景的同质化、简单化，缺乏个性、活力与创意，容易造成受众的审美疲劳，长时间观看此种直播，会让观众感觉倦怠和枯燥。以电商直播为例，相关数据显示，电商主播的全程直播时长与受众的在线观看总时长不匹配，换句话说，受众的观看时长仅为电商直播时长的1/10。这种落差造成受众的观看黏性滑落，大大降低了直播效果，因此改变直播场景、创新直播方式，可以有效地促进主播人设的建立与传播。

将直播的场地搬到室外，深入活动现场或产品生产的一线，是一种可行的直播场景变换策略。以乡村农副产品电商直播为例，传统的形式是在直播间内摆放农产品，主播依托自己的"话术"来"包装",宣传产品卖点,向屏幕前的受众展示产品信息与质量信息。如果能将直播间搬到田间地头,能更好地展示该农产品的全部信息,如种植环境、种植流程等,这样消费者不仅能了解产品本身,也能对该农产品从种植到采摘的全过程有清楚的认知,由此可以增强主播"负责任""现场真实感"的人设效应。

6. 传递正面价值

直播作为一种信息传播的媒介,不仅传播了主播的人设信息,同时也构建了一种传播关系,"目前学界研究由信息传播转向关系传播,即平台与用户、用户与用户之间的关系。同时把关系表征为连接人、连接物、连接服务。"[①] 网络主播的个人言行和人设符号对受众有着关键性的影响,通过点对面的传播形式,主播将受众聚合于直播间和虚拟社群内,建立了一个既封闭又开放的人际关系网络,在直播的过程中,主播的人设对于这种关系的建立与维系起着决定性的影响。因此,应该塑造正向的人设,传递正面的价值观,从而强化受众的信任感和凝聚力。

在娱乐类的直播中,主播应该引导一种清新、健康、正能量的娱乐态度和娱乐精神;在电商带货的直播中,主播应该摒弃攀比、炫耀、浪费与盲目购物的消费观,引导、倡导理性消费、合理消费;在专业型较强的技能分享直播中,主播应当传播"终身学习""学以致用"的良好学习理念。此外,主播适时地与主流媒体合作,依托经济社会发展的热点事件,通过公益活动等形式来增加自身关注社会、关爱弱势群体、回馈社会的人设内涵。一方面,网络主播通过主动参与公益类活动塑造正向人设,获得主流媒体和社会公众的认可;另一方面,也开拓了"直播带货+助农"的新模式,有利于乡村振兴,让网络直播产生良好的社会效益。

第二节 网络直播的团队构成

随着网络媒体的深入发展,作为一种网络新媒体,直播已经发展为高成长性、高规范性、高传播度的媒介类型,成为众多商家和个人重要的营销宣传手段。在直播产业链和行业规模即将饱和的状况下,依靠个人单枪匹马、单打独斗已经很难抓住"风口",难以在竞争日益激烈的网络环境中实现突围和"出圈"。因此,组建直播团队、合力经营人设,通过有组织、有规划、有目标的团队运营,对于直播的长效发展越来越重要。

商家如何选择主播?主播如何高效带货?直播如何能稳定、长效?这些问题已经不是个人直播可以应付的,直播越来越从单兵作战转向团队作战,然而从0到1搭建一个完整、高效、稳定的直播团队并非易事,直播并非只有主播,而是由主播和副主播(助播)、编导、场控、摄影师、灯光师、中控、运营等人员共同构成的一个团队。本节将从

---

① 谭天. 打造关系链,实现大连接[J]. 媒体融合新观察,2019(5):13-16.

直播团队的关键岗位入手，详细介绍直播团队的构成情况、分工情况、执行情况、工作流程，以及组建高效直播团队的策略。

一、网络直播团队概述

在当前直播发展日益蓬勃的背景下，直播行业的规范性正在逐步提升，直播正从泛滥期与"风口"期转向冷静期，想依靠直播赚取流量与经济收益的个人、商家和 MCN 机构依然层出不穷，越来越多的群体涌向直播行业。对于直播行业本身来说，这实际上有效地推动了其向专业化、规范化的方向发展。

1. 网络直播团队的发展

2023 年 8 月 28 日，中国互联网络信息中心（CNNIC）在京发布第 52 次《中国互联网络发展状况统计报告》。该报告显示，截至 2023 年 6 月，我国网络直播用户规模达 7.65 亿人，较 2022 年 12 月增长 1474 万人。网络直播呈井喷式发展，客观上有力地促进了直播团队向着高效化、专业化的方向发展。直播行业经过了短短几年的高速发展，网络直播团队由个人化、私人化的单兵作战迅速转变成个人、商家与 MCN 机构融合发展的态势。

直播在早期的发展过程中是主要依靠个人自主进行运作的，例如，在游戏直播中，游戏高手们率先利用斗鱼 TV、战旗 TV、YY 等直播平台进行个人化的游戏直播，吸引了大批游戏爱好者，形成了一股"上线围观他人打游戏"的风潮。此后，斗鱼、映客、哔哩哔哩等平台按照明星养成的机制，签约了一批电竞玩家，并对这些高手玩家主播进行包装和上线推广，伴随着高曝光率和高超的游戏水平，吸引了巨大的流量，由此形成了一种主要的直播团队运作模式，即由直播平台（商家）推动建立的直播营销团队。

随着直播行业的用户规模大幅增长，以及直播与娱乐两个行业的融合发展，大批娱乐明星、网红等纷纷涉足直播。主播群体的急剧扩大、主播层次的梯度发展、直播技术的突飞猛进，催生出了专门的主播培养与运营维护推广的公司——MCN 机构。MCN 机构的产生，让直播团队由主播个人单兵作战的状况转变为专门的团队运作模式。在当今的直播行业中，MCN 机构充当着中流砥柱的作用，它们一方面发掘、培养、签约网络主播，另一方面与各大视频平台进行广泛的合作，目的只有一个，那就是帮助那些潜力巨大、吸粉能力强的主播占据引流的显著位置，以吸引流量变现。

MCN 机构的出现，实际上是直播行业走向规模化、专业化、规范化的趋势体现，依托 MCN 机构的运作，网络主播只需要完成直播内容即可，其他的包括策划、拍摄、推广、引流等工作均由背后的专业团队完成。因此，MCN 机构是直播行业社会化大生产、大分工的结果，术业有专攻，检验一个行业的发展繁荣程度，除了规模，就是看其社会分工是否细致、严密、有序。

2. 网络直播团队的类型

网络直播团队的类型从直播生产的内容上来看，可以分为娱乐直播团队、垂直领域直播团队、电商直播团队、传统媒体网络直播团队等；从团队人数、规模的角度来看，可以分为小规模直播团队、大规模直播团队等；从直播团队的来源来看，可以分为个人直播团队、专业直播团队、商家直播团队等。本节在研究直播团队起源、发展的过程，基于团队的构成、规模等综合因素，将网络直播团队分为个人直播团队、MCN机构直播团队、商家直播团队和供应链基地直播团队四类。

（1）个人直播团队。个人直播团队依靠的是单兵作战，团队成员来自主播个人的组建，有比较大的自主性、随机性。一般来说，个人直播团队会分为策划组、主播组和运营组三个部分。其中，策划组主要负责直播内容的创意策划和确定；主播组可以是主播自己一个人，也可以视情况配一个助理（助播/副主播）；运营组可以由主播自己负责，也可以聘请专门的运营工作人员，主要负责直播的推广和网络维护等工作，如直播的平台选择、直播时间的公布与直播数据的统计等。具体组织架构见图4-1。

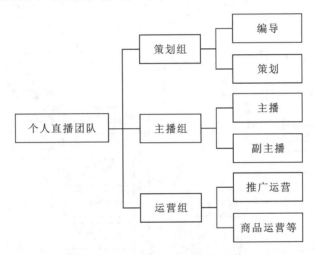

图4-1　个人直播团队的组织架构

（2）MCN机构直播团队。MCN机构直播团队是MCN公司和签约主播合作的产物，即主播背后的MCN机构全权负责团队的组建、遴选，从而组成一个专门的、较为庞大的团队来辅助主播进行直播。由于各个MCN机构公司运营模式的差异，直播团队的内部结构和成员会有一定的差异，但是，总体而言，MCN机构直播团队由招募部（星探）、直播部、招商部、供应链部、运营部等部门组成，涵盖了整个直播流程的主播招募、直播过程管理、直播广告合作、供应链洽谈、直播数据运营等全流程领域。MCN机构直播团队可以说是最为完备、专业、规范的直播团队模式，具体组织架构见图4-2。

（3）商家直播团队。商家直播团队主要针对的是电商带货直播的团队组建。一般而言，商家直播团队的各个岗位都是由商家自身的职员组成的。商家聘用主播为产品进行直播带货，同时商家会为整个直播业务配备一个直播主管，直播主管全权负责直播业务，包括主播本人也受到直播主管的管理。直播主管带领直播团队成员，如直播间客服、后期运营人员（店铺运营、数据运营、内容运营等），配合主播进行辅助性的工作。不可否认的是，商家规模和店铺大小、经营策略的差异，会导致直播团队的规模存在较大差异，如小型的淘宝电商，很多都是店铺老板自己"上阵"当主播来进行直播，而线下店铺或生产线的员工来充当直播助理的工作，具体组织架构见图4-3。

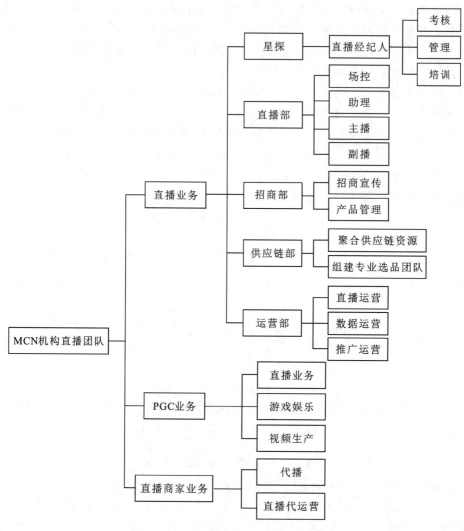

图 4-2　MCN 机构直播团队的组织架构

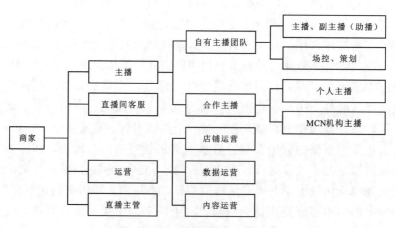

图 4-3　商家直播团队的组织架构

（4）供应链基地直播团队。供应链直播基地是一个集展示、办公、直播中心、仓储于一体的数字化全场景的线下直播集群场所。关于举办者，有些供应链直播基地是由政府主导的，MCN机构或影视传媒公司负责具体运营，有些则是由直播公司独立建设运营。例如，成渝（简阳）电商直播基地是简阳市首个由政府主导的直播产业一站式服务平台。在产业侧，基地依托简阳电商物流产业集群优势，以构建成渝地区优势产品电商销售体系为目标，以专业高效的直播配套服务为核心，打造业态丰富、人才集聚、创新驱动的直播产业生态平台。

作为一个线下的实体集群，供应链直播基地是最齐全的直播系统，配置完善的设备及专业运营服务团队，辅以共享办公区，解决主播们创业的后顾之忧，无库存、零成本，实现"拎包创业"。基地具备直播的软硬件设备，搭建有专业的摄影室、灯光室、直播间等，配有选品中心、运营中心、创业服务站、培训中心等服务体系中心。通过整合"供应链平台"及"物流服务体系"，供应链基地为商家提供从官方直播入驻申请、门店主播培训、企业咨询服务、整合主播流量与全球优质供应链等服务，具体组织架构见图4-4。

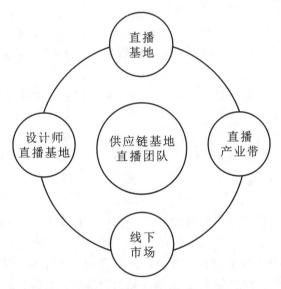

图4-4 供应链基地直播团队的组织架构

二、网络直播团队的分工

网络直播团队的组建，首要考虑的是形成稳定的团队成员结构。对于初创的直播团队，尤其是个人直播团队来说，只需要简单的几个岗位即可组成一个完整的直播团队，如主播、场控、运营三个岗位。一般而言，主播处于核心地位，主要负责直播、拍摄；场控是一个机动的角色，一方面协助主播进行直播，另一方面能够调节直播间的互动气氛；运营主要的工作是产品调配、客服、直播信息的编辑发布等。对于复杂的直播团队而言，岗位分工则较为精细，组成了一个以直播主管为核心的团队。常见的网络直播团队主要由以下几个岗位组成。

1. 主播

主播在不同的直播团队类型中，都是核心成员，主要职责是讲解产品、活动介绍、才艺展示、粉丝互动，熟悉商品脚本；主播的核心能力包括熟悉活动脚本和完整、高效地进行人物出镜直播或声音直播；做好复盘，对直播内容的执行能有自己的判断；有意识地进行人设的塑造、传播，综合采用"话术"、肢体动作、表情等手段吸引粉丝的注意力；控制直播节奏。主播的来源与招募主要分为两种，一种是主播自己组建的直播团队，另一种是由MCN机构或经纪公司专门招募或培养的主播。

2. 副主播

副主播的主要工作是协助主播掌握产品信息，向受众介绍该场直播内置的"福利"信息，并负责提醒、发布该信息，特殊情况下，当主播出现突发状况时，副主播可以起到临时救场的作用。具体而言，副主播的主要工作如下。

（1）在电商直播中，时刻关注主播的带货信息及卖点讲解，对直播内容熟稔，特别是对主播提到的产品关键信息及购买链接信息进行重点提示，当主播遗忘直播内容时，进行必要的提醒。在非电商类直播中，副主播是充当"绿叶""捧哏"的角色，主要是配合主播、衬托主播。

（2）在主播因换装、休息等缘故离开直播间时，副主播需要在镜头前充当主播的角色，来保证直播不中断。

（3）在一些娱乐类直播中，副主播的主要职责是活跃气氛，保证直播间不冷场，在与主播配合的基础上，协助制造笑料。

3. 策划

策划是保证直播取得成功的关键岗位之一。从长远来看，能长期稳定地吸引流量，还是要靠内容取胜，而策划就是主要负责直播内容的创意、撰稿与确定。具体来说，策划岗位的职责包括主播人设的设计、维护，通过台词、动作与表演等来传播人设信息，维护好正面人设，避免人设"翻车"；策划商品权益活动，如商品的定价、主页面、优惠活动、网址链接等信息；在数据分析的基础上进行直播投放、平台选择、直播时长、直播位置等信息的策划；在配合主播进行必要的现场活动时，策划主要进行活动脚本的撰写与活动场景设计；在直播前，做好直播相关信息的设计与策划，如封面场景、角标设计，以及主播的妆容、服装、饰品、道具、产品等出镜的设计。

4. 编导

编导是在策划的基础上，对直播现场进行总体把控与管理。在大型的直播团队中，编导是核心的岗位之一，具有不可替代的作用，可以说，编导是整个直播过程的"总指挥"，协调前期组、直播组、后期组等各方的工作，以保证直播活动顺利进行，避免直播事故的发生，达到最佳的直播效果。

编导的主要工作是撰写直播脚本，敲定直播过程的各个环节；重点关注主播"话术"

的执行与完成情况；监督核心的直播内容取得相应的效果，并监看粉丝及受众的反馈信息，及时对直播内容进行调整。

5. 摄影师

在专业的直播团队中，直播录制会由专门的摄影师来完成，而不会交给主播独自完成。直播的摄影与短视频和影视剧的摄影有所区别，其摄影技术主要通过直播流的控制与导播台的操作来体现，因为一般情况下，一场直播的持续时间较长，摄影师在录制的同时要保证不受干扰且避免机器发生故障。

具体而言，摄影师主要负责直播视频的录制、器材的维护与监看、不同机位的切换。对于大型的活动直播，摄影师还要负责直播花絮，如快闪视频的拍摄。在直播后期，摄影师还要负责直播视频的保存、转码、剪辑等工作。

6. 场控

场控是直播现场的"场记"，负责记录每个直播环节、直播间内外的重要信息。在直播前夕，场控要配合摄影师，确定摄影机、灯光设备的摆放位置，负责直播设备的摆放与调试、直播软件的准备与调试，确保直播间的场景、道具、主播到位，场外准备好直播需要用到的人、物等。在直播过程中，场控的一个重要工作是实时察看、记录与管理直播数据，如上线人数、评论数与评论导向、附件信息等，还要及时地将这些信息反馈给主播、副主播。

7. 运营

直播团队中的运营人员，其主要岗位职责分为线下运营和线上运营两个方面。线下运营主要针对的是活动直播、赛事直播、网络电视直播等类型的直播，运营人员相当于广告策划的一部分，需要对整场活动直播的场地、活动形式、预算、主播及嘉宾等进行管理和执行。线上运营主要指数据分析与信息维护，快速、准确、全面的数据分析是衡量运营人员工作能力最重要的指标之一。运营人员对直播每个时间段的流量信息、粉丝信息等数据都要做细致的分析，对互动信息如评论数、弹幕数、点击量、完播率等数据进行统计分析，既要做定量统计，也要做定性分析总结，既要做本场的直播数据分析，也要做同比、环比分析，最后将直播的数据分析报告反馈给直播主管和主播，以此来确定今后的直播定位和策划内容。

三、网络直播团队的工作流程

区别于短视频和影视剧的拍摄与发布，网络直播团队的工作流程表现出明显的"标准化流程"，整个团队的工作流程均围绕主播的出境直播来展开。

1. 主播的招募

对主播进行招募或培养是整个直播团队工作的第一步，也是最为重要的一步，因为直播效果的好坏，取决于主播自身的业务水平和形象管理。一般来说，主播的招募分为两类，一类是培养新人主播，一类是招募明星主播。至于选择何种主播，取决于MCN机构的运营成熟程度，如果公司本身有较为成熟的主播培养、运营的体制机制，并且拥有资源，如直播平台合作资源、直播制作资源、直播推广资源等较为丰富，则可以考虑培养新人主播；如果公司主要借助的是明星效应，而其主营业务并非直播，则可以和明星主播合作，实现优势互补、互利共赢。

（1）新人主播。对于MCN机构或经纪公司而言，培养新人主播的过程虽然漫长，但是成本低、风险小，可以按照偶像明星养成训练的机制来对新人主播进行全方位的才艺训练、形象管理和沟通话术培训等。

以电商主播为例，在新人主播的面试环节中，应该着重考虑主播的过往直播经历、对产品的熟悉程度及特殊才艺等。如果主播自身吸引的粉丝群体与该产品的目标消费群体重叠度较高，则可以重点培养。

（2）明星主播。明星主播因为自带流量与粉丝，在前期的直播合作接洽中，应重点考察其粉丝群体的构成情况，比如，其粉丝的年龄结构、性别比例、兴趣喜好与职业特点等。此外，与明星主播合作，还应该考虑该明星在影视剧中的"人物形象"，充分利用那些火爆一时的剧中角色来获取流量。

2. 直播内容策划

在确定了主播的基础上，就要进行直播内容的策划。直播内容关系到整个直播效果的成败，因此在直播团队的运行流程上，精心策划直播内容尤为重要。

（1）直播内容研发。直播内容的研发属于策划部的主要工作。以电商直播为例，策划部需要事先与商家（客户）沟通，基于客户提供的品牌信息与产品信息，策划师要清楚地了解商家的诉求，这种诉求包括直播渠道诉求、平台诉求、直播形式与直播后期运营维护等。在此基础上，形成较为明确的直播定位，确定直播的主要内容，拟定初步的框架方案并交由直播主管与商家进行完善。在内部通过之后，会用提案的形式来向商家确定定稿的策划案。此后需要完成的工作基本上就是细节的敲定，如直播"话术"的内容、直播的环节设置、产品植入的形式等。

（2）确定各部门的职责范围。在直播之前，有必要将直播团队的各个部门进行详细的、明确的、权责明晰的分工确认，根据标准作业程序（Standard Operating Procedure，SOP），考虑到直播团队成员的数量，确定今后的每一场直播、每个部门、每个岗位成员的具体事务。所谓SOP，就是将一件事的标准步骤统一下来，用来指导和规范重复出现的日常工作。SOP的关键词是可复制，可以实际操作，具有指导意义，不是空话、套话，可视化、可以落地执行的SOP才有意义。

3. 直播的准备

直播的准备工作基本上围绕一些较为细节的事情展开。除了人员的配备与到位外，准备工作主要分为四个方面：一是线上信息的准备，如直播平台的选择与上线准备、直播时间的确定、预告与发布，直播海报、直播页面的设计；二是线下直播场地的准备，主要包括摄像设备、灯光设备、音频设备、直播间的选择与布景、产品道具的准备等；三是直播预热与宣传准备，在线上端口发布直播时间、主播信息与直播内容等，宣传物料（如海报）上放直播间二维码，引导粉丝提前订阅直播间；四是直播内容的准备，策划部门要与主播一一核对直播各个环节的内容、在关键环节上使用的"话术"等。

4. 直播期间的管理

当一切准备就绪后，就进入到最为重要的环节——直播期间的管理工作。一般而言，直播期间的管理工作分为两个方面。一是直播中的数据监控与宣传管理，在开播后依然要对直播信息进行再次转发扩散。此外，主播助理或场控对于直播中的各种数据，如点击量、评论数、弹幕数、互动频率等均要做记录，并通过一定的形式即时反馈给主播。在电商直播中，对于直播间的购买链接，需要客服人员对消费者进行持续的、必要的答疑解惑和咨询服务。二是适时调整直播内容与直播策略。这方面主要靠主播自己完成，主播在执行整体直播内容策略的同时，要时时密切关注粉丝群体的动态与粉丝的态度，能即兴做互动，时时占据直播间氛围的主导，还要将粉丝的态度导向正面化。在电商直播中，主播要根据销量情况与即时的评价情况，在商家允许的情况下，灵活变通抽奖、赠品、降价、预订、折扣、优惠、限时免单策略，以促进更大的销量。

5. 直播后期运营维护

直播结束之后的运营营销也是非常重要的直播团队运行的环节，主要由运营专员进行复盘、数据分析与总结。具体来说，对重点数据，如点击量、完播率、评论数等进行汇总分析，根据粉丝留言情况，如留言态度的褒贬比例等，及时调整直播策略。直播后期的数据分析工作至关重要，这对于总结直播的得失、分析主播的人气、研判直播策略都有重要的意义和价值，特别是为延续还是调整下一次的直播策略提供重要的参考。

四、网络直播团队的运行策略

要想通过直播获得长期的品牌宣传与销售增长效果，就必须依靠专业的直播团队进行长期的、有计划的耕耘，实践证明，那些临时搭建起来的直播团队不仅专业度不够，而且往往只能实现直播的短期效应。罗马不是一天建成的，粉丝数的积累、流量的增加，依靠的是业务能力出众的主播，同时也需要稳定的、专业的直播团队。因此，MCN机构和经纪公司需要对直播团队进行长期规划和必要的培养、训练。

不管是游戏娱乐类，还是电商主播带货，直播对于知名度的提升、品牌价值的积累和销售额的增长都是一种成本低廉、效应较好的手段，然而，直播短期带来的直接效应并不是很明显，效应大多是在多场直播或固定时间的直播中累积起来的。由此可见，设立固定的岗位，成立专门的直播团队，对直播团队成员进行有目的、有规划的选用和培养，直接关系着直播效果的好坏。一般来说，可以从以下两个方面对直播团队的建设和成员的业务能力进行优化提升。

1. 打造复合型主播

首先，必须要明确一个观念，直播是"以人为主"的传播活动。不管是带货直播、娱乐游戏直播，还是互动型直播，都是以主播作为核心，直播连接的是两头，一头是主播,另一头是粉丝群体,人是流量,代表着吸引力。专业性强的主播才能有强劲的吸引力,而正是主播的复合型专业特长,形成了明显的差异化与竞争力,才能帮助自己和商家实现目标,抢占更多的流量。要想直播取得长期效应,就必须提升主播的专业能力,这种复合型的能力不仅包括主播自身的才艺、专业知识,还包括出镜"表演"的功力,因为镜头前面的主播,处于网络环境中,被各种网友、粉丝围观,主播必须依靠某种"表演"成分来塑造自己,吸引眼球,不管这种"人设"是不是主播自己的本来面貌,一旦他出现在镜头前开启了直播,就意味着"演出"开始。

复合型主播不仅专业能力过硬,而且善于在镜头前面"包装"自己。在某些行业的直播中,主播的复合型能力显得尤为重要。以医药行业的直播为例,主播不仅需要有扎实的医药、医疗知识和丰富的临床经验,还要有出色的语言表达、语言组织能力,能有节奏地对医药产品进行清晰的介绍,同时还应该是一个有趣的"演说家",不能让粉丝觉得无聊、枯燥,应准确拿捏直播"话术"的综艺性、专业性和亲和力,做到三者的有机统一。

2. 专业直播团队孵化

要想通过网络直播获得长远的社会效益和经济效益,就要致力于打造专业化的、专门化的直播团队,而不是从其他部门抽调选派人员,或者直接让店员、职员充当临时的直播工作人员。

不管是MCN机构的直播团队组建,还是商家自身拥有的直播工作人员,孵化专业的直播团队,主要可以从三个方面来进行。一是专人专岗,设置稳定的、固定的直播人员岗位,或者组建稳定的、长期的直播部门,它与市场部、销售部、研发部等部门是平行的关系;二是对直播工作人员进行专门的、长期的、有规划的培训,即内容培训和直播团队运营的培训;三是增强实战能力,积累直播经验值。具体来说,可以从以下三个方面来对直播团队进行有效的孵化。

首先,设置专门的直播部门,可以将直播营销常规化、固定化,可以让直播在一个长期稳定的环境下进行,进而提升直播效率与效果。这种模式在MCN机构和经纪公司是一种较为常见的、典型的直播团队运作方式。而对于商家或企业来说,此举也是必要的。以服装类商家的直播为例,在直播之前,搭建一个服装直播间,聘请专人对直播内容进行策划,以此将该服装的卖点全部展现出来。

其次,在直播团队的孵化过程中,既要做好主播的定位策略,也要做好团队成员的全方位培训。培训内容包括广告法、直播法、互联网视听节目等相关法律法规,避免因法律风险带来的损失,重点是对直播平台的媒介特点、操作方法的培训,针对主播个人的培训包括带货技巧、科普知识、货品质量信息等,针对团队成员的培训包括品类信息、直播技巧、直播内容策划、直播数据分析、直播现场控制等技能技巧。

最后,除了部门、岗位配置,以及培训的投入,还要为直播团队进行专门的直播实战演练,这种实战可以结合直播内容进行真实的现场直播,也可以在培训中安排专门的直播实训课程。此外,在企业内部或行业中举办直播大赛,通过此类实战活动可以提振直播团队的士气,对检验直播团队实际的运作能力也有很好的效果。

第三节　网络直播的互动方式

在新媒体兴起、发展的背景下，网络直播作为一种新媒体类型，其互动方式呈现出频繁、多元、娱乐化强的属性特点，在电商直播中，具有较强的商业属性。与短视频、社交平台等新媒体类型相比，网络直播的互动更为即时、多元、连续，受众除了可以在直播间评论以外，还可以通过发表弹幕、给主播打赏、与主播连麦等多种不同的方式来进行全方位的互动。

值得注意的是，网络直播的互动打破了主体壁垒，让不同的主播主体、受众主体实现了自由交流，具体来说，在直播间，主播与受众、主播与主播、受众与受众均可以在直播过程中进行即时的、自由的互动交流。本节基于这些多元的互动主体与互动方式，重点探讨打赏、点赞、连麦、弹幕等主要的直播互动方式。

一、打赏

1. 直播中打赏的定义及特点

网络直播过程中的打赏是一种通过虚拟货币来进行赠送的互动行为，具体指用户从直播平台处购买虚拟货币，在观看直播过程中将虚拟货币免费赠送给主播，主播后续则可以将虚拟货币兑换成人民币。

从经济学的角度来看，打赏行为可以看作一种商品购买的消费行为，用户通过充值来获取虚拟货币，是一种直接的消费行为。只不过这种行为并不是一般意义上的商品销售，可以从两个方面来进行解释：一方面，用户并不是直接与主播进行"交易"，而是通过直播平台与主播来进行这种互动；另一方面，用户获得的并不是实物的产品，而更多地类似于来自主播的直播"服务"，因此让这种消费行为具有高度的虚拟性。

从心理学的角度来说，打赏行为是一种精神满足感的获得与鼓励行为。从受众的角度来说，愿意打赏给主播，意味着受众对直播的内容表示肯定，对主播的人设表示肯定，对直播内容表示赞赏，受众通过观看主播的直播，获得了精神上、情感上、心理上的慰藉与满足；从主播的角度来说，能得到粉丝的打赏，意味着自身的人设、形象积极正面，得到了粉丝的喜爱，直播内容新颖有趣。打赏会对主播形成较好的激励，可以促进直播内容的优化提升。因此，打赏是一种双向良性的互动方式，不管是主播，还是受众，均实现了较好的心理预期。

2. 直播中打赏的作用

不同于其他的互动形式，直播中的打赏既是一种互动行为，也是一种经济行为，实际的礼物打赏比评论区和弹幕区的赞美更能直接激发主播的积极性。直播打赏的作用主要表现在以下三个方面。

（1）加强互动体验。向主播"刷礼物"既是一种正面的赞美和评价，也是一种情感上的"经济投入"，打赏礼物意味着受众对主播和直播的内容有着高度的喜爱和认同。同时，在直播间这个公共的场合，"当众"向主播刷礼物从心理学上看，也是一种"炫耀"行为，以证明自己的存在感。粉丝倾心刷礼物，主播卖力直播，双方都得到了较好的互动体验。

（2）提高直播质量。相较于收到点赞、评论、收藏、转发，主播可能会更倾向于接受打赏，认为打赏代表着最高形式的正面肯定。

（3）增加主播收入。打赏是主播获得直播收益的主要形式之一，这种收益来自粉丝群体，在一些游戏类、娱乐类直播中，粉丝为自己的偶像主播的表演买单，这种交易方式是一种特殊的直播互动方式。

3. 获得打赏的方法

获得打赏不仅可以增加直播的收益，同时也是主播受到欢迎、获取流量的证明，现在各大直播平台和签约主播都将获得打赏作为衡量直播效果的重要手段。获得打赏的方法，一般有以下几种。

（1）了解个性需求，做针对性的互动。尽管直播间可能会有成千上万的粉丝，但是对于粉丝个人而言，都希望能引起主播的关注，来进行一对一的交流互动。因此，主播要充分了解粉丝的需求，特别是个性化需求，在合理范围内，通过调整直播内容，来识别、认识那些"老粉""铁粉"，并适当地将直播重心、精力放在这些忠实粉丝身上。同时，适时地建立一个"铁粉"小圈子，利用小群、聊天群将这些粉丝集中起来，营造小圈子文化，增进与粉丝的联系，让每一个"铁粉"都感受到主播的关注。

（2）优化直播内容，打造特殊环节。从受众的角度来看，打赏给主播体现了其虚荣心、讨好偶像与获取满足的心理特征。在进行直播策划阶段，要有意识地设置一些特殊的环节或直播内容，来增进粉丝的打赏动机，如主播的生日会、主播的才艺挑战等环节。在一些公益类直播中，通过设置一些正能量的活动环节，如援助弱势群体、助农带货等，可以激发粉丝的同情心，通过打赏来助力公益活动。

（3）传递正能量，维护良好人设。事实证明，主播在直播中传递积极的正能量，用诚意、真情来打动粉丝，能收获更多的打赏。一方面，主播要爱惜、珍惜自己已经建立起来的正面人设，并且在直播中不断地去鼓励粉丝，与粉丝用心交流，让粉丝真切地得到心理上的抚慰；另一方面，主播有责任让粉丝觉得自己的打赏"用得其所""物超所值"，并且在接受打赏后，奉献出更加精彩的直播内容来回馈粉丝。

二、点赞

点赞作为一种较为常见的直播互动方式，最早来自 2009 年著名的社交软件 Facebook，随后国内各大社交平台纷纷仿效这一点赞按钮的设置，使其逐渐成为一种新媒体平台流行的互动方式。

1. 点赞的定义及特点

和其他新媒体平台相同，在直播间，点赞这一功能按钮的设置一般为一个"爱心"的形状，加一个"赞"字，受众只需要点击这个按钮，即可实现"点赞"的互动。点赞作为一种直播互动方式，是指通过点击直播间的"爱心"按钮对直播和主播表示认同、赞赏。

从直播这一新媒体平台的特点来看，点赞是一种单向信息输出的传播形式。其传播过程只有一个单一的信息"编码、解码"过程，受众点赞后，平台系统会按照先后顺序通过消息提醒的方式告知主播，受众和主播只能通过"爱心"按钮看到实时的点赞人数，而无法做其他形式的互动。

在所有的互动形式中，点赞是最快捷、最单一的一种互动方式，也是传播效果最为直接、简单的一种互动方式。点赞具有符号性与非语言性两个典型的特征，一般而言，"赞"作为新媒体传播中形成的一种典型符号，是现实人际关系在网络直播过程中的反映。

尽管点赞这种互动形式优势明显，但是也存在较为明显的设计缺陷，"点赞功能在设计上未设置对应的回复渠道"，"所有的互动、所有的情绪都化作单一的点赞符号，所以点赞者所表达的具体情绪，被赞者只能试图进行主观理解，这从客观上阻碍了交往行动的深入展开"。[1]

2. 提高点赞量的方法

（1）做好深度内容。直播内容的统一性、延续性、专业性至关重要，在做好直播定位与策划之后，要做好直播内容的深度挖掘，实现平台规划、主播特色与创意策划三者的有机融合与统一，这样能让粉丝每次进入直播间，都能看到自己熟悉的内容，可以培养粉丝的观看习惯，进行良好的偏好控制。

（2）贴合受众偏好。尽管直播内容会根据主播的人设进行专门的策划安排，但是适时考虑粉丝，特别是"铁粉"的偏好需求，在直播过程中，合理地通过一些方式来满足粉丝的观看需求，可以有效地吸引粉丝注意，引起粉丝的喜爱和共鸣，进而引发、引导粉丝点赞。

（3）提升直播节奏。吸引那些非固定的、流动性强的受众群体在直播间驻足，可以通过提升主播的直播节奏来实现。比如，适时提高音量或加快语速，配合较为夸张的表情来吸引关注。人们总是容易被动作性强的物体吸引，因此提升直播节奏可以有效增强直播间的气氛与动感，进而吸引更多流量与点赞。

---

[1] 赵珈艺. 微信"朋友圈"互动行为研究 [D]. 北京：北京邮电大学，2018.

三、连麦

1. 直播连麦的定义及特点

直播连麦是指网络主播通过连麦功能邀请其他主播、好友或粉丝进入同一个直播间进行对话、游戏等形式的交流互动。从直播技术上来说,连麦是一种基于网络的点对点的连接技术,可以将不同空间的人汇集在同一个直播间内,实现即时的视频、语音对话与互动。

从形式上来看,网络直播中的连麦,来源于传统电视媒体中新闻节目的"现场连线",只不过基于新媒体的属性特点,网络直播的连麦呈现出了新的特点。首先是视听手段的多元性。连麦打破了直播互动中只能通过文字的形式进行互动的壁垒,主播在连麦中可以综合使用视觉、听觉和视听融合的手段来实现互动,这样丰富了直播互动的手段。其次是网络传播的有效性。面对面的交流始终是最直接、最有效的一种互动方式,基于移动媒体技术,直播的连麦实现了"在线面对面"的互动,可以将多个空间的人融合在一起。

2. 直播连麦的类型

(1) 双人连麦。双人连麦指主播邀请一人进入直播间,进行二人互动,共同直播。被邀请连麦的人可以是其他主播,也可以是嘉宾、朋友或粉丝等。双人连麦是最为普遍的一种连麦类型,可以起到单人主播达不到的直播效果。

(2) 多人连麦。多人连麦是指主播邀请多人进入同一个直播间,进行多人互动的一种连麦形式。多人连麦具有鲜明的团队属性,一般根据特定的主题来邀请多人进行有目的的沟通、游戏和娱乐等,具有较强的指向性、目的性。在一些游戏类、秀场类、网络节目类、多人PK类的直播中,多人连麦较为常见。

3. 直播中连麦的作用

(1) 丰富直播手段,提高受众黏性。连麦改变了单人直播的单一性、单调性,可以让直播间活泼起来,活跃起来。主播可以借助其他人员的优势来充实、丰富直播内容,在与其他主播连麦的过程中,有效地提升自身的人设,增强粉丝的黏性。

(2) 在"弱连接"中实现"强互动"。在一般的直播中,主播一人出镜,面对镜头,与粉丝的互动限于文字、点赞等形式,互动较为单一,有较强的间接性,主播与粉丝是一种"弱连接"的关系;而通过连麦,主播与其他主播和粉丝可以实现在线面对面的语音、视频沟通,实现了"强互动"的直播效果。

(3) 形成直播合力,优化直播生态。直播连麦,不管是对于主播本人,还是被连麦的人,都是一种正面的宣传、推广,可以相互借力,形成一个良性的直播传播系统。粉丝可以通过连麦认识其他主播,这对于整个直播业态起到了一种正面的催化、激励作用。

4. 直播连麦的互动技巧

（1）加强聊天，减少访谈。网络直播不同于电视节目，具有较强的私密性、个性化与开放性，直播连麦的本质特征是自由交流，而不是访谈。因此，主播在连麦过程中要与嘉宾多进行聊天式的交流，减少提问、访谈等过于正式的主持手段。

（2）慎选对象，制造话题。邀请连麦的嘉宾并不是随机确定的，而是要进行直播前的策划安排，尽量选择主播熟悉的、能与主播的人设形成互补的嘉宾。事实证明，当主播与不熟悉的人连麦时，会造成尴尬，削弱连麦效果，而选择与自己人设相同或类似的人进行连麦，则难以在互动中碰撞出新的话题。

（3）关注受众，三方参与。连麦主要是主播与嘉宾之间的双方互动，尽管会抬升直播气氛，但是也不能忽略受众的存在。在连麦过程中将粉丝拉入，形成三方互动的局面，可以在最大限度上留住粉丝、获得更多流量。

四、弹幕

1. 弹幕的含义及特点

（1）弹幕的定义及发布机制。弹幕在汉语中原始的含义是军事用语，"弹"指炮弹、火弹，"幕"指炮弹密集攻击形成的火力网，因此"弹幕"二字原指战争中密集的炮弹攻击而形成的如幕布一样的火力。新媒体平台借用了弹幕这一含义，用来指用户主要采用文字的形式，在屏幕上发布的密集的短时评论。

弹幕的发布机制较为简单，用户只需要在直播画面、视频画面的页面弹幕输入框中输入文字，点击发送，此条弹幕就会从屏幕画面的一头滑向另一头，常见的是从右边滑向左边。每一条弹幕的持续时间一般为 3 秒左右。

（2）弹幕的特点。其一，互动性。互动性是弹幕最基本也是最重要的特征。在直播过程中，受众可以基于对直播和主播的印象发表即时的评论与想法，这种评论和想法往往是瞬时性的、短暂性的。弹幕的互动性首先体现在主播看到弹幕后会直接做出回应，这种回应是基于视频画面的视觉和听觉的，具有全方位的立体感、即时感。其次是观看同一直播的其他受众也可以对自己感兴趣的弹幕进行"追评"、点赞和回应，因此实现了三方互动。

其二，娱乐性。相较于其他的互动形式，弹幕具有更强的娱乐互动属性。弹幕评论是受众瞬时想法的流露，是受众对直播产生的"第一印象"，体现出了较强的感性倾向，受众发表弹幕往往是基于娱乐与搞笑的目的来进行评论、互动。一些较为热门的网络流行语经常出现在弹幕中，体现出受众娱乐自己、娱乐别人的心理特点。

其三，短暂性。跟其他的直播互动方式相比，弹幕这种互动方式最大的不同在于弹幕评论是转瞬即逝的，因为每条弹幕持续的时间只有几秒。弹幕给人的印象是一种瞬时印象、短暂的记忆，但值得注意的是，这是主动出现在主播和其他受众眼前的，因此更能引发注意，引起针对某条弹幕的"追评"、点赞等较为持续的、深度的互动。

2. 弹幕的影响与作用

（1）促进内容生成。虽然主播和平台方也可以发表弹幕，但是弹幕的发布主体还是受众。直播作为新媒体的一种形式，其重要特征就是给受众极大的自由空间与自主性，受众通过弹幕可以"生产"出大量的有用信息，事实证明，这些信息内容对于其他受众具有较强的刺激、引导作用。弹幕内容是对直播内容的一种有效的补充，是对直播信息和主播本人的一种全方位的、预见性的"意见库"。

（2）影响直播效果。弹幕对直播呈现出越来越显著的影响，受众对直播和主播的评价是否正面，一定程度上会受到弹幕评价的影响。以电商直播为例，弹幕的数量与评价褒贬对受众的购买行为产生了显著影响。弹幕互动数量、弹幕互动质量和弹幕互动情感均显著影响消费者的购买决策，并且弹幕互动数量相对于弹幕互动质量和弹幕互动情感来说，对消费者购买决策的影响更大。[1]

（3）形成弹幕文化。弹幕是受众参与信息"编码"、网络信息内容生产的最集中的体现。广大受众的情绪、情感、娱乐、欲望、动机等信息均通过一条条弹幕宣泄出来，由此形成了新兴的弹幕文化。在"弹幕池"中，受众可以尽情地发表各种评论进行交流，受众的能动性得到了高度彰显和发挥。作为弹幕文化的主体，青少年群体表现出极强的娱乐精神，用各种戏谑的、搞笑的词汇来评价主播和直播，成为弹幕用户心照不宣的"梗"。这种弹幕本身可能并没有什么实质性的意义，受众单纯觉得好玩，遇到相似的题材，就会将其打在公屏上。这样的弹幕本身的内容没有什么意义，只要他们发送了弹幕，他们的传播目的就达到了，并从中收获快乐。[2]

3. 弹幕互动的思考与建议

（1）挖掘弹幕互动的口碑导向。在游戏类、娱乐类直播中，可以充分利用弹幕的正面评价，合理引导弹幕表达对直播与主播有利的评论内容，蓄积大量的、正面的能量。此外，主播要时时提醒受众加强在公屏上发表弹幕，主播应及时对弹幕进行回应，积极与受众互动。弹幕对于电商直播营销同样具有重要的影响，弹幕的多少和内容的质量影响购买决策，因此平台和主播应该通过合理引导的方式让老客户在弹幕区发表正面的积极评价，建立口碑来影响、激发新客户的购买意愿，再通过积极的互动及售后服务来提升购物体验。

（2）利用弹幕文化的信息价值。常见的直播营销是从主办方、平台方的立场来对直播内容进行的主动传播，这种方式在取得受众信任、促进销售上的效果有限。而弹幕是受众的自主信息生产与传播，在弹幕文化的集群内，充满了大量的信息补充，因此充分利用弹幕文化的这种信息补充属性，可以有效地对直播进行二次营销，更能取得受众信任，促进粉丝忠诚度的提升，进行购买力的转化。当消费者从大量正面高质量

---

[1] 吴瑞华．电商直播情境下弹幕互动对消费者购买决策的影响——基于心流体验的调节效应［J］．商业经济研究，2023（17）：74-77．

[2] 王青波，许莹．传播游戏理论视域下的弹幕文化探析［J］．传媒论坛，2023（12）：73-76．

的弹幕中获得有效信息时，能一定程度地弥补消费者原有的关于产品或服务的知识盲区。[①]

（3）建立积极互动的反馈机制。首先，建立弹幕正负情感倾向的筛选机制。对于涉及辱骂、负面甚至敏感的弹幕，在系统设定中进行必要的筛除。其次，及时回复负面弹幕。主播应该通过多种方式，如严肃的解说、开玩笑、自嘲（"自黑"）、驳斥、引导等方法对负面的弹幕进行及时的、必要的回应和反馈，这样比回避或无视的效果更好。最后，对于正面、高质量的弹幕，通过设置抽奖、主播奖励等形式来进行积极的鼓励与引导；对于受众发表的带有质疑的弹幕或粉丝的提问，主播应进行及时的耐心回复，以尽快消除疑虑，避免引发大面积的情绪失控。

第四节　网络互动的深层次需求

一、主播人设的共同愿景

网络直播作为一种新兴的媒介类型，突破了传统的电视直播主导的局面，让直播这种媒介形式，广泛走入百姓家。在直播平民化的过程中，起着核心作用的是出现在镜头前的主播们。

网络主播满足了多元化的审美需求。传统的电视直播虽然也出现了较有个性的主播，但是总体而言，电视直播的主播人设会趋向严肃、庄重、单一，具有一定的距离感。但是，在互联网环境下，主播可以在合理合法的范围内，随心所欲地展现自己的个性魅力，与受众实现零距离接触。一千个读者有一千个哈姆雷特，一千个受众有一千个主播，在海量的主播群体里，受众总能找到自己喜欢的主播，换句话说，网络主播的人设已经大大地细分了。

网络主播构建了自由开放的立体群像。MCN 机构和直播平台大部分都是自负盈亏的民营机构，平台之间、主播之间的竞争是残酷的，这种环境促使主播使出浑身解数来维护、经营自己的人设。基本上，平台会给主播较大的自主发挥空间，这也就导致主播可以根据自己的判断和粉丝的喜爱程度来塑造人设。当某一时期网络流行文化趋向某一方面的时候，大量的主播趋之若鹜，便形成了大量的人设群像，极大地满足了受众的观看需求。

不同类型主播的出现，虽然构建了一个丰富、多元的浅偶像崇拜的景象，但是也要用批判的眼光理性地审视主播的人设。以电商主播为例，主播容易陷入"人设奴役"之中，即被一以贯之的人设符号所捆绑、束缚，"人被符号奴役，即主播在人设塑造过程

[①] 沈薇. 网络直播带货中弹幕对消费者购买意愿的影响研究 [D]. 昆明：云南财经大学，2022.

对于符号化的执着追求","主播为构建人设而被资本、电商平台奴役的过程之中,即主播对商业的极度单一性追求"。①

二、双向互动的群体认同

在所有的新媒体类型中,网络直播互动的即时性、频率、热度是最高的。隔着一块小屏幕,粉丝和主播之间构建了一个零距离的互动空间。

通过长期持续的直播互动,主播与受众建立了紧密的精神与情感联系。如今,打开手机,点击平台进入直播间观看直播成了广大网络粉丝的习惯性动作。直播为受众提供了海量的直播内容,基本上涵盖了绝大部分的受众需求。随着用户重心的转移和用户自制内容的兴盛,直播内容会随着受众的需求不断变化、调整、优化,直播平台就是一个巨大的筛选器,那些内容乏味、没有特色的主播被大量淘汰,反之,特色显著且互动花样繁多的主播跻身为头部主播。多元的互动与零距离的接触,让粉丝和主播形成了一种强有力的联系。为自己喜爱的主播打赏,对明星主播推荐的商品趋之若鹜,成为一种理所当然的网络生态。

观看直播满足娱乐消遣、购物聊天已经成为一种新兴的生活方式。以电商直播为例,越来越多的消费者选择从直播间进行网络购物,这对以淘宝、天猫、京东为主的电商平台来说既是一种挑战,也是一种模式的创新。直播购物对比网页陈列来说,更能从即时的视频动态与互动中掌握产品信息,促进购买决策的落地。

主播与受众或粉丝之间建立的这种稳固的经济和情感联系,可以看作粉丝经济的一种延伸和扩散。不同的是,在传统的粉丝经济中,粉丝为偶像打榜、冲热搜、冲业绩更多的是一种情感行为,甚至是非理性行为,但在偶像主播的直播间,受众在主播带货中所产生的消费行为,更多的是理性行为。

三、虚拟社群的精心营造

网络直播的互动不仅使得主播和粉丝之间的联系更加紧密,还能促进粉丝与粉丝之间的自由交流与互动。在直播互动的所有形式中,连麦、弹幕等均是粉丝与粉丝之间进行娱乐游戏互动的绝佳桥梁,粉丝之间自由地表达观点,分享对偶像主播、流行文化喜好的点点滴滴,由此形成了一个既开放又私密的虚拟社群空间。

由粉丝、主播与平台三方共同构建的这种虚拟社群空间,既具有公开性与公共性,也具有明显的私密性与隐蔽性。直播间是一个开放与公共的空间,任何人都可以点开直播链接进入直播间观看直播,而不受任何的限制和阻拦,任何人都可以在直播间发表弹幕、评论,可以转发、打赏、关注"一键三连",当然前提是发言符合国家相关法律法规,这种绝对的开放性给粉丝提供了最大限度的自由。而在一般的直播间之外,粉丝和主播还可以通过建立群聊、私信等方式,继续深化、巩固聊天与交流,甚至,粉丝与主播之间可以打破一对多的传播与交流方式,实现一对一的交流互动。

---

① 郑亚珂. 基于场景理论的电商主播人设传播研究 [D]. 岳阳:湖南理工学院,2022.

在"小窗"、私信、聊天群、粉丝群里，直播能将受众引导到一个个的小型社群圈，从而将直播互动引入深度交流的地带，大大拓展了互动空间，也大大提升了直播效果，延长了直播的"寿命"。但是，也必须注意，这种小范围互动的粉丝群和一对一的私信互动，尽管具有较好的私密性，但是同样处于互联网的大空间中，也必须遵守相关的互联网法律法规，避免放纵欲望、引导扭曲的消费。

值得注意的是，随着粉丝经济的发展，以及"应援"风潮文化的兴起，追星已经不限于传统的偶像明星，网络主播也同样拥有人数众多的粉丝。大多数网络主播塑造的并不是明星人设，因此粉丝可以自由灵活地与主播互动。由此带来的显著影响是互动地点的变换，已经不局限于线上的虚拟社群，还可以在线下进行互动，主播与粉丝之间已经实现了零距离、零时差的互动。

本章小结

本章详细地介绍了网络直播主体的构成、直播团队的建设，以及网络直播互动的主要类型及特点，阐述了主播人设的起源、发展、内涵、特点与主要类型，通过对点赞、弹幕、打赏等直播互动方式的研究与介绍，全面地探讨了受众与主播、受众与直播两层关系的互动模式，并由此展开了对互动的深层次需求的剖析与探究。

其中，第一节主要阐释了网络主播人设的概念，总结出了人设的主要类型——个性型、身份型、专业型与人基本的特点——简洁性、固定性、关联性。本节还重点提出了创新直播场景等优化、增强主播人设的策略。第二节全面介绍了网络直播团队的历史发展，重点论述与总结了直播团队的主要类型：个人直播团队、MCN机构直播团队、商家直播团队、供应链直播基地团队。从对直播团队的阐述，引出了如何打造直播团队、保证直播效果的团队运行策略。此外，本节还重点介绍了网络直播的标准化流程。第三节深入探讨和介绍了网络直播互动的几种主要类型与传播互动的内涵特点，通过综合介绍打赏、点赞、连麦、弹幕这几种主要的直播互动类型，来探讨直播受众的互动特性和传播特点。第四节在综合探讨主播人设与直播团队的塑造与运行策略、直播互动类型与特点的基础上，对网络直播互动的深层次需求进行了深入剖析与探讨，从微观到宏观，为读者提供了一种解读粉丝与主播之间特殊的情感、利益关系的视角。

第五章

网络直播消费群体

◆ **本章主题：**

网络直播已经成为连接商家、内容创作者与广大用户的重要桥梁，研究网络直播消费群体具有重要的战略意义和实践价值。本章详细分析了网络直播消费群体的分类、特征和消费心理，揭示了其在网络直播这一新兴消费工具不断演变发展中的重要作用。

◆ **学习重点：**

网络直播消费群体的分类、特征和消费心理。

◆ **学习难点：**

理解网络直播消费群体的消费心理发展现状和趋势；把握其消费行为。

截至2023年12月，我国网络直播用户达8.16亿，占网民整体的74.7%。随着科技和时代的不断发展，网络直播早已不只是一种单纯的娱乐工具，它还是在当今社会生活中被人们广泛运用的一种消费工具。直播带货和直播打赏等消费行为，以一种奇观化的传播形式，为直播行业带来了巨大的利润。网络直播用户的消费者身份得到了进一步明确，网络直播的消费群体成为网络直播盈利模式中的重要一环。本章对网络直播消费群体的分类、特征和消费心理三个方面进行解读。

第一节　网络直播消费群体的分类

网络直播的高速发展使其用户社群化趋势日益鲜明,从单一的用户到多元化的社群,从最初的点击、互动、收藏转化为自发性的打赏、消费、宣传,网络直播的消费群体既是消费行为的决策者,也是在自发选择网络社群后,为相应平台资源付出"劳动"的"劳工"。[①] 本节根据当下最显著的网络直播用户社群特点,将网络直播消费群体分为"冲浪型"群体、"信徒型"群体、"Z世代"群体。

一、以社交为延伸的"冲浪型"群体

"网上冲浪"这一形象的说法被广泛地运用于互联网,指代一系列利用各种终端访问移动互联网的行为。"冲浪型"网络直播消费群体通常拥有高频的上网行为,在各直播平台消耗大量的时间,相应地带来了高频的直播消费与较大的支出比例。

网络直播为当今社会的原子化个体提供了重构自身社群的平台与途径,不同喜好的人群能在多样性和包容性兼顾的直播平台上做出找寻甚至重建自身社群的尝试,"冲浪型"消费群体的行为需求源自网络社群的多元社交,他们活跃在直播平台构建的直播圈层之中,在平台的互动和感情的连接中获得身份的认同感,这种由认同感与归属感建立起的社群从某种意义上超越了原子化的个体主义。

"消遣""娱乐""氪金"是当代受众对多数网络直播平台存在的固有印象,这些关键词在一定程度上体现了直播用户对直播平台的认知,也揭示着网络直播平台的部分基本特征与功能。不难发现,当下许多大热的直播平台,以"抖音""快手"为例,其前身均为视频制作软件,但随着短视频的大势所趋,低门槛的创作要求与病毒式传播的特征让这些平台顺应时代趋势,纷纷加入"同城""转发""推广"等社交功能。社交功能的添加为创作内容提供了更大的传播范围,同时也让其定位从一个制作软件变成记录和分享的短视频平台,并形成短视频社区。用户在使用平台时,能在短时间内对自己有所偏好的内容进行选择,完成对自己圈层的精准定位,并与越来越多的内容生产者进行内容交互,进入自己喜爱的短视频社区。在这个过程中,用户能在内容的生产者、模仿者、传播者、使用者的角色里进行自如的转换,也在多方交互之中进行影响与定位。在此基础之上,各平台投其所好,在页面上设置不同的直播形式,根据用户的偏好进行推送,更进一步地精准吸引受众,通过多类型、多元文化的输出,进一步构建起相应的直播圈层。可以看出,当下直播媒体平台的内容生产在具备移动化、可视化、流行化的同时,精准

[①] 余富强,胡鹏辉. 拟真、身体与情感:消费社会中的网络直播探析[J]. 中国青年研究,2018(7):5-12,32.

设置了社交化的特征，以"混合情感传播模式"为主导传播模式，极大地满足了"冲浪型"消费群体自身的社交需求，也保持了其对平台产品的高度黏性。

直播平台以情感连接为契机，将自身打造成一个多元化的社交圈层。"冲浪型"消费群体无论年龄、身份，都能在其中找到属于自己的社群，对于他们而言，伴随着"混合情感传播模式"的深入发展，算法技术的不断升级，网络直播不再只是固有印象中的娱乐消遣，而成为攻陷其心理空间的重要道具。由此可以发现，"冲浪型"网络直播消费群体有下列几种常见的消费习惯。

第一，购物理念偏向消遣娱乐化。随着网络购物的不断发展，当今社会的网络消费行为已完成由"刚需型消费"向"享乐型消费"的转换。消费这一行为已不只是满足消费群体的物质需求，而成为在漫游网络直播平台中消遣与娱乐的附属之举。消费这一行为的目的在"下单"的时刻已经达成，"冲浪型"消费群体为了迎合直播圈层中的"氪金"逻辑，进行持续性购买，这类消费行为源于消遣娱乐，具备泛娱乐化的特征，这也让该群体高发冲动型消费行为。

第二，消费行为满足社交需求。"冲浪型"消费群体每天花费大量的时间在直播平台上，在点击、交互的过程中，其观念会被平台上宣扬的消费主义所感染、带动，进而发生消费行为。对于直播平台"常驻民"的他们来说，吸引他们的不仅仅是商品本身，还有层出不穷的促销手段。"冲浪型"消费群体每日遨游在信息的洪流中，对价格的敏感度与商品信息的了解程度较高，同时热衷于收藏、分享，继而进行二次传播，他们会在直播圈层和自身所在的网络社群里孜孜不倦地分享消费的渠道与心得，其消费行为也是拓展社交圈层和满足自身社交需求的重要手段。

第三，消费行为易被感性因素驱动。"冲浪型"消费群体的消费行为是自发而非强制性的，促成这类消费行为的重要因素是基于对自身所处圈层的强烈情感认同。"冲浪型"消费群体热衷于扎堆在虚拟的网络社群和直播圈层中，这类社群和圈层建立在算法技术精准推荐的基础上，无论是大众的娱乐，还是小众的文化，都能在贴合圈层需求的基础上加深用户的黏性；同时，直播平台也会以理解者的姿态，用"贴心解意"的话语进一步展示自己的魅力。这就导致"冲浪型"消费群体的消费行为会从原本的理性消费发生偏转，别出心裁、形式多样的广告植入和自身圈层具备话语权的KOL的倾情推荐，都会成为给该消费群体的消费行为带来驱动力的感性因素。

二、享受虚幻文化娱乐的"信徒型"群体

从娱乐直播到垂类直播，从刷榜、打投到直播带货，无论哪一种类型的直播，都能够以直播平台为基础，以主播为起点，形成基数庞大、黏性持久、持续消费的粉丝群体。"信徒型"消费群体多出于此，这类消费群体身处粉丝圈层，极容易受到直播平台和主播的诱导而消费，其消费行为与传统粉丝群体存在不同程度的异同点，两者消费的目的都是为虚幻文化娱乐的需求买单，主要为情感需求的满足；但具体的消费途径与消费心理又有着很大的区别。

要分析"信徒型"网络直播消费群体，首先要了解粉丝文化催生的粉丝经济。粉丝经济是传统经营性收入活动的创新与变形，传统的市场化营销在发展过程中重视经济效

益与社会效益的统一,重视双方层面的规范化,重视其典型性。而粉丝经济在其发展和消费的过程中,相比社会效益,更重视粉丝群体与其追捧对象之间的联系,这种联系最显著的表现是用户黏性与相关的口碑效应。高强度的用户黏性会激发一系列连带产生的经济活动,良好的口碑效应则会产生信任代理特征。与传统粉丝群体相通的是,"信徒型"消费者同样具备强烈的偶像崇拜和信仰心理。偶像崇拜是一种社会文化心理现象,崇拜的心理会驱动相应的崇拜行为,这类行为能为崇拜者带来强烈且特定的心理满足。

粉丝经济背景下,网络直播消费行为使消费者情感需求的满足度得到了进一步提升,这种心理满足感首先来自为偶像自发性买单的行为。比起被动的消费,"信徒型"消费者更认同自身的行为是积极自发的参与,在参与的过程中,其主体性也在不断地彰显。对偶像的信仰和崇拜心理,会给"信徒型"消费者的行为造成一系列影响。为了缩短两者之间的心理距离,"信徒型"消费者会通过模仿、造势等行为增加二者之间的共性。网络直播进一步续写传播壁垒被打破的格局,让用户从单一的接收者变成生产者与传播者,在与被关注者频繁互动的过程中,粉丝群体不再是偶像的仰望者,而能做到与偶像频繁交流、沟通,甚至对偶像行为产生影响,参与式文化也由此形成。网络直播的全民性、即时互动性及多元性,使直播平台得到了粉丝群体的高度认同。作为粉丝群体的一分子,"信徒型"消费者是网络景观的流连者,他们在围观的过程中不自觉地将自身缺乏的某种品质或情感投影在所谓的偶像身上,将其变为自身的心灵投射物。身陷粉丝社群中的"信徒型"消费者的主体性被直播平台的商业逻辑所牵引,并被所关注对象煽动、放大个人的非理性欲望,直播平台进一步推动感官享乐文化,使得传统的价值观、理性欲望被削弱,这一系列的措施使得"信徒型"消费者更深陷于对虚幻文化娱乐的追求中,通过消费行为来为"崇拜"充值,为"偶像"买单。

当关注的偶像进行直播带货时,直播间不再只是一个销售场,而是信徒与偶像的小型线上见面会,"信徒型"消费者并不在意偶像售卖的产品是否实用,而是以自身的信仰和对偶像的崇拜为其赋予情感的附加价值,大量地购买产品,通过消费行为来建立强烈的心理认同。关注者与被关注者之间的关系演变成被剥削者与剥削者之间的关系,"信徒型"消费者会出于自身的执念进行"屈从式消费",在粉丝经济精心培养的信任之下,义无反顾地化身数字劳工,为偶像奉献自己的劳动力。拥有庞大粉丝群体的各路网红、明星走进直播间,让部分粉丝穿上了消费者的衣服,义无反顾地加入这场狂热消费中。

同时,网络直播消费的虚拟货币及其转化体系也能满足"信徒型"消费群体的炫耀性消费需求,这类情况多发于直播平台主播群体粉丝的刷榜、打投行为。网络直播的打赏与刷榜不仅是粉丝经济背景下的一种新兴经济模式,更是一种新型的人际互动模式,双方的打赏互动本质上是依托于网络直播平台的社会交往方式,通过这种交往行为,双方建立起了虚拟的情感与心理连接,主播需要礼物,用户需要被需要感,双方的情感需求与社会交往需求得到满足;而同时,主播会对用户的打赏予以积极的回应,让用户明白"打赏"这一行为会带来良性体验,这会让用户有了新的"目标",继而加大消费力度。[①] 通过这一过程,我们可以发现,直播打赏是一种炫耀性消费行为,消费群体通过

---

① 吴震东. 技术、身体与资本——"微时代"网络直播的消费文化研究 [J]. 西南民族大学学报(人文社会科学版),2020(5):170-177.

打赏完成并延续双方的社会交往，在展现对自己关注的主播的喜爱时，也在主播积极回应的过程中获得心理上的虚荣满足感。而同时，这类行为也可以为其在直播平台上带来虚拟的荣誉与声望。[1]

当下，各大网络直播平台都拥有其专属的虚拟货币及货币转化体系，虚拟货币一般用来购买平台的专属道具、礼物，或者直接对主播进行打赏。平台专属的虚拟货币体系一方面会降低与金钱的直接关联性，诱发"信徒型"消费群体的非理性消费行为；另一方面，虚拟货币的消费行为会带来各式各样的平台"福利"，满足优化用户的消费体验。相应地，直播平台在虚拟货币体系的基础上建立了量化的会员体系，比如，淘宝直播通过设置"粉丝亲密度"这一量化指标，对粉丝进行等级分明的分级管理，不同等级的粉丝拥有的徽章和福利是不一样的；又比如，在许多秀场直播平台中，用户的消费程度与会员等级挂钩，消费越多，相应的会员等级就越高，用户还被给予代表身份象征的标识，其出场、发送弹幕都会有独特的标志，会得到主播的特殊待遇，如问候、聊天、生日祝福等，消费多的高等级会员在直播间享有一定的话语权，甚至可以建立自己的粉丝群，被给予管理员身份等。这种量化设计改变了传统平台一对多的单向传播，对"信徒型"消费群体而言，观看直播不仅是每日打卡的贯彻崇拜之举，更成为一种兼具娱乐、交互与竞争的情感游戏，这样的体系不仅增进了"信徒型"消费者的黏性，更是满足了其归属感、崇拜感、荣誉感与炫耀性消费的心理需求。平台利用所拥有的丰富文化资本，推出直播 PK 等方式，这是其推出的炫耀性消费模式，是粉丝经济的体现，平台成为炫耀性消费的引导者，主导直播打赏等消费行为。

三、营销造势带动的"Z 世代"群体

"Z 世代"这一称谓最早可以溯源到 1999 年《中国青年研究》上发表的《最新人群——"Z 世代"的生存状态》一文，这篇文章中将最早的一批"80 后"青年定义为"Z 世代"人群，也将社会上的"新新人类"进行了归类与定义。随着时代语境的改变，"Z 世代"的内涵也在发生变化，在当下，"Z 世代"泛指在 1995—2009 年出生的一代人。"Z 世代"人群出生在传媒互联网高度覆盖、网络技术迅速发展的时代，因此"Z 世代"人群又被称为"网络原住民""数媒土著"，受数字信息技术、即时通信设备、移动互联网产品影响大，因而这一群体对各类文化的包容度和接受度较高，对日新月异的媒介互联网新技术的兴趣浓厚。同时，"Z 世代"人群善于通过各类网络平台进行自我表达，喜欢追求创新、追求自我个性的彰显和个人价值的实现，比起传统社交模式，虚拟平台的社交模式及其规则更易被他们接受，因而"Z 世代"人群成为当今社会新一代的潮流消费主力，其网购频次较高，同时拥有着不同于其他世代人群的鲜明的消费价值观。另外，"Z 世代"人群整体的受教育水平和素质较高，其主要人群为青少年学生群体和青年上班族，这类人群面对的社会压力和工作压力较大，同时自我心理调节能力较差，因而这一人群的心理问题相较于其他世代人群较为突出。[2]

---

[1] 欧文·戈夫曼. 日常生活中的自我呈现 [M]. 冯钢，译. 北京：北京大学出版社，2008.
[2] 陈杰. 洞察"Z 世代"消费趋势 [J]. 知识经济，2019（9）：66-69.

"Z世代"人群是最早一批接受、拥护网络直播的群体，同时也是最早在网络直播产业发生消费行为的消费群体，网络直播营销对其的带动性源于这一群体对营销本身的认同感。从营销模式来说，作为近年来的新兴产物，网络直播对于"数媒土著"的吸引力是强烈而又在情理之中的，为了俘获这一主流消费市场的"芳心"，各式各样的营销层出不穷，"Z世代"消费群体是现今各大网络直播平台营销策略制定的重点目标对象；同时由于该群体的"网络原住民"属性，"Z世代"消费群体受到当下网络直播营销的影响也是最大的，其消费行为、消费心理容易被营销造势带动。与传统营销方式不同，作为新型的市场营销方式，网络直播营销以虚拟的互联网平台为依托，利用数字化信息技术和网络互联的交互性来辅助营销，形成了对销售商品集展示、销售、咨询、服务于一体的独有的营销模式。在当今社会，网络直播营销模式早已与各行各业进行充分融合，成为拉动各行业转型升级的重要动力，同时，网络直播营销兼具碎片化、娱乐化、流量化的特征，故而直播营销模式已悄然渗透"Z世代"消费群体的日常生活，其影响力高度覆盖。从情感接受层面来说，在移动互联网不断发展的背景之下，圈层文化在"Z世代"消费群体的传播广泛，"Z世代"消费群体普遍对互联网平台上基于大数据自身寻找的"圈子"更为认同，对"圈子"内兴趣爱好相同的好友更加容易产生情感共鸣，因而网络直播营销除了对商品本身进行营销之外，还会着力于平台圈层文化的维护，同时更加注重品牌IP给消费者带来的情绪价值，这样的营销会在无形中让"Z世代"消费群体和品牌、平台之间的联系更牢固，让消费者进一步认同他们的选择，自觉向品牌、平台圈层靠近，并逐步产生正面情绪与依赖感。[①]

网络直播营销带动"Z世代"消费群体的另一个要素，是精准满足消费者需求、不断优化其消费体验。前文提到，"Z世代"消费群体面对相较于其他世代人群偏高的社会压力与工作压力，"996""内卷""天选打工人"等词语以自嘲的方式宣泄着"Z世代"人群面对高房价、大压力、快节奏的社会城市生活所滋生的难以消遣的迷茫、沮丧、神经紧绷等负面情绪。传统的运动、旅游等解压方式由于经济成本、时间成本、精力成本的限制，对大多数"Z世代"人群来说可望而不可即。在这样的前提下，购物血拼、疯狂消费成为"Z世代"人群宣泄自己情绪的主要方式之一，这也导致"Z世代"消费群体对这个情绪的宣泄口更加挑剔，对购物消费的体验要求更高，既要省时省心，又要具备趣味性和个性化。网络直播营销具备的互动性与趣味性在一定程度上驱动甚至主导了"Z世代"消费群体的消费行为，从一方面来说，主播在直播间与消费者的沟通与交互之中，能够通过即时的试用、产品的实验等帮助消费者尽快地了解产品的特征与优势，从而使消费者产生快速的交易行为；同时，主播在进行直播的时候很清楚地知道，许多用户是抱着娱乐而非消费的心理进入直播间的，于是便抓住机会，紧跟时下潮流，在讲解产品之余会进行带有娱乐性质的表演，以个人的魅力抓住用户的眼球，继而进行推销，实现产品销量的转化。作为直播营销主体的主播群体，除了展示自身在相关专业领域的能力之外，也会结合当下消费者的情况，在营销过程中满足其消费需求与情感需求。对于消费者，尤其是"Z世代"消费群体来说，这相当于以低成本的方式享受一对一的沉浸式消费体验，故而其吸引力与驱动力会高于其他传统营销方式。

---

① 罗子明. 消费者心理学 [M]. 北京：清华大学出版社，2007.

第二节　网络直播消费群体的特征

网络直播的消费群体日趋多元化，随着移动互联网技术的深入发展，其消费群体会进行进一步细分。然而，在不断演变的过程中，仍能通过一些共性特征把握群体变化规律，本节根据当代网络直播平台的特征及网络直播平台的消费现象，总结出当代网络直播消费群体的特征，即消费需求多元化、消费倾向享乐化和消费过程沉浸化。

一、消费需求多元化

消费者的消费偏好和消费需求会一直随着社会环境和媒介技术的发展而不断变化，"不确定性"反而成为现代消费者消费习惯和需求的一种新常态。网络直播自问世以来，以各种现象级的数据为整个行业带来了持续的热度、话题和资本想象，这个热点沸腾的风口招引来更多平台涌入赛道。电商直播行业的不断深入发展进一步更迭了传统电商"人、货、场"的关系链条，各式各样的新渠道、新形式、新玩法层出不穷。相比起传统的网购消费群体，当代网络直播的消费群体的需求更加多元化，需求会随着直播平台的转型、社会生活的变化、直播技术的发展而变化，其对直播形式、消费理念和消费效率方面有着新的需求。从消费者角度来说，他们不仅是应接不暇的"新花样"的接受者，更是高交互性的网络直播平台中的索求者，他们会根据自身所处的社会环境、舆论环境提出新的需求，这些需求也在引导、刺激着网络直播平台及行业的创新与发展。① 网络直播消费群体消费需求多元化思维见图 5-1。

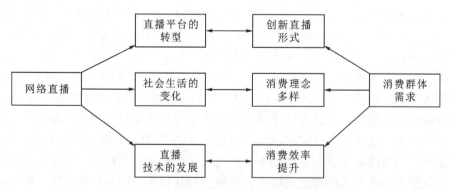

图 5-1　网络直播消费群体消费需求多元化思维图

当代网络直播消费群体的多元化需求首先表现在对直播形式的创新要求。娱乐性是网络直播的固有属性，即使现今附加了电商属性，"娱乐、消遣"也是大多数涌入直播间的用户的主要心态，大多数平台和主播也会利用消费者的这种心理，通过各种创新手段

---

① 惠亚爱，乔晓娟，谢荣. 网络营销推广与策划[M]. 2版. 北京：人民邮电出版社，2019.

进行"留客",进而实现销量转化。以"吃播"这一直播形式为例,吃播是一种非常经典的慢直播形式,近年来,以快手、抖音平台为主的绝大多数的吃播主播都完成了从单方面的内容生产者到带货主播的身份转换,这一转换需要根据用户的消费倾向进行内容形式的调整,吃播的受众群体主要分为两类:一是美食爱好者,二是因为减肥忌口的"望梅止渴"群体。所有网络直播平台的受众均为潜在消费者,主播和平台会根据受众的需求调整自身的内容形式。对美食爱好者来说,互联网上风靡的美食种草一直是他们垂涎但受时空限制而无法享用的遗憾,吃播主播变线上为线下,从房内独食到全国各地打卡品尝现今流行的热门美食,在涨粉的同时进行美食的带货推销;对减肥群体来说,他们热衷于观看吃播是因为自身不用吃下食物,但能在吃播中获得心理上的愉悦,满足自身对食物的渴望,许多吃播的主播都拥有"大食量、好身材"的特征,拥有异于常人的好胃口却依然能完美保持身材,这便吸引了许多"望梅止渴"群体的注意。于是,主播在内容形式上进行调整,在吃播之余加入一些健身、保养类型的内容,继而顺势进行保健产品和减肥产品的推销。

同时,随着各类形式直播的爆火,消费者的眼光也愈加挑剔,对传统的直播形式已然审美倦怠,于是直播平台开始进一步尝试新的直播类型,如现今各明星和知名主持人纷纷下场,将自身专业与直播带货联系在一起,采用"跨界直播"的形式。电商直播+类综艺节目的创新形式将直播间 IP 化,结合自身人设特点,在保障产品和直播内容质量的同时,营造了良好的直播氛围,进一步吸引更多用户的目光,实现良好的消费转化。

除了直播形式的创新之外,当代网络直播消费群体对新消费理念的践行也是消费需求多元化的重要表现。在他们看来,消费行为必须在一定程度上符合他们的消费理念,如消费的主动性、消费的个性化彰显、消费的求实求廉等,其消费行为本身便具备重要意义。网络营销的虚拟化特征能够增加消费者的主动选择性,这种虚拟化的环境让商家与消费者通过虚拟的网络环境进行沟通与交流,通过各种先进的媒介技术,以各种形式与消费者进一步地交流。曾有许多消费者在网络发声,纷纷吐槽线下销售过度热情的服务让他们在购买过程中不适,甚至有因"社恐""不好意思"而产生屈从消费的情况。而与之相比,网络直播营销中,虚拟平台开展的营销活动是循循善诱的引导,而不是线下销售的强势推销,能让消费者具备认同感,认为其在消费过程中处于主导地位,能够在丰富的资源中做出自我的决定。同时,近两年来,网络直播消费群体的反消费主义情绪日益高涨,在这种舆论氛围中,消费行为的主动性与自我选择性显得尤为重要。同时,青少年群体作为当代网络直播消费群体的主力成员,其丰富的网络社交活动、广泛的多元信息获取,导致其渴望在社群群体中能够得到自身个性、价值的彰显,从而获得其他群体的侧目、认同,甚至崇拜,其中,对于潮流产品、时尚产品的消费行为能够满足该群体的消费理念与消费需求[1],网络直播平台的包容性与潮流性,汇集了"潮人""潮物",能引发群众争相模仿的风潮,自然更受主张彰显个性的消费群体的青睐。而且,网络直播平台同时也充斥着各类产品与资讯,这能让消费者有更多的对比和选择的余地,践行其求实求廉的消费理念。研究表明,绝大多数的网络直播消费群体认为线上购物会比线下购物更实惠、划算,因为互联网的即时性使商家能够精准根据市场的需求、行业

---

[1] 于颖. 消费主义与城市青少年[J]. 中国青年研究,2006(1):19-21.

的风向，对产品价格、销售策略、促销方法进行及时的更正，甚至许多商家以直播平台的折扣作为产品的卖点，同时，近年网络上涌现了一批热衷于"薅羊毛"的消费群体，因此，各网络直播平台对价格优惠、大量赠品等促销方式的使用会更加频繁，甚至会与头部主播形成合作，给其专属折扣，这能在极大程度上满足消费者求实求廉的需求，产品价格的下降会带来消费群体对产品感知价值的逆向上升，而对于成功"薅"到"羊毛"的消费者来说，其心理上的满足感远远大于商品提供的价值。

网络直播平台带来的高效率消费也与当代消费群体的需求高度贴合。当今高压力、高内卷、高强度的社会生活方式让人们压力倍增，时间被分解成碎片，很难有精力能够高度集中地适应复杂的消费行为，因此，以网络直播平台为代表的快节奏、高效率消费平台更能满足消费群体对于便利、低时间成本的需求。高效率的消费行为通常由三个过程构成。第一，精准的产品投放。网络营销时代，大数据计算技术的不断推进让信息的投放愈加精准，对于整体规模日益庞大、消费能力不断上升的网民群体来说，商家平台能够通过对数据的收集、分析，得知消费者的消费习惯和购物喜好，进行精准推送。对于消费者而言，送到眼前供其挑选的产品总好过自己漫无目的地搜寻，消费的效率得到了极大提升；而同时，经过筛选从而个性化推送的营销信息也是对消费者的消费潜力的精准挖掘。第二，直观的信息获取。在传统的网购消费模式中，消费者往往只通过图片、文字、视频或其他消费者的反馈等来进行消费的评判，但消费者往往对这些信息存有疑虑，对于一些功能性较强的产品，还要去线下实体店对产品进行考察，或者通过其他渠道获取额外的信息，这在无形之中增加了消费行为的时间成本，也很容易导致消费行为的悬置，甚至中断。而在网络直播平台，主播会用各种手段即时、全面地向消费者展示产品的信息，现场反复试用，直播间实时的弹幕评论信息也会让消费者更快捷地了解到真实的产品反馈，相较于传统的消费方式而言，网络直播消费的产品信息获取更为直观，更为即时，也更为全面。第三，高效的支付手段。支付宝和微信支付的推广和普及使得消费者减少了消费过程中的支付实感，而今，指纹支付、面容支付的应用进一步地减轻了消费的复杂手续，同时，各大直播平台相继推出自身的货币体系，更加削弱了这种实感。消费的实感能够让人们在消费过程中产生犹豫和回归理性，而在当今各直播平台中，消费只是一瞬间的事，虚拟货币的支付仅仅是数字的增减，这种带着隐蔽性的支付方式让消费者对消费行为的敏感度降低，又能获得消费行为所带来的愉悦感和满足感。同时，各直播平台与花呗等消费贷款企业进行合作，悄然运作着消费鼓励机制，为消费者提供资金的获取来源。抖音平台为了鼓励消费，更是以消费折扣为吸引推出"抖音月付"。降低消费实感、精简消费过程、提供消费资金，三位一体的运作机制使得网络直播平台的支付手段越来越便捷，消费群体的消费行为也越来越频繁。

二、消费倾向享乐化

2023年，中国家庭金融调查与研究中心发布的报告将消费类型归纳为生存型消费、享乐型消费和发展型消费三种，其中生存型消费包括餐饮、生活用品及生活服务消费，享乐型消费包括旅游、文化娱乐和耐用品消费，发展型消费包括交通、通信、教育、医疗保健消费。可以看出，网络直播平台上的消费行为大多属于享乐型消费，其消费产品多属于享乐型商品。本节基于享乐型消费和享乐型商品的特征，对网络直播消费群体的享乐化消费倾向进行分析。

区别于生存型消费和发展型消费的务实性，享乐型消费行为的目的并不聚焦于商品的实用性，而是商品或购买行为给购买者带来身份地位的影响或精神满足。与传统的勤俭务实的消费观念相比，网络直播消费群体的享乐型消费特征主要体现在两个方面。其一是在个人个性的实现之下对身份定位的盲目追求。许多消费者沉浸在虚拟的网络社会中，忽视、逃离自身在现实社会中的社会身份地位，通过时间成本和大量的消费来塑造自己在网络虚拟社会中的身份，在当今青少年群体高发的网络借贷案件中，相当一部分青少年群体都是因为负担不起直播间为主播刷礼物的高额消费而选择借贷。分析其消费行为，大多数青少年群体由于自身的认知受限，在现实生活中不如意，因而将注意力投放于虚拟平台之上，甚至沉溺于此。在直播间里，只需不断刷礼物便能引起自己喜爱的主播和同直播间内粉丝群体的瞩目和尊重，虚拟世界的身份能给他们带来更大的吸引力和认同感，消费行为的驱动力是塑造并延续这种身份认同。其二是重视精神上的满足感。在社会城市化进程不断加快的当下，原子化的个体特征得到进一步放大，同时被放大的还有虚无感和孤独感，传统宗族亲友关系的模糊和淡化让消费者群体通过直播购物和打赏主播的方式来填补自身的空虚感、缓释自身的孤独感，这种在互联网时代出现的消费需求导致消费观念的异化，也是享乐型消费倾向日益严重的原因。

同时，网络直播中的商品也具备十分典型的享乐型商品的特征。商品可以分为实用型商品和享乐型商品，实用型商品是指基于理性认知和自身需求，具有明显目标导向性的、能实现某些具体功能的产品或服务，而享乐型商品指的是能让消费者在情感或感官上得到乐趣的产品或服务。[①] 在网络直播的消费行为中，虽然不乏出于自身理性需求，通过直播平台这一途径进行实用型商品的购买，但是，更多的消费行为是出于对乐趣、自身愉悦感和精神满足感而发生的，这类商品可以定义为享乐型商品。以网络直播平台上用于打投和刷榜的"礼物"为例，礼物是指通过资金购买到的适用于各平台的虚拟道具，这类道具会被用户以打赏的方式赠送主播，转化为主播和平台的收入，在秀场直播中常见。基于审美意识下的长期互动让消费者认为秀场直播间是一个能够释放情绪压力、寻求心理安慰的特定空间，可以进行消费者与主播之间的双向情感连接。当这种情感释放与抚慰互动形成一种持续性的惯性行为时，用户会通过购买道具打赏的方式来表达自己的感谢，并向主播表达希望继续这种行为的诉求。

享乐型商品的价值不只存在于消费行为，更会延伸至行为之外，为消费者的认知带来影响。在网络直播的消费群体看来，这种买礼物打赏的行为不仅是以物换物，更是在消费交互的过程中实现自我价值的构建。在直播间内，消费者的消费行为会外化成一种符号消费，消费者可以通过对不同额度礼物的购买、赠送表达自己对主播的情感，主播也会以行动来回馈这种打赏。对于主播而言，除了原有粉丝的维护之外，吸引路过直播间围观的"游客"，将其发展为自身粉丝也是重要的工作任务，而这种吸引和转化的标准主要通过主播对粉丝的回应程度来判断。所有的消费者都希望自己的消费行为换来让自

---

① 张鹏，夏赟，王慧娟. 考虑有限理性的消费者结构对不对称电商预售策略的影响研究［J］. 中国管理科学，2023（11）：128-139.

身满意的回馈，在打赏之后，主播的回应和重视能够让消费者在直播间的个体身份地位得到变化。消费者在直播间内赠送"跑车""游艇""嘉年华"等贵重礼物时，便在这个虚拟空间内拟定了自己的社会身份地位，在直播间内与主播互动亲密、频繁的消费者能在粉丝群体中具备一定的威望，掌握一部分话语权，甚至能够在下播的时间进行对粉丝群体的管理与维护。商品本身具有符号性，符号化的消费则能影响消费者的身份地位。消费者购买网络直播平台"符号化"的礼物，在直播间内重塑自己的身份，重构自己的社会地位，无论隐藏在ID后的真实面貌如何，在进入直播间后，所有的现实社会属性都暂时消弭，消费者能够摆脱掉原有的社会身份和义务，在网络直播平台"打赏、送礼"这样一种制度化的行为中逐渐建构起自身的价值，从而转化为基于权力和地位的享乐型消费模式。

实用型商品和享乐型商品并不是相互对立的关系，在一定的条件下两者可以互相转化。在网络直播间中，消费者的情绪会被主播和同直播间的消费者不断鼓动、放大，许多原本抱有购买实用型商品的消费者会在情绪的渲染下，偏转其消费行为，转化为对享乐型商品的购买。商品本身的稀缺性和受欢迎程度是影响消费者决策的重要因素。如果一个商品被消费者判断为享乐型商品，但为其冠上"限量供应"或"全网销量第一"的噱头，那消费者对其的注意力便会增加。在电商直播带货的过程中，许多主播会根据当下的市场环境制定自身的营销策略，为每一件商品都赋予噱头和卖点。许多主播会打着某某品牌或某某产品专卖场的名号，吸引大量以实用型商品为主要购买目的的消费者前来，在直播带货的过程中以"限时、限量、限购"的手段激发消费者的购买欲，同时在上架之前不断地推销准备好的其他商品，并为其赋予"平替"的价值，以折扣、满赠、捆绑人气产品组合销售等手段进行营销，这样很多没有抢到心仪商品但又被情绪渲染造势激起购物欲的消费者，会生出不甘感，在情绪的驱动下完成消费行为。

三、消费过程沉浸化

与其他消费群体的消费行为相比，网络直播消费群体的消费行为具备独特的沉浸化过程。沉浸式是网络直播及其营销、传播的重要特征，也是其他产品无法比拟和模仿的特点。现代商业广告的核心诉求是对消费者注意力的吸引，并将其转化为消费购买行动，网络直播平台通过技术结构的设计，营造出极具代入感的沉浸式消费模式，因而消费者购买行为的转化率更高。沉浸式消费模式兼具打破时空限制、私人动态定制、深度代入其中的特征，能让消费群体进入一种共同的经验模式，除了主播营造的消费感和直播间狂热"剁手"的氛围之外，其他的知觉和想法都经过过滤，从而发生消费购买行为，这种购买行为往往伴随着情感裹挟和非理性的冲动消费，笔者将从生理、心理和日常三个层面来分析网络直播消费群体的沉浸式消费行为。网络直播沉浸式消费行为思维见图5-2。

首先，从生理层面来说，沉浸式体验的第一个维度就是身体体验。媒介技术在高速发展中不断延伸人类的感官和知觉能力，但依托于媒介之上的感知会同时降低人类身体对真实世界的感受。对于网络直播来说，生理层面的沉浸感主要来自竖屏传播的塑造。竖屏影像是移动互联网时代信息和影像传播的重要传播形式，从影像呈现的角度来看，

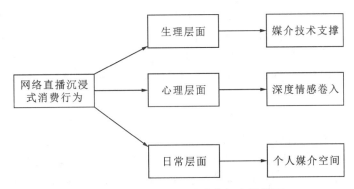

图 5-2　网络直播沉浸式消费行为思维图

竖屏影像与人类的视觉习惯更为贴合，影像中的人物比例、空间模式与现实相符，同时，竖屏影像作为一种肖像式构图模式为主的视觉呈现模式，其亲切感与交互感相较于传统的横屏来说更为显著。作为电商直播带货的主体影像模式，竖屏影像独有的中心聚焦式镜头，聚焦主播的同时能让其与观众的互动更加亲近、自然，保持长久互动交流的同时增进了观众的视觉专注；而作为为移动终端量身打造的影像模式，移动终端技术的发展也会对竖屏影像产生影响，目前，5G 的高覆盖和曲面屏、折叠屏的诞生使人们对竖屏的使用度和依赖度进一步增强，也无形中解除了观看网络直播的部分限制。生理层面的沉浸感另一个方面源自直播产品界面设计为消费群体所带来的"在场感"。当前，大多数直播平台的界面设计均为隐蔽式的"无界面"形式，当用户进入直播间的时候，原本在手机屏幕上方的电量、时间、信号格等具备现实干扰因素的提示信息均会消失，媒介界面的消失导致直播间在无形之中与环境融合，消费者只能看到直播平台为观众精心搭建的传播空间，对外界的感知度直线降低，形成独一无二的"在场感"。沉浸式传播实现了对多种媒介形态的融合和统一，将移动终端、互联网等媒介相连，对这些媒介原本自有的媒介空间进行解构、融合和重塑，在临时搭建的直播间场景中，消费者被主播构建模拟的氛围刺激，获得长久虚拟的购物体验。而直播界面通常会在屏幕侧端显示直播间用户的进出情况、互动情况和点赞数量，在集体围观的虚拟感中，如同看到卖场长龙对商品的渴望，也会激发购物冲动。

其次，从心理层面来说，受到技术结构和感知幻觉的影响，消费者会在网络直播沉浸式的消费购物体验中陷入深度情感卷入，对网络直播平台产生归属感，对主播产生情感认同，将其视为朋友甚至亲人。消费者对主播的情感认同及情感卷入来源于两个方面，一是主播的多重身份使然，既是消费者粉丝群体心中的意见领袖，又是销售的引导者；二是虚拟陪伴中的情感连接。现今的主播群体构成十分多元，除了专业的主播之外，还有各行各业的权威人士和知名人士，从社交媒体上受万众追捧的网红，到纷纷下场直播的明星，在不断发生的消费行为中，主播被消费者赋予了意见领袖的角色，在这样的角色赋权之下，主播成为具有权威性话语的人，其专业性意见不容置疑，同时也受到消费者的力捧和信任，其言行能对直播间的粉丝造成较大的影响，一定程度上引导着消费者的购买行为。在网络直播平台上，主播和消费者都是主体，主播作为具备权威性和信任感的意见领袖，受到直播间消费者的信任与喜爱，根据自身的能力与专业性进行选品工作，在直播过程中以消费者为核心，为消费者进行产品的展示、引导与讲解，而消费者作为消费行为的主导者，基于对主播的信任，主动加入直播间，在主播的引导下进行消费决策，消费的过程中也会获得心理上的满足感与亲近感，从而继续这种沉浸式观看和购买行为。虚拟陪伴中的情感连接体现在主播在网络直播平台和自己的直播间中进行的自我呈现，在其表演和展示的过程中，消费者能够获得感官、情感和精神上的满足，这份满足感会驱动消费者继续投入时间沉浸其中。主播的一种自我呈现的形式便是在带货销售之余进行个人情感的输出与分享，在直播间中营造出一种倾诉的亲近氛围，拉近与消费者的关系。情绪的输出能够以感性引发共鸣，这在无形中重塑了双方的关系：不只是销售者与消费者，更是倾诉者与倾听者，分享者与承受者，这种具备交互性、娱乐性的行为，能进一步引发消费者的情感凝视，使其获得精神上的满足，并造成情感的连接。同时，沉浸感的打造源于交互和体验，直播间的交流能让主播与消费者之间形成一对一或一对多的互动，这种互动行为包含着信息的传递和情感的往来。直播在解说产品信息的同时回答消费者的提问，并设身处地为其换位思考，满足了消费者的参与感需求；主播以自身粉丝形成圈层，为粉丝群体取名、为消费较大的粉丝庆生，甚至为自家粉丝举行独特的促销活动等，这些行为使观看者产生了陪伴感与信任感，在虚拟的网络直播平台形成了虚拟感情与现实生理感受的融合，在不断交流感情中沉浸式陪伴。

最后，从日常层面来说，网络直播已然以一种势不可挡的姿态占据着消费者的媒介个人空间。在当今社会，不受互联网媒介影响的人类活动领域几乎不存在，各种新兴媒介以数字技术和移动互联网技术为基础，全然渗透进人类生活的各个角落，它们以技术层面的优势打破了人们固有的生活模式，构建了全新的媒介化生活环境，也重塑了当今的社会关系和每个人自己的媒介个人空间。移动互联网时代，媒介个人空间是每个单独的社会个体在参与媒介活动时形成的具备个性化特征的传播情境及在该情境中聚合起来的传播网络，其功能主要是满足个体的信息分享、社会交往和情感维系需求，在此基础上实现群体归属和文化认同，媒介个人空间对个体产生的影响体现在其对个体用户的多元需求满足和通过沉浸式参与加强个体对其的依赖上。因此，可以看出，网络直播既是一种典型的媒介个人空间，也是对消费者日常生活的占据与入侵。可以发现，消费和购物在过去是为了满足人类生活的基本需求的行为，网络直播电商带货的高度普及，如今似乎让消费和购物变成了某种日常化娱乐和消遣的形式。在沉浸式消费中的融入感和代入感能带给消费者身心一体的愉悦体验感，消费的过程便是自身体验和参与的过程，网络直播的娱乐属性将其打造成一种新型的休闲娱乐方式，同时也是为消费者打造的一种以用户为中心的沉浸式日常体验。在传统媒体时代，电视节目是人们消遣娱乐的主要媒介，但是用户只有观众这一个身份，存在心理上的距离感。如今的网络直播，会在以销售为主要目的的各种节日中，以当年电视节目一般的形态开启自己的"节目"，用多种形式和手段刺激用户的感官。而与传统媒体不同的是，网络直播的用户是观众和消费者双重身份的统一，不仅能够获得感官的娱乐，还可以体验以自己为核心的"主角光环"，主播会邀请用户分享自己的需求和评价，并依据用户的要求进行直播内容的调整和延续。在这一过程中，用户得到的不仅是主播贴心的服务与回馈，更是以用户为核心的购物与情感体验。这种集社交性、娱乐性、互动性、沉浸式于一体的体验，能给予消费者极大的心理愉悦和消费快感，消费者长久地关注、参与，并自愿贡献自己的媒介个人空间。

第三节 网络直播消费群体的消费心理

消费者的购买行为属于个人行为,其个体的心理活动和生理活动等实质性活动会在消费过程中呈现出个性化的需求动机。溯源消费行为的发生,除了因外部条件的刺激之外,消费者的心理对消费行为的诱发也是重要因素。网络直播开启了新型商业营销模式的同时,也会为社会大众重塑、构建一种新的生活方式,这也塑造着新的消费环境与消费观念。消费者虽然是消费行为的主导者,但其主体性却受到商家和直播平台的遮蔽与引导,其消费心理呈现出新的变化。本节基于网络直播商家和平台的现状,总结与分析当下网络直播消费群体的几种消费心理。

一、愉悦中的群体狂欢

当前,直播4.0时代的到来已然更改了网络直播行业的态势和格局,不同于直播1.0时代的野蛮生长、直播2.0时代的垂直发展、直播3.0时代的全民娱乐,直播4.0时代是精细化服务、细分化运营的时代,同时技术的迭代提升了用户的高度沉浸体验。对于用户来说,精细化服务和细分化运营能够进一步贯彻以用户为核心的营销形式,高度的沉浸感则让用户与产品之间的黏性提升,这样的改变会让现今网络直播的消费群体继续卷入以愉悦心理为主导的群体狂欢之中。

移动互联网时代传承了大众传播时代的群体狂欢特征,如狂欢行为的传播力和影响力、狂欢行为的情绪化和狂欢带来的巨大商业利润。[1] 如今,网络直播的普及与传播让广大受众以用户和消费者的双重身份参与新一轮的群体狂欢,而这一阶段的群体狂欢行为呈现出典型的狂欢剧现象特征。狂欢剧现象源于古代社会的群体狂欢行为,其最为显著的狂欢形式为节日庆典举办的狂欢节,整个狂欢节以快乐和人类的愉悦感知为宗旨,在狂欢节上,人们可以肆无忌惮地游玩享乐,并进行各种平日里忌惮的娱乐活动。人们会开展以国王、贵族、英雄、小丑等角色为主的娱乐狂欢剧目表演,并受到广泛的追捧和喝彩;同时能用戏谑轻浮的话语调侃社会现象甚至森严的等级制度,即使在演出的时候生出不敬和过火的言行也不会遭受处罚,因为在狂欢剧中,愉悦感和对愉悦的追求凌驾于一切之上。这一特征与今日网络直播的盛况相似,狂欢剧让每个个体沉浸在狂欢营造的极致愉悦和虚拟幻觉中,如同直播4.0时代的各大网络直播平台,依凭其技术、传播和营销让每一个用户和消费者卷入万物皆可直播、万物皆可消费的狂欢场景中,并让这种狂欢剧呈现出更加细分的用户中心和更容易沉浸的现象。网络直播带来的狂欢剧现象让群体沉浸于幻觉,身陷其中,在群体行为的不断交互影响下,个体的认同也呈现幻象。这种狂欢剧现象给个体带来了感官的刺激、情绪的共鸣和心理的愉悦,直播间构建

---

[1] 叶虎.巴赫金狂欢理论视域下的网络传播[J].理论建设,2006(5):66-68.

的媒介奇观带来的体验远超日常生活，让每个人沉溺其中，获得了短暂的乌托邦式的幻象满足。

根据巴赫金的理论，群体狂欢的成立需要具备狂欢条件、狂欢广场、狂欢者和狂欢动机四个因素，网络直播的群体狂欢也是由这四点共同构建的。

首先是狂欢条件，巴赫金的狂欢条件指的是狂欢的亲身在场，而今的网络直播平台在技术的加持下将沉浸式和在场感推到了新的高峰，其互动性与虚拟性使得传播内容实现了跨时空交互式的呈现。亲身在场的时空局限被虚拟互动的空间打破，在这个交互的空间中，消费者和用户可以通过小小的手机屏幕满足自身的在场需求。近年来爆火的直播都能用虚拟互联的在场感让观众获得相似的体验。

其次是狂欢广场，狂欢广场指的是群体狂欢活动的场合，具备将参与群体狂欢的人们聚合在一起的功能，在网络直播中，狂欢广场便是各直播平台的直播间。作为存于网络的虚拟空间，直播间有着现实中广场无法比拟的巨型容量及"人人皆可进入"的低门槛，这也意味着所有的用户和消费者只要进入直播间，便跻身于狂欢的场景中，点赞、留言、刷榜、打投都是他们参与狂欢的行动，是他们存在感的证明，而主播的回应和评论区刷过的互动能让这种聚合频发爆点，继而加剧狂欢。在通过网络直播平台开展的线上健身活动中，直播间内设有一个主教练和多位助教、陪练，主教练负责示范和动作的讲解，助教和陪练则负责在跟随锻炼的同时频繁说出鼓舞式的话语，活跃烘托直播间的氛围。用户在特定的时间点进入直播间，如同在线下健身房预约私教一般，跟随主教练的口令开始进行跨时空的交互性健身运动。在汗水和肾上腺素的共同作用下，直播间的氛围和用户对主播的情感认同同时达到高潮，而结束时主播求关注的引导式用语则是用户加入这个狂欢广场并保持追随的象征性行为。

再次，在网络直播的群体狂欢中，狂欢者的角色毫无疑问就是进入直播间的用户和消费者，如同狂欢节中戴面具跳舞的人们一般，用户和消费者在直播间内形成一个去个性化的群体，跟随平台和主播的引导尽情地体验愉悦，在虚拟空间中体验在场感，在频繁交互中沉浸于狂欢，并通过社交平台进一步分享这场狂欢的"入场券"。

最后，网络直播群体狂欢的狂欢动机是追求愉悦的心理。"愉悦"一词原指快乐和喜悦，在网络直播消费者群体身上，我们可以看出，消费者的愉悦指的是其意愿和需求得到满足时所释放出的积极情绪，这种心理是各商家平台着力讨好的重点，也是商家诱导消费者发生消费行为的重要原因。比如，在电商直播带货的消费过程中，对于绝大部分消费者来说，购物过程中都存在"捡便宜"的侥幸心理，这种侥幸心理一旦得到满足，其愉悦感会得到极大的提升，抓住这种心理的商家常常会以巨大的折扣活动来吸引消费者的注意力。许多直播间以折扣商品售卖为噱头，这种直播间的装修风格通常极简化，并配上巨大的"折扣""跳水"等夸张横幅，直播通过直播间的现场试用向消费者进行商品展示，并同时以夸张的折扣和低价引导、诱惑消费者购买。这时，侥幸心理战胜了务实心理，消费者心中判断产品是否需要被购买的第一标准是"占便宜"而非理性的实际需要，购买回家的产品通常被闲置，但这种因满足侥幸心理而巨幅上升的愉悦感会驱使消费者发生一次又一次的消费行为。同时，现代消费模式之下，消费者的消费主体地位使得消费过程的完结并不是买单结账的状态，消费者还能在直播间及社交平台进行购物体验的分享，吸引越来越多的消费者加入"薅羊毛"大军中，在狂欢中，消费者间歇性遗忘了理性主体的身份，在自我与本我之间来回穿梭，尽情投入愉悦的消费体验中。

二、共情下的情感亲合

网络直播平台能在短期内实现流量的爆炸式增长，除了技术层面的运作之外，更重要的是通过各种营销手段的综合运用建立和增强主播与受众之间的情感纽带。主播在直播的过程中营造符合受众心理需求的个人形象，他们可以是受众声音的倾听者，也可以是为受众提供情绪价值的调节者，还可以是以优质人设对受众进行精神引导的指引者，在这场由主播和平台主导的多人参与的情感体验中，以聊天弹幕为双方情感交互的媒介，以直播间为聚合人群的虚幻空间，策划一场又一场虚拟"约会"，赋予用户和消费者一次又一次"上头"体验，在共情传播之下，让消费者对主播乃至平台产生极大的信任和情感亲合。

共情是人类具备的一种自然情感和能力，每个人都拥有与生俱来的共情能力，其共情性会根据传播的方式和媒介的形态发生变化。学界将共情传播定义为"个体在面对群体的情绪情景时参与信息接收、感染、表达和传递分享的行为过程"。一般情况下来说，共情传播分为三个阶段，第一阶段为情绪渲染阶段，第二阶段为共情采择阶段，第三阶段为共情行为阶段，三个阶段表现了共情传播过程中情感—认知—行为的不同阶段。[1]

除此之外，亲合感的另一个重要来源是用户自身的情感需求，互联网上即时交互的虚拟陪伴能够极大程度地缓解群体性孤独。在利益驱动的当代社会背景下，普通民众的私人生活空间受到挤压，近年出现的"佛系"等口号的呼喊实则是当代人精神现象的外化。外部社会环境的快节奏化和复杂化使得群众对社会的认知及自身在当下社会环境中的自我定位越来越模糊，由此生出一系列难以消解的负面情绪，其中，群体性孤独是最显著的心理问题之一。群体性孤独指的是在互联网时代发生的一种不健康的心理状态，在日常生活中表现为看重网络社交而忽视现实社交，虽身处在热闹的人群中，但还是刻意地与现实生活中的人保持距离，乐于通过社交网络连线到更远的地方。网络直播是群体性孤独人群用来自我娱乐和满足的最佳选择，移动设备让用户可以随时将自身同网络世界紧密相连，在虚拟的世界中感知到不同于现实社会的全新社会环境，同时自身的社会定位和身份认知也在刷新。技术支持下的沉浸式真实感会营造出虚拟的社交快感，它能取代真实社会的复杂性，从现实环境中的脱离会让用户产生"现实中的孤独无措能在直播间中得到补偿"的被陪伴的错觉，这种错觉离不开主播与平台的极力营造，也是造成用户情感亲合的重要基础。主播具备自己的一套话语体系，这套话语体系中暗含着对消费者的讨好、鼓励、引导，先拉近双方的心理距离，让用户感受到现实社会中不曾拥有过的理解和共情感，甚至受宠若惊的感觉，继而再诱发其消费行为。不难发现，主播对消费者的呼唤名称都带着亲昵感和定位性，常见的称呼有"家人们""宝宝们""姐妹们"等，这些称呼会在高频率的重复中暗示双方在虚拟空间中的社会定位和心理定位：用户都是直播间有紧密联系的"亲人""家人"，是主播捧在手心的"宝贝"，也是主播最

---

[1] 赵建国. 论共情传播 [J]. 现代传播（中国传媒大学学报），2021（6）：47-52.

亲近、能够平等交流的"兄弟姐妹",这样的话语体系无一不在强化直播间双方的信赖感与亲合感。

同时,在直播间,主播会注重用户表达的情感需求,网络直播以一种更为简单的方式延续、模拟甚至升级了现实社会中的交互过程,用户可以戴着 ID 的面具,随性地在直播间内进行情感表达,而这样的表达会被主播重视、回应,双方类似于亲密朋友一般地拉家常,达成一种双向且活跃的交互体验。在现实生活中得不到心灵慰藉的孤独个体,能够在虚拟社交中感受到网络社会的包容和快感,观看直播的过程便是延续这种慰藉的陪伴过程。

三、诱致下的从众心理

网络直播空间为消费者提供了传统消费所不具备的互动性、在场感与参与感,虚拟的购物情境为消费者带来了更多元的商品选择和消费自主性,但网络直播具备的社交性属性,将消费行为的独立性与隐蔽性进一步削弱。同时直播间中哄抢炒热的销售氛围、线上商品难以实地核查等因素,更为其消费群体带来了非理性消费行为激增、消费主义倾向严重等问题。当今网络直播的消费群体在消费过程中具有较为显著的从众心理,其看似自发性的购物行为、消费决策和消费心理经常受到外界的影响,在消费的过程中做出趋同于与自己同龄、同圈层的行为。

从众心理是指个人受到社会的外界因素或人群的影响,从而在个体的认知、判断上表现出符合大众的一种心理,从众心理往往会延伸出一系列的从众行为。从众消费是当今社会影响的一种表现形式,指以他人的行为或期望指导自己做出的一系列消费决策行为。在从众消费行为中,对个人行为、认知和态度产生直接影响的群体称为参照群体,显然,在网络直播从众消费的过程中,其参照群体有两种,一种是直播间的带货主播,另一种是其他消费者。

同时,在从众消费中起到决定性因素的社会影响也可以分为两种,一种是信息性社会影响,一种是规范性社会影响。信息性社会影响指的是个体通过接受所属群体成员获取确切信息时产生的影响,这些信息如折扣、优惠等,能够直接简化甚至确定消费决策。规范性社会影响是指个体以自己期望被别人喜欢、接纳与认可作为基础的社会影响,其消费决策会为获得直播间主播或粉丝群体的认同,或者增进自身对所处圈层的归属感而发生改变和偏移。一方面,在网络直播消费决策的过程中,消费者面对多如潮水的商品信息,会因为个人认知受限而无法理性判断辨别,同时,直播间哄抢氛围的造势往往伴随着主播倒计时抢拍的宣读和商家的故意下架,消费决策的时间紧张,一时很难做出理性的决策判断,于是只能够信任主播的说辞或者与同直播间消费者的下手情况保持一致,提高自身消费决策的效率;另一方面,消费者的身份经历着从看客到直播间一分子的转变,在消费的过程中难免生出对相应圈层集体的归属感。消费者产生从众心理、参与从众消费是一种心理过程,在直播间沉浸式参与的过程中,多样形式的视觉线索既引导了消费者对产品信息的关注,更引导了消费者对主播和同直播间用户的关注,情感共鸣下的消费体验让其流连忘返,自然更加安心地卷入其中。结合两类参照对象和两种从众消费的社会影响表现形式可以发现,主播群体通过自身的专业化能力向消费者提供产品信息,并规训、劝导消费者消费,这属于信息性社会影响;直播间的用户粉丝群体互相进行群体影响,发生消费行为,属于规范性社会影响。

首先,主播群体作为网络直播消费者的参照对象之一,其身份的多元化赋予了他们相对权威的话语体系。作为产品信息的解说者和大部分产品信息的提供者,主播群体担负着从选品到销售的责任,同时能及时回答消费者的疑问,因而备受信任。直播平台将主播与消费者一同放置在直播间,双方能够即时进行交互,这乍一看实现了双方的平等交流,但在消费过程中,主播依然在无形中进行关键信息的引导与掌握,消费者仍是在主播的牵引之下被动地决策。比如,在美妆商品的直播间中,主播会极尽所能为不同的化妆品创作新颖的称呼,作为商品的噱头,主播为无数商品赋予了本身并不具备的场景价值和符号价值,让消费者生出了新的注意力。主播会在直播过程中不断规训消费者,并灌输自己的框架。消费者的逻辑框架被主播全然解构并重塑,会生出自我怀疑的想法或消费主义倾向,逻辑框架的重构继而会影响行为框架的重构。消费者会在主播的牵引和操纵下为这些商品的附加价值买单,本应掌握消费决策主动权的消费者在无意间被主播支配,产生了一系列不在计划中的消费决策。同时,主播对消费群体的规训还表现在煽动直播间的氛围。在动辄数小时的直播带货过程中,主播会在与消费者不断的交流中制定直播间的规则,这种规则的制定会强烈地依托时间概念。现今的直播带货活动会制定安排表并提前释出,提醒消费者入场时间,并将直播间的爆款,如限量或特价款商品上架的时间提前告知,并在直播过程中反复强调,同时在直播过程中,主播会按照流程节点的走向,安排限时秒杀或抽奖活动。这些福利设置的背后其实是主播对消费者的规训,提醒消费者跟随自己的节奏准备好自己的期待和热情,而在"限时、限量",几秒后便会销售一空的情况下,消费者会全然跟着主播的节奏行动,被"规训"后的消费者可能会全然顺着主播的趋势而为,进行从众消费。

其次,消费者群体也会对消费者个体的从众消费行为进行规范性社会影响,这种规范性社会影响分为以下几种情况。第一,在传统的销售过程中,消费者可以通过亲身体验商品来进行决策,而在虚拟的直播间内,面对层出不穷的商品信息和激增的商品选择,消费者的决策行为会出现一种遵循人类天性且相应地降低试错风险的倾向,那便是模仿,模仿的对象是同直播间的消费者群体。消费者能够通过观察实时销量和消费者在评论区的实时反馈做出决策,去购买"大家都在买"或"大家评价比较好"的某款商品。而当模仿的行为一旦开始,就会出现"人追人""随大流"的现象,这种盲目的从众行为从某种意义上来说也可以极大程度地压缩决策时间,这样的便捷性也会让部分消费者,尤其是青少年消费者群体,为了快速获得消费带来的愉悦感和获得感,舍弃自身具备的理性。在这种消费理性失衡的驱使下,网络直播平台日益多元化的商品会不断诱发消费者心理和精神上的非理性从众消费反应。第二,网络直播消费呈现出社会化的趋势。社会生产结构和技术语境的变化能直接引发消费结构、消费心理和消费方式的变化,通过网络直播消费购物这一行为本身就是消费者为了适应现代生活变迁而去扭转的一种迎合社会化的从众心理。同时,在网络直播的虚拟情境中,直播间不只是直播情境所构造出的虚拟消费空间,还是一个虚拟的社交空间。在直播间内,消费者的点赞、留言、互动等行为能让个体在这个暂时的虚拟社交空间中获得社会临场感与共在临场感。在这样的临场感的驱动下,直播间中,个体的感官与表达被弱化,同一件产品的功能性和实用性虽然会被个体感知评价，但群体的定义会不断冲击个体的评判标准，这种暂时的虚拟人际关系，会导致个体的消费决策和购买行为被虚拟空间中的他人影响，从而促使个体重新审视自身的评判。规范性社会影响带来的从众消费，会让个体为了规避被群体排斥而自觉融入群体，并在群体中找寻归属和认同，逐渐被群体同化。

本章小结

本章围绕网络直播的消费群体进行了深入剖析，揭示了这一领域的发展现状、特征及背后的消费心理机制。

首先，网络直播用户社群呈现出多元化和高度社群化的特征，用户不但是内容的消费者，还是网络社群的参与者和塑造者。其中，"冲浪型"群体尤为显著，他们频繁活跃于直播平台，享受着社交互动和情感连接带来的乐趣，其消费行为在很大程度上受到直播圈层文化的影响，呈现出消遣娱乐化和社交需求满足的双重特征。此外，"Z世代"作为网络直播消费的主力军，其消费心理和行为模式反映了对个性化、情感共鸣的追求，以及在高压生活背景下寻求情绪释放和归属感的需求。

其次，网络直播营销策略针对"Z世代"等特定消费群体，通过构建独特的圈层文化和情感共鸣，实现了消费决策的诱导和消费行为的引导。主播通过专业能力展示、情感连接和沉浸式消费体验的营造，有效地规训了消费者，使其在无意中遵循主播的引导，进行冲动消费和从众消费。这一过程中，信息性社会影响和规范性社会影响发挥了关键作用，前者通过提供产品信息和促销活动直接刺激消费，后者则通过群体氛围和归属感的建立，促使消费者为获得群体认同而消费。

最后，网络直播平台通过技术革新和内容创新，为用户创造了前所未有的沉浸式体验，将娱乐、社交、消费融为一体，形成了以用户为中心的新型消费环境。直播间的互动、即时反馈和情感共享，为用户带来了一种群体狂欢式的愉悦体验，这种体验超越了传统媒体的单向传播，让用户在参与中获得心理满足和身份认同。

总之，网络直播的消费群体在多元化、社群化的基础上，展现出强烈的社交需求和情感驱动的消费倾向。直播平台和主播通过精准营销、情感连接和沉浸式体验，有效触发了用户的消费心理，促进了从众心理和情感亲合的形成，从而在消费市场中构建了一种新的消费逻辑和行为模式。这一现象不仅反映了现代消费社会的特征，也为未来网络直播产业的发展和营销策略的制定提供了重要启示。

第六章 网络直播的盈利模式

◆ **本章主题：**

本章将分阶段对网络直播盈利模式的发展历程进行介绍；随后，引出几种主要的盈利模式进行分析；最后，对网络直播盈利模式的特征进行分析与总结。

◆ **学习重点：**

网络直播盈利模式的发展阶段；核心模式解析；盈利模式的特征。

◆ **学习难点：**

理解网络直播的多元化盈利模式。

网络直播作为一种新兴的媒体传播形式，在数字化时代迅速崛起，其盈利模式的演变与发展成为行业关注的焦点。本章将深入剖析网络直播盈利模式，从最初的单一化盈利模式探索到多元化盈利渠道拓展，再到深度整合与创新盈利策略，揭示这一领域如何在激烈的市场竞争中不断进化与成熟。

第一节 网络直播盈利模式的发展

网络直播盈利模式的发展依托于整个网络直播行业的发展，随着直播行业的不断前进，网络直播的盈利模式也发生着日新月异的变化。本节基于此，将网络直播盈利模式的发展分为三个阶段，即盈利模式单一化阶段、多元化盈利模式探索阶段和深度融合与盈利模式创新阶段，并深入分析每个阶段的优劣和发展规律。

一、盈利模式单一化阶段

网络直播盈利模式的单一化阶段发生在网络直播行业的萌芽时期,即 2004—2012 年。在这一时期,网络直播行业的主要盈利模式集中体现在"秀场"直播中,其中观众对主播的打赏占据核心地位。用户通过购买平台提供的虚拟礼物赠予主播,以此表达支持与欣赏,主播则通过这些虚拟礼物的积累,按一定比例兑换成实际收益,形成了一套简单直接的盈利链条。此外,广告投放也成为这一阶段网络直播平台的重要收入来源,品牌商家看中直播平台的庞大用户流量与高度互动性,纷纷在直播中插入广告或与热门主播合作推广,通过产品展示、宣传等形式,实现品牌曝光和产品销售,进一步拓宽了直播平台的商业变现渠道。

这两种盈利方式为网络直播的初期发展奠定了基础,在网络直播行业中曾一度占据主导地位,网络直播的单一化盈利模式阶段有以下几点优势。

1. 易于理解和平台运营的实施

单一盈利模式,尤其是依赖用户打赏和广告收入的模式,显著简化了网络直播平台的运营架构和盈利路径。在这种模式下,平台无须构建复杂的商业合作网络或开发多种收入渠道,而是集中精力优化用户体验,提高用户参与度和黏性,吸引和维护优质主播资源。对于主播而言,他们可以更专注于内容创作和与粉丝的互动,不必分心于多样的盈利项目或复杂的商业合作谈判,这不仅缩短了主播进入角色的时间,也降低了他们对商业运营知识的要求。用户打赏直接反映了内容质量和观众满意度,而广告收入则与平台流量和用户基数密切相关,这种清晰的收入与投入关系,使得平台和主播能够更容易地设定目标、衡量绩效,并据此做出策略调整。因此,尽管单一盈利模式在长期发展中可能面临天花板效应,但在起步阶段,它无疑为网络直播行业提供了一条快速成长的捷径,降低了初期的运营难度,加速了市场的培育和行业的整体发展。

2. 直接反映用户偏好

用户在直播平台上的打赏行为,实际上构成了一个即时且直观的反馈循环系统,它不仅是一种经济交易的体现,更是用户情感投入和内容价值认可的直接表达。每当观众被主播的表演、互动或所提供的信息深深吸引时,他们往往会通过赠送虚拟礼物的方式表达赞赏和支持。这种打赏机制如同一面镜子,实时映射出内容的吸引力和观众的偏好,使主播能够直观感受到哪些话题、风格或互动形式最受欢迎,进而迅速调整自己的直播内容和策略,以更好地满足观众需求,增强用户黏性。此外,即时反馈机制也鼓励了内容创新和个性化发展。主播在得到正向反馈后,不仅会巩固已验证成功的直播模式,也会受到激励去尝试新的表现形式和内容创新,以求在激烈的竞争中脱颖而出。这种动态调整的过程,不仅促进了内容多样性的增加,也促使整个直播生态向着更加丰富、高质量的方向发展。

3. 短期收益明显

在用户打赏模式的核心逻辑中,活跃用户基数与粉丝忠诚度是两个至关重要的驱动力。当直播平台能够吸引并维持一个庞大的活跃用户群体,特别是那些愿意为心仪主播的优质内容付费的忠实粉丝时,便能形成一种强大的现金流生成机制。这部分现金流不仅直接反映了内容创作者(主播)的市场价值,更为平台自身的发展提供了坚实的资金基础。对平台而言,这意味着有能力投资于技术升级、内容多样化、市场推广及新功能开发,从而吸引更多用户,扩大市场份额。同时,充裕的资金流也为平台提供了更强的风险抵御能力,使其在面对行业竞争、技术创新需求或突发市场变动时,能够更加从容不迫,持续稳健地推进自身的扩张计划。

但是,单一的模式对行业的长期发展和盈利能力的持续提升提出了挑战。这一时期也存在几个明显的问题。

1. 盈利渠道狭窄

盈利渠道的单一化,如同将整个业务模型置于一座脆弱的独木桥上,这对于网络直播平台及其主播而言,无疑埋藏着不小的隐患。由于收入来源主要依靠用户打赏或广告投放,一旦外部环境发生变化,如经济波动导致用户消费能力下降,或者新娱乐方式的兴起引发用户兴趣转移,都会直接影响到平台和主播的收入稳定性。这种依赖性不仅限制了其财务安全边际,也削弱了其应对市场不确定性时的灵活性和抵抗力。

2. 限制直播内容创新

过度依赖单一盈利模式还可能抑制创新和差异化发展。平台和主播为了维持现有收入来源,可能会更倾向于保守策略,如持续生产符合既有盈利模式的内容,而忽视了对新业务模式、内容形式或技术创新的探索,错失了通过多元化经营增强竞争力的机会。

3. 用户体验受损

在依赖打赏和广告收入的盈利模式下,平台和主播为了追求更高的经济效益,有时会不自觉地采取一些短期策略,这些做法虽然可能短期内提升收益,但却以牺牲用户体验为代价,长远来看,对平台的可持续发展构成了潜在威胁。例如,过量的广告插入会打断用户的观看体验,频繁的打赏呼吁也可能引起用户的反感;为了吸引打赏,一些主播可能会偏离内容创作的本质,转而追求表面的、短暂吸引眼球的内容,忽视了内容的质量和深度,这不仅损害了平台内容生态的健康,也降低了用户对平台内容价值的认同感,影响了用户黏性的建立。

4. "秀场"直播存在的伦理隐患

在"秀场"直播中存在一些伦理上的争议和挑战,如低俗内容,这些内容可能违背社会公序良俗,对青少年观众产生不良影响;又如价值观导向偏差。部分主播为了追求流量和关注度,可能传播拜金主义、享乐主义等不良价值观,误导观众,尤其是年轻观众的消费观和人生观。

因此，随着行业的发展和竞争的加剧，越来越多的网络直播平台开始探索多元化盈利模式，以分散风险、提升抗压能力，并寻求更加稳定和持久的增长路径。

二、多元化盈利模式探索阶段

随着游戏直播的异军突起，2013—2016年，网络直播行业迎来了一个全新的快速发展阶段，这一时期，游戏直播凭借其独特魅力——高度的观赏性、强烈的参与感和与电子竞技紧密相连的特质，迅速吸引了大量年轻用户，为直播行业注入了前所未有的活力。这一波热潮不仅推动了用户规模的急剧膨胀，也促使直播平台在盈利模式上进行了大胆探索与创新，逐渐摆脱了过去单一依赖用户打赏和广告收入的模式，开始进入多元化盈利模式的探索阶段。

在这一阶段，出现了订阅与会员制度、电商与周边商品销售、赛事直播与赞助、内容付费与版权分销、社区互动与虚拟商品、主播IP化与跨界合作等一系列丰富多彩的新型盈利模式，也带来了以下明显的优势。

1. 多元化盈利结构提升抗风险能力

多元化盈利结构的引入，对于网络直播行业而言，不仅是一种盈利策略的转变，还是行业成熟度和竞争力提升的重要标志。在这个快速迭代的数字时代，单一的盈利模式往往意味着较高的风险集中度，一旦市场环境发生不利变化，如用户消费习惯的迁移、广告市场的紧缩或监管政策的调整，过度依赖某一种收入来源的平台和主播极易遭受重创。而多元化盈利结构的构建，正是针对这一痛点的有效对策。

通过将用户订阅模式融入其中，网络直播平台能够锁定一批忠诚度高、愿意为优质内容持续付费的核心用户，为平台带来稳定的现金流。与此同时，广告植入作为一种传统而有效的盈利方式，依然在多元化盈利体系中扮演着重要角色，但其策略变得更加精细和定制化，力求在不影响用户体验的前提下，实现品牌与内容的和谐共生。版权合作则是网络直播行业走向正规化、专业化的必然之路，通过版权授权、内容分销等方式，平台不仅能够丰富内容库，提升用户体验，还可以通过对外输出优质内容，开辟新的收入通道，实现国内外市场的拓展。

2. 促进内容创新与质量提升

盈利模式的多样化为网络直播行业的发展注入了新的活力，不仅在经济上实现了收入来源的多元化，更在内容创作与质量把控上起到了积极的推动作用。这一机制通过市场需求的多元化，直接激励内容创作者和直播平台不断探索创新路径，以满足不同盈利模式下用户的不同期待和需求。

以内容付费模式为例，该模式的成功高度依赖于内容的独特性、专业性和高质量。为了吸引用户愿意为之付费，主播和平台必须不断推陈出新，提升节目的创意性和专业水准，确保内容的深度与广度能够超出免费内容，提供独特的价值体验。这不仅促进了内容的原创性，还迫使创作者关注细分领域，深化内容的专业化，从而推动了整个行业内容质量的飞跃。

另外,电商直播的兴起,将商品销售与内容创作紧密结合,对主播的内容创作能力提出了更高要求。主播不仅要具备良好的商品推荐能力,还要将商品展示融入富有创意和趣味性的节目内容中,通过故事讲述、现场体验、互动问答等多种形式,增强直播的观赏性和互动性,以更生动、更有趣的方式吸引并留住观众,促进销售转化。这一过程促使主播不断学习新的技能,如产品知识、销售技巧和娱乐表演等,同时也要求平台在内容策划、技术支持上给予更多支持,共同提升直播内容的综合吸引力。

当然,在此阶段依然存在一些问题,主要有以下几个方面。

1. 盈利模式复杂化,管理难度增加

随着网络直播行业盈利模式的多元化发展,平台面临的管理挑战也日益复杂化。为了有效整合和优化不同的盈利渠道,如用户订阅、广告合作、电商直播、内容付费、版权分销等,平台不仅需要在技术支持上进行大量投入,确保各系统间无缝对接、数据流畅共享,还要在合作伙伴关系的维护上倾注心力,建立稳固的合作网络,保证合作顺畅、收益分配合理。

在收益分配机制设计上,平台需制定公平、透明的规则,既要激励主播和内容创作者的积极性,又要兼顾平台自身的利润空间,这无疑是一项复杂且微妙的任务。此外,对于涉及用户付费的环节,还需加强支付安全和用户数据保护措施,确保交易过程的安全性与合规性。

管理上的复杂性还体现在如何平衡各盈利渠道的发展,避免资源过度分散,导致某些渠道发展滞后,影响整体的协同效应和盈利能力。平台需要具备高度的战略眼光和精细化运营能力,根据市场变化和用户需求,灵活调整资源配置,确保各盈利渠道能够相互促进,共同推动平台的健康成长。

2. 网络暴力与不良风气影响

游戏直播平台的评论区和弹幕文化虽充满活力,但也常成为网络暴力的温床,一些观众可能会发表攻击性言论,对主播或其他观众造成心理伤害。此外,一些主播为了博取关注,可能采取低俗、夸张的行为,这不仅污染了网络环境,也可能引导不良社会风气。

总之,盈利模式的多元化在提升网络直播行业商业潜力的同时,也带来了管理复杂度增加和网络风气受损等挑战,该阶段也需要行业在追求盈利与保障用户体验之间找到一个平衡点。

三、深度融合与盈利模式创新阶段

自 2017 年以来,随着电商直播的爆发式增长和"直播+"概念的广泛应用,网络直播行业迎来了深度融合与盈利模式创新阶段。这一时期,直播不再只是娱乐和社交的工具,而是与电子商务、教育、旅游、健身、时尚等多个行业深度融合,形成了一个多元化、复合型的盈利生态系统。

电商直播的兴起,开创了"边看边买"的新型消费模式,将直播的即时互动性与电商的便捷购物体验完美结合。主播通过现场试用、讲解产品，直接引导观众完成购买，极大缩短了传统购物链路，提高了转化效率。这种模式不仅为电商平台和品牌商带来了销售额的直线攀升，也为主播和直播平台开辟了新的盈利渠道，实现了内容变现与商品销售的双赢局面。电商直播的爆火也在于其无可比拟的盈利创收特征，主要表现有三个。

1. 直接销售的即时转化

电商直播模式最直接的优势在于实现了商品销售与内容传播的高度整合，从而极大地促进了即时转化率。在直播过程中，主播通过直观的产品展示、现场试用和即时解答疑问，能够迅速激发观众的购买欲望，缩短了传统销售流程中的犹豫期，将观众的观看行为直接转化为购买行动。这种即时反馈机制不仅加快了商品流通速度，也显著提升了单场直播的销售额，为主播和平台带来了直接且可观的盈利增长。

2. 为广告合作与品牌植入带来新机遇

随着电商直播的火爆，品牌商看到了巨大的营销潜力，纷纷寻求与头部主播或有特色的小众主播合作，通过广告植入、品牌专场直播等形式进行产品推广。这种合作模式为直播行业开辟了除商品销售之外的另一大盈利来源——广告收入。主播和平台不仅可以收取品牌合作费，还可以通过销售提成获得额外收益。此外，品牌合作的多样性还丰富了直播内容，提高了观众的观看兴趣，进一步提升了直播间的活跃度和用户黏性，形成了良性循环。

3. 多元化盈利渠道与商业生态构建

电商直播的兴起，还促进了盈利模式的多元化探索。除了直接的商品销售和品牌合作，直播平台还通过开发衍生商品、开通会员服务、内容付费观看、虚拟礼物打赏等多种方式，构建起了多维度的盈利体系。这些创新盈利模式不仅为平台和主播带来了新的收入渠道，也促使整个直播行业向更加成熟和完善的商业生态迈进。通过深度挖掘用户价值，优化用户体验，电商直播不仅实现了盈利模式的创新，也为行业可持续发展奠定了坚实的基础。

"直播＋"概念的推广，进一步推动了盈利模式的创新。教育行业利用直播开展在线课程，通过订阅服务、课程付费等方式盈利；旅游行业通过直播带领观众"云旅游"，推广旅游产品和服务；健身领域借助直播推出在线私教课，实现个性化服务收费；时尚界则通过直播走秀、新品发布，增加了品牌曝光度，带动了产品销售。这些"直播＋"模式不仅丰富了直播内容，拓宽了盈利边界，还促进了各行业的数字化转型和产业升级。在盈利创收方面，"直播＋"也具备以下优势。

1. 拓宽盈利渠道，实现跨界融合

"直播＋"模式的最大优势之一在于其跨界融合的能力，成功拓宽了直播行业的盈利渠道。通过与教育、电商、旅游、健身等不同领域的结合，直播不再局限于单一的娱乐或社交场景，而是成为连接各个行业与消费者的新桥梁。例如，教育直播通过课程订阅、一对一辅导等形式创造收益；旅游直播则通过景点推广、旅行团预订实现盈利。这种模式不仅为直播平台和主播开辟了新的收入来源，还为合作行业带来了流量和销售的双重增长，实现了互利共赢。

2. 提升用户参与度，增加用户黏性

"直播+"模式通过提供更加丰富多元的内容，极大地提升了用户的参与度和沉浸感。无论是在线学习、购物体验，还是远程旅游，用户都能在直播中找到自己感兴趣的领域，这种个性化和互动性强的体验增强了用户黏性。高用户黏性为直播平台带来了稳定的流量和更长的观看时长，为广告投放、品牌合作等盈利模式创造了更多机会。此外，忠实用户群的形成也为主播的付费内容、会员服务等增值项目提供了坚实的市场基础。

3. 数据驱动的精准营销与高效转化

结合"直播+"的多元化内容，平台能收集到更加丰富的用户行为数据，利用大数据分析技术实现精准营销。通过对用户偏好、观看习惯的深度挖掘，平台可以为用户推送更加个性化的内容和商品推荐，提高转化率。例如，教育直播可以根据学生的学习进度推荐合适的课程，电商直播则能根据用户的浏览记录推送相关商品，这种精准匹配不仅提升了用户体验，也极大地提高了营销效率和盈利能力。此外，数据驱动的决策支持也让直播平台能更有效地调整内容策略和营销计划，优化资源配置，进一步提升整体盈利能力。

直播行业的盈利格局被重塑，也深刻影响了消费者行为和众多相关产业的发展模式。当然，出现的一系列问题也引发了人们的反思，电商直播应着重提升商品质量把控，避免过度商业化导致用户体验受损，同时加强主播培训与内容创新，维护健康的行业生态；"直播+"模式则需警惕内容同质化，持续探索各领域深度融合的创新路径，确保盈利模式的多样性和可持续性，同时加强平台治理，保护用户隐私与数据安全，共同促进直播行业的规范化与高质量发展。

第二节 网络直播盈利的主要模式

在十多年的发展中，直播平台与直播主体不断更迭，新的直播内容不断涌现，直播盈利的模式变得多样化与个性化。迄今为止，国内的直播平台或个人可通过以下几种模式进行盈利：用户打赏与直接收益、投放广告与品牌合作、电商直播与商品销售、平台会员制与虚拟货币、版权分销与内容付费、游戏直播与电竞经济。

一、用户打赏与直接收益

在网络直播中，用户通过赠送虚拟礼物对直播主体进行赞赏的方式被称为"用户打

赏"。在同一平台中，不同类型、不同名称的礼物具有不同价值，直播结束后，主播可将收到的礼物兑换成现金收益。

该盈利模式凭借其收益即时性强、付费方式便捷、门槛低等特征在网络直播发展初期就已萌芽，至今一直存在。

网络直播中的打赏模式之所以展现出不可替代性，主要与网络直播的主要特性密不可分。首先，打赏模式的即时互动性为用户提供了一种即刻表达情感和支持的方式，这不仅增强了用户的参与感和体验质量，还构建了主播与观众之间独特的情感联系和社区归属感，这是传统媒介或单一内容消费所难以实现的。其次，对于主播来说，这种基于情感的经济互动直接激发了内容创作者的内在动力，促使他们不断探索和创新，丰富直播内容的多样性，满足了不同观众群体的需求。同时，打赏模式以其灵活性促进了全民参与的直播文化兴起，让更多人有机会成为内容创作者，进一步扩大了直播市场的规模和影响力。

在此基础上，面对监管政策的变化，打赏模式通过不断的自我调整和优化，如加强实名认证、设定打赏限额等措施，有效应对了合规挑战，确保了其在合法框架内的稳定发展。

网络直播中用户打赏的即时互动性、情感连接、内容创新激励等，共同构成了一个逻辑严密、相互支撑的生态系统，这种系统性优势使其成为网络直播领域不可或缺且难以被其他模式完全取代的关键组成部分。

二、投放广告与品牌合作

除了用户打赏外，与品牌进行合作并在直播内容中进行广告投放，吸引观众进行消费与购买是网络直播的另一种主要的盈利模式。在直播内容中出现的广告可简单划分为显性广告和隐性广告。

显性广告直接明了，迅速传达信息。主播直接说出品牌信息，需具备优秀的表达力与说服力，使广告自然融入直播，维持观众兴趣。而隐性广告则以微妙的方式嵌入内容，让观众在无意中接收信息。隐性广告的精髓在于创造"无痕"营销，观众在享受内容时，品牌信息悄然渗透，形成深层记忆，影响未来消费决策。无论是显性广告，还是隐性广告，其主要目的即广告主与主播利用直播中出现的广告信息吸引用户消费，从而赚取利润。然而，相较于广播、电视等传统媒介，网络直播与广告的结合为深度挖掘互联网时代的商业潜力提供了更多可能，主要体现在以下几个方面。

1. 扩大覆盖范围与精准定位

直播平台拥有庞大的用户基础，能够迅速扩大广告的覆盖范围。同时，借助平台的数据分析能力，广告可以针对特定人群进行精准推送，确保信息到达最有可能产生兴趣和购买行为的目标受众，提高广告效率和 ROI（投资回报率）。该方式对于本地化服务或有地域限制的产品推广来说尤为重要，例如，仅限国内某十个城市内可享有的体检服务在进行网络推广时需利用智能算法推送给在这些城市的常住人口。

2. 提高品牌亲和力与忠诚度

主播作为意见领袖或品牌大使,在直播中展示产品或服务,通过个人化的推荐分享使用体验。与传统电视广告相比,这样能够建立更深层次的情感连接,提升品牌的人格化形象,从而增强观众对品牌的信任和忠诚度,以及对产品的购买兴趣。

3. 内容多样化与创意展示

直播广告形式多样,从直接口播、产品演示到互动游戏,丰富的创意展示手法能够吸引更多注意力。相较于单一的传统广告形式,这不仅能够提供更多与产品实用性相关的信息,更能激发观众的兴趣和好奇心,提高购买欲望,为品牌和产品打开了全新的市场推广通道。

网络直播广告以其独特的优势,不仅优化了广告传播的广度与精度,而且深化了品牌与消费者之间的情感联系,加上创意无限的内容展示,共同推动了营销策略的革新,展现了互联网时代广告业的巨大发展潜力。

三、电商直播与商品销售

传统的线上购物模式局限于静态的图文展示,消费者依赖于卖家描述及买家评价来判断商品质量,信息获取方式较为单一。而电商直播则实现了"人、货、场"的深度融合,极大地拉近了消费者与商品的距离,仅通过主播这一媒介,使购物体验变得鲜活起来。亲民且富有感染力的网红主播,通过试穿、试用、试吃,营造契合商品特性的应用场景,提供优质的产品,有效消除了图文展示的局限性,为消费者营造出身临其境的真实感受,这种沉浸式的体验显著增强了购买动力,有效促进了消费行为的发生。

电商直播中的"人",主要是指主播这一关键角色,他们作为商品与消费者之间的桥梁,扮演着推销员、体验官、意见领袖等多重角色。与传统线下购买场景相比,"人"在电商直播中展现出几个显著的优势。

1. 实时一对多的互动

电商直播中,主播能够同时与成千上万的在线观众进行实时互动,回答问题、接受反馈,甚至根据观众的即时需求调整直播内容或商品推荐。这种一对多的高效互动模式,远远超过了线下场景中一对一或一对少数的交流方式,不仅提升了信息传播效率,还极大地增强了观众的参与感和购物体验。而在实体店中,销售人员往往只能服务于有限的顾客,难以达到如此规模的即时互动效应。

2. 覆盖范围广

电商直播不受地域限制,理论上可以覆盖全球任何角落有网络连接的地方,因此,主播可以触及更广泛的潜在消费者群体。这种跨越地理界限的能力,使得商品的市场潜力极大地释放,尤其是对于小众品牌或特定地域商品而言,直播成为打破地域限制、拓展市场的有力工具。而传统线下购物场景则受限于店铺的实际位置，覆盖的顾客群体相对有限，难以达到如此广阔的市场覆盖。

3. 主动性强

电商直播中的主播具有极高的主动性，能够主动引导话题、创造话题热点，通过个人魅力和专业知识吸引并维持观众的关注，甚至能够利用直播间的气氛营造紧迫感，如限时抢购、限量发售等，促使观众做出快速购买决定。相比之下，线下购物的主动性更多掌握在消费者手中，销售人员通常处于等待顾客咨询的状态，缺乏像直播中那样强烈的主动推动氛围和即时成交的机会。

电商直播中的"货"，主要是指销售的商品，作为销售环节的重要因素之一，其对消费者的吸引力是促成消费行为的根本动力。与传统线下购买场景相比，"货"在电商直播中展现出几个显著的优势。

1. 商品种类的丰富性

电商直播平台不受物理空间限制，可以同时展示和销售来自全球各地、各类别的商品，为消费者提供海量选择。相比而言，线下店铺因场地限制，所能展示的商品种类和数量有限，难以满足消费者日益增长的多样化需求。

2. 库存与供应链的灵活性

直播带货模式下，主播可根据观众反馈和销售情况快速调整推荐策略，甚至与供应链端实时沟通，调整库存分配。这种即时反馈机制提高了库存周转效率，降低了积压风险，而传统线下店因物理空间和信息传递速度的限制，调整库存和供应链响应的速度相对较慢。

3. 促销与优惠的即时性

直播中，主播可以随时推出限时折扣、秒杀、优惠券等促销活动，观众能够立即享受优惠并完成购买，极大地提高了促销活动的即时性和吸引力。而在传统线下场景中，促销活动往往需要提前策划布置，而且消费者无法立刻得知所有商家的优惠信息。

电商直播中的"场"是指直播活动发生和进行的整个环境与背景，以及直播平台。与传统线下门店销售场景相比，其在电商直播中展现出几个显著的优势。

1. 场景交互性强

电商直播的"场"通过弹幕、点赞、评论、礼物打赏等多种互动形式，让观众能够即时与主播及其他观众交流，形成一种集体参与的社交氛围。这种高度的互动性不仅增强了用户的参与感和归属感，还能迅速反馈消费者需求，促进销售转化。相比之下，传统线下购物虽然也有面对面的交流，但互动的广度和深度远不及直播购物。

2. 成本与效率优势

电商直播"场"的搭建和运营成本相对较低，不需要实体店铺的租金、装修和日常维护费用。同时,一次直播能同时面向数以万计的观众,大大提高了销售效率,降低了单位成本。而线下店铺受物理空间限制,扩大客群和提高交易效率面临较大挑战。

3. 场景氛围促进消费

直播间的场景设计和氛围营造能有效激发消费者的购买欲望。通过节日主题、限时抢购、主播的激情解说等策略,创造出紧迫感和稀缺感,促使观众在情绪高涨时做出购买决策。线下虽然也能通过节日装饰、促销活动营造氛围,但在即时性和覆盖面上难以与电商直播相比。

相对于传统销售模式,电商直播销售模式在"人、货、场"三方面展现了成本效率、体验创新与市场响应速度的显著优势。通过减少人力和实体场所成本、优化库存管理与供应链效率、创建更积极的消费场景,电商直播与传统销售模式相比,极大地降低了运营成本。同时,凭借即时互动、个性化推荐和广泛的市场覆盖,电商直播提升了销售效率与用户体验,加速了品牌传播与市场反馈循环。

除此之外,近几年在电商直播行业中持续保持领先地位的KOL(意见领袖),在公开场合多次表示对国货品牌的支持与对其优质供应链的信任,并表明个人品牌建立的目的是提升国内品牌地位与国际竞争力,推动国货发展。通过直播和媒体采访,该主播不断传达出希望通过自己的平台让更多优质国货与国际品牌并肩站立的理念,这成为其个人品牌文化的重要组成部分,由此吸引不少爱国人士购买国货,关注国货品牌成长,从而给国货品牌更多的发展机遇。

四、平台会员制与虚拟货币

网络直播平台中的会员制与虚拟货币盈利模式是平台盈利策略的两个重要组成部分,它们相互关联,共同构建了平台的收入体系。直播平台中的会员制度通常为用户提供额外的特权或服务,如去广告、专属礼物、高清画质、优先观看等,以此吸引用户支付月费或年费成为会员;而虚拟货币制度是指用户需用真实货币购买平台的虚拟货币(如金币等),从而进行平台内的商品(礼物)购买后,进行打赏,这是旨在促进用户与主播之间的互动及平台盈利的一种制度。

在直播平台中,会员制度与虚拟货币相辅相成,共同构建了一个促进用户参与、增加平台收益、激励内容创新的良性循环。其一,会员特权可促进虚拟货币消费。会员特权的引入,实质上是扩大了虚拟货币的边际效用,并促使会员用户更倾向于投资于虚拟货币,以实现这些高级互动的可能性。会员制度通过改变用户对虚拟商品的偏好结构,间接促进了虚拟货币的内生需求与循环流通。其二,虚拟货币会刺激会员订阅。虚拟货币作为平台经济中的"软货币",其累积和消耗过程为用户提供了持续的正向反馈。用户在体验到虚拟货币带来的即时满足后,可能更愿意投资于长期利益,即通过订阅会员服务来获取更多虚拟货币使用的场景和优惠。由此可看出,会员特权与虚拟货币消费之间存在着显著的正向反馈机制。

而当两种模式在直播平台中融合时,两者可以相互促进,创造出更加多元化和强化的盈利效果。首先,会员制为平台提供了稳定而持续的收入流,通过月度或年度订阅费的形式，确保了基础运营的资金安全，为平台的稳健发展奠定了基石。在此基础上，虚拟货币体系的引入，则为平台增添了灵活多变的收入渠道。用户通过购买虚拟货币参与直播互动，不仅直接增加了平台的即时收入，还通过用户间的社交互动和情感交流，进一步激发了消费潜力，实现了收入的爆发式增长。平台通过巧妙设计会员与虚拟货币的绑定策略，如会员专享的虚拟商品折扣、高级互动权限等，促进了两种模式的相互促进，有效提高了每用户平均收入（ARPU）。

其次，这一融合模式深刻影响了用户与平台的互动深度与忠诚度。会员制度通过提供个性化内容、专属特权等差异化服务，显著提升了用户体验的品质感，增强了用户对平台的依赖与忠诚。而虚拟货币作为情感表达的载体，加深了用户与主播、用户之间的连接，促进了社区归属感的形成。这种情感与价值的双重绑定，大大提升了用户参与度，减少了用户流失，构建了稳固的用户基础。平台会员制与虚拟货币影响与融合的思维见图6-1。

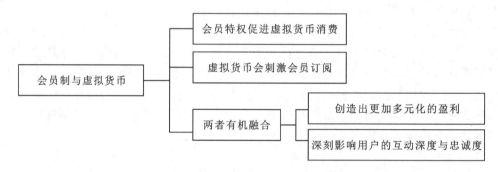

图 6-1 平台会员制与虚拟货币影响与融合的思维图

总之，平台会员制与虚拟货币盈利模式的融合，通过其互补性和协同效应，不仅在经济层面上实现了收入的多元化与稳定性，还在社会互动层面上增强了用户黏性与忠诚度，最终推动了内容生态的繁荣和平台的全面进步，展现了其作为现代直播平台核心盈利策略的强大生命力和潜力。

五、版权分销与内容付费

网络直播中的版权分销和内容付费是两个与直播行业盈利模式密切相关的重要概念，也是直播行业商业化运作的两个核心机制，正是它们共同推动了直播内容市场的繁荣和健康发展。

版权分销是指版权所有者将内容的使用权授权给多个平台或第三方进行使用，以便这些平台能够合法播放或转播该内容，从而获得利润。该做法在体育赛事、娱乐活动或电竞比赛直播中经常出现。

在大型活动的直播中，版权所有者进行内容版权分销的原因可能有以下几个。

1. 扩大内容覆盖与观众群

版权分销可以让直播内容触达更广泛的观众群体。通过不同平台的用户基数，增加内容的曝光率和收视率，这对于提升赛事、节目的知名度和影响力至关重要。

2. 成本分摊与收益最大化

购买直播版权往往需要巨额投资,尤其是对于大型体育赛事、音乐会或电子竞技赛事等。版权分销可以帮助原始版权购买者分摊成本,并通过向其他平台收取授权费用实现收益。

3. 促进市场竞争与创新

版权分销鼓励多个平台参与内容传播,激发平台之间的竞争,促进技术创新和服务优化,为用户提供更优质的观看体验。

4. 响应市场需求与趋势

随着用户对内容消费的多元化需求增长,版权分销适应了市场对内容广泛的可获取性的期待,同时也是对网络直播行业竞争格局和盈利模式演变的一种响应。

而内容付费作为网络直播中的另一种相似的盈利模式,是指直播平台或主播为特定的直播内容设置观看门槛,要求观众在观看前先行支付一定的费用。这种模式下,特定的直播节目、活动或频道会被设定为"付费专区",同时平台确保只有付费观众能够接入并享受直播内容。

内容付费模式广泛应用于多个直播领域,尤其在提供独特价值和专业内容的场景中更为常见。这包括专业教育与技能培训、高端娱乐活动及音乐会、体育赛事直播、个性化咨询服务、独家体验内容,以及依托个人品牌影响力的专业直播。设定观看门槛并收取相应费用,这种模式不仅使内容创作者和平台能够直接从高质量内容中获利,也确保了观众能享受到专有的、高质的直播体验。内容付费模式的成功实践,体现了市场对深度、专业及稀缺性内容的需求增长,同时促进了直播行业的多元化发展和内容生态的良性循环。

综合来看,版权分销与内容付费两种模式在直播市场中形成了互补效应。版权分销扩大了内容的市场范围,降低了单一平台的风险,而内容付费则直接从用户端实现了盈利,增强了平台与用户的互动和价值交换。两者共同作用,不仅促进了直播市场的盈利增长,还推动了内容生态的丰富与创新,为行业持续发展注入了动力。

六、游戏直播与电竞经济

个人电竞直播的盈利离不开观众打赏礼物与投放广告等传统直播盈利模式,此处不再赘述;而官方电竞赛事直播的盈利体系构建于更加多元化的收入渠道之上,共同支撑着这一快速发展的产业。

首先,赞助与广告扮演了核心角色,通过品牌合作、赛事冠名、现场及在线广告植入,吸引了大量商业资本的注入。其次,媒体版权成为另一大支柱,赛事组织者将直播权出售给各大平台,无论是传统电视频道,还是新兴的在线流媒体服务,这些转播协议的价值日益飙升,尤其是国际级的重大赛事。

而电竞直播的兴起与普及,不仅带动了电子竞技产业的快速发展,还催生了一系列与游戏相关的综艺节目，促使众多明星加入游戏直播与电竞比赛。电竞直播具备以下优势。其一，提升关注度与流量。明星自带的庞大粉丝群体能够迅速为电竞赛事或直播平台带来大量流量，这些粉丝不仅包括电竞爱好者，还包括明星的忠实拥趸，从而扩大了电竞内容的受众基础，提升了电竞项目的公众认知度和品牌形象。其二，提升电竞的商业价值。随着明星的加入，电竞直播和比赛的商业吸引力增强，能够吸引更多的品牌赞助和广告投放，为电竞经济创造更多收入来源。

某平台出品的一档电竞实训综艺节目，自2022年首播以来，不仅在游戏直播领域引起了轰动，也为电竞经济的发展带来了新的活力和视角。节目以电竞职业生态为核心，邀请了30位来自文体领域的明星嘉宾，亲身体验并参与电竞比赛的全过程。这种模式不仅创新了综艺节目的类型，还深度整合了游戏直播与电竞经济的多个层面。首先，该节目充分利用了直播平台的即时互动特性，为观众提供了沉浸式的观看体验。节目选择在某平台独家播出，并且有直播平台同步直播，借助明星效应，吸引了大量非电竞观众的关注，拓宽了游戏直播的受众基础。直播过程中，观众可以实时看到明星选手的成长轨迹，感受比赛的紧张氛围，这种高参与度的观看模式极大地增强了用户的黏性，推动了直播平台流量的爆发式增长。其次，该节目通过明星参与，为电竞行业带来了前所未有的曝光度和商业价值。明星自带的流量和话题性，使节目成为品牌赞助的热点，有效促进了电竞赛事的商业化进程。此外，节目通过展示职业电竞的训练日常、团队合作和精神风貌，提高了公众对电竞职业化的认识，有助于塑造电竞行业的正面形象，为后续的电竞项目融资、合作开发等提供了良好的市场环境。同时，节目还激发了相关电竞衍生品的消费需求，如游戏内皮肤、战队周边商品等，进一步拓展了电竞经济的产业链。

总的来说，该节目作为一档电竞实训综艺节目，其在游戏直播与电竞经济领域的影响力不容小觑。它不仅通过直播平台的广泛传播加深了观众对电竞的参与和理解，还通过明星的桥梁作用，加速了电竞产业与娱乐产业的融合，为电竞经济的发展注入了新鲜血液，开启了电竞综艺的新篇章。

第三节 网络直播盈利模式的特征

网络直播的盈利模式展现了一种复合型特性，它不仅深刻嵌入了由粉丝的情感投入与经济支持所驱动的粉丝经济机制，还充分利用了先进的数据科学技术来实现用户行为的精准分析与内容的个性化推送，从而达到数据驱动下的高效盈利。这种模式深深依托于直播平台构建的生态系统，通过精心设计的分成规则与平台合作策略，确保了平台、主播与用户三者间利益的均衡与最大化，共同构成了一个复杂而互惠的盈利结构。

一、粉丝经济驱动

粉丝经济驱动是网络直播盈利模式的核心特征之一，粉丝经济是一种现代商业模式，其核心在于利用粉丝对喜爱的个人、品牌或文化产品的热情与忠诚度，将其转化为实际的经济活动与消费行为。在这一机制下，主播通过个人魅力、专业技能或独特内容吸引观众成为忠实粉丝。粉丝为了支持喜爱的主播，会通过赠送虚拟礼物、参与打赏、订阅会员服务等方式进行消费。这种直接的粉丝互动和情感连接，构建了一个以主播为中心的经济效益闭环，使得粉丝经济成为网络直播最直接和显著的收入来源。

粉丝经济在网络直播中的驱动特征，是一个多维度、多层面的复杂体系，它不仅影响着直播内容的生成、传播和消费模式，还深刻改变了传统电商的盈利逻辑和粉丝群体的行为模式。该特征主要体现在以下几个方面。

1. 情感导向的消费决策

粉丝经济的核心在于情感连接，粉丝对主播或品牌的忠诚度源于深厚的情感投入。在直播带货中，这种情感导向的消费决策尤为明显。主播与粉丝之间建立起类似"偶像-粉丝"或"意见领袖-粉丝"的紧密关系，粉丝的购买行为超越了纯粹的实用考量，转而包含了对主播个人魅力的认可、对主播价值观的共鸣，甚至是出于对主播个人品牌的忠诚。

2. 社交网络中的互动与传播

粉丝经济的另一个显著特征是基于社交网络的互动与传播。直播平台为粉丝提供了与主播、其他粉丝以及品牌进行即时互动的场所，这种互动不局限于直播间内，还延伸到了社交媒体、论坛和粉丝社群。粉丝之间的互动增强了社群的凝聚力，形成了积极的口碑传播效应，促进了主播和品牌影响力的扩散。

3. 内容共创与参与感的提升

粉丝在直播带货中的参与不再局限于简单的观看和购买，而是参与到内容的创造、产品设计乃至主播IP的塑造中。基于内容的"意见领袖-粉丝"关系，主播与粉丝共同创造出更丰富、更具有个性化价值的内容，粉丝的生产者属性得到强化，他们通过评论、分享、二次创作等形式，不仅提升了直播的观看体验，还为主播和品牌创造了额外的价值。例如，一些主播在选品前会征询粉丝意见，甚至邀请粉丝参与直播策划，这种参与感的提升让粉丝对直播内容有了更深的归属感，从而更愿意进行消费和传播。

4. 情感与经济行为的直接融合

直播带货中，粉丝经济还体现在情感与经济行为的直接融合。通过虚拟礼物打赏、购买主播推荐的商品，粉丝的情感表达与经济支出紧密结合，情感的投入能够直接转化为经济效益，粉丝的每一次购买都成为对主播的支持，而主播通过情感的回馈（如更高质量的内容、更个性化的互动等）进一步增强粉丝的忠诚度。这种情感与经济的相互促进，构成了直播带货中粉丝经济的重要特征。

5. 从消费者到生产者和传播者的转变

在粉丝经济的框架下，粉丝的角色从被动的消费者转变为生产者和传播者。他们不仅消费内容,还主动参与内容的生产与传播,通过口碑营销、社群推广等方式,为主播和品牌带来更多的关注和流量,这种生产性消费不仅满足了粉丝自身的情感需求,还为明星、KOL或品牌带来了更广阔的市场价值和商业机遇,实现了粉丝价值的共创和增值。

总之,粉丝经济在直播带货中的驱动特征,强调了情感与经济的深度融合、社交网络的互动传播力、粉丝的积极参与及粉丝身份的多元化转变。这些特征不仅推动了直播带货模式的创新和发展,也对品牌和主播提出了更高层次的能力要求,即在情感连接、内容创新和社群运营上持续优化,以适应粉丝经济的动态变化和长期运营的挑战。

二、数据驱动

数据驱动在网络直播盈利模式中占据着核心地位。平台利用大数据和人工智能技术对用户行为进行深度分析,包括观看时长、偏好内容、互动频率等,以精准推送个性化内容和广告,提高用户黏性和付费转化率。此外,数据分析还能帮助平台和主播识别流行趋势,调整直播策略,优化内容创作,从而实现收益最大化。数据驱动不仅增强了用户体验,也使盈利模式更加高效和智能化。

首先,数据驱动对用户行为的深度洞察与精确把握能力。这一过程不仅重塑了直播行业的运营逻辑,还极大地提升了盈利能力。大数据技术的应用为直播平台搭建起一座通向用户心理的桥梁。通过收集和分析海量的用户数据,包括但不限于观看时长、内容偏好、互动行为等多维度信息,平台能够描绘出每一个用户的独特画像。这种个性化的理解,为后续的策略制定提供了坚实的数据支撑。同时,人工智能算法在此基础上发挥着至关重要的作用。AI能够自动学习并解析这些复杂数据,识别出用户行为模式及潜在需求,进而指导平台进行内容推荐系统的优化。这意味着,当用户打开直播应用时,他们看到的往往是高度匹配自己兴趣的内容,这种个性化推送极大地增强了用户体验,提高了用户在平台上的停留时间,从而增强了用户黏性。其次,精准广告投放是数据驱动盈利模式的另一大亮点,基于对用户偏好的深入理解,平台能将广告精准地推送给最有可能产生兴趣的目标群体,减少无效曝光,提高广告的有效触达率和转化率。这对于广告主而言,意味着更高的投资回报率;对于平台,则是广告收入的显著增加。最后,数据驱动还促进了直播内容的创新与优化。通过分析哪些内容更受欢迎,哪些时段观众活跃度最高,哪种互动形式更能激发用户参与等,主播和平台能够有的放矢地调整直播策略,创作出更符合市场需求的内容,进一步吸引观众并提升付费意愿。

数据驱动也指引着网络直播内容的策划和调试,进一步提升盈利收益的高效转化。通过对用户行为的深度剖析,如关注点的转移、新话题的兴起等,平台能够敏锐地识别出流行趋势。这种洞察力为决策者提供了宝贵的信息,促使他们及时调整直播策略,比如,策划相关主题的直播活动、引入热门嘉宾或调整直播时段,以更好地迎合市场需求。主播则可以根据数据反馈优化个人品牌定位,选取更受观众喜爱的内容方向,从而保持粉丝群的活跃度和增长潜力。此外,数据驱动不局限于宏观层面的策略规划,它同样渗透到了内容创作的核心环节。通过分析用户偏好、观看习惯及互动反馈,平台和主播能够获得关于"什么内容在何时何地最受欢迎"的精确指导。这不仅意味着内容创作可以更加有的放矢，减少盲目尝试的成本，还能够促进内容的个性化定制，确保每位观众都能接收到与其兴趣高度匹配的直播体验。这种精细的内容优化策略，无疑加深了用户与平台之间的情感连接，增加了用户黏性，为长期盈利打下了坚实基础。

数据驱动的广泛应用确实为网络直播盈利模式的创新与丰富提供了强大动力，然而，这一进程并非全然无瑕。随着对数据依赖度的加深，网络直播领域也逐渐显现出盲目追求流量的不良现象。

在追求高效盈利与快速增长的背景下，部分平台和主播可能过度解读数据指标，过于聚焦于短期的流量获取，而忽视了内容质量和长远发展规划。这种短视行为可能导致直播内容同质化严重，创意与深度让位于博眼球、追热点的快餐式直播，不仅损害了用户的观看体验，也破坏了健康的行业生态。此外，盲目追求流量还可能引发不正当竞争，比如，通过夸大宣传、制造虚假数据等手段吸引关注，这不仅有悖于公平竞争原则，也对整个行业的信誉造成了负面影响。

因此，虽然数据驱动为网络直播带来了前所未有的机遇，但如何在利用数据优化盈利模式的同时，避免陷入盲目追求流量的陷阱，维护内容的多样性和品质，促进行业的可持续发展，成为亟待解决的课题。这要求相关各方在享受数据红利的同时，加强自律，注重内容创新与价值导向，建立健全监管机制，引导网络直播行业走向更加健康、成熟的发展轨道。

三、平台依赖与分成模式设置

网络直播行业的盈利体系构建在平台与主播之间的分成模式上，这一机制成为支撑整个行业经济运行的关键支柱。具体而言，大多数直播平台采取与主播合作分成的策略，从用户通过购买虚拟礼物、订阅服务等产生的消费中抽取一定比例作为平台的运营成本和利润来源，余下的部分则归主播所有。目前，常见的平台分成模式有以下几种。

1. 五五分成

弹幕式直播互动网站（平台）如"斗鱼""虎牙"等与主播在用户打赏收益中的抽成比例大约为50%。这意味着，用户打赏的礼物价值中，平台会抽取50%，剩余的50%则由主播和其所属的公司进行分配。

2. 按具体合同条款抽成

如果主播与平台签订正式直播合同，规定直播时长与内容质量要求后，平台或可降低抽成比例，而且可给予该主播固定的签约费、更多的平台资源推广等福利。

3. 活动期间的特殊抽成

平台在举办特定活动时或节日期间，可能会调整抽成比例，比如，降低平台抽成比例，提高主播收益，以此激励主播和吸引观众。在活动期间，同一平台对不同主播的抽成比例有所不同,通常在10%~50%不等。例如,"斗鱼TV"对于未签约主播的礼物抽成比例通常为五成,但为了"让利"给与平台签约的户外主播,曾经将抽成调整低至20%,目的是吸引更多主播进行户外直播。

直播平台的收益计算直接与主播创造的总收益和事先约定的抽成比例相关,平台通过这样的方式来盈利,并维持运营和服务。不同的直播平台和合作模式下,主播与平台的分成比例会有差异。这一安排不仅保障了平台的基本运营与持续发展,也为主播提供了直接的经济激励,形成了两者间互利共生的合作关系。

这一模式带来了两种较为明显的优势。首先,它是投资与优化的催化剂。网络直播平台的分成模式不仅仅是收益分配的简单机制,它更像是一个强有力的引擎,驱动着平台在多个关键领域的持续投资与创新。在这一模式下,平台深刻意识到,要想在竞争激烈的市场中脱颖而出,就必须不断优化用户体验,拓宽用户基础,这不仅能够吸引到更多拥有高质量内容创作能力的主播,还能进一步刺激用户消费需求的增长,形成一个正向循环的生态链。为了保证直播体验的流畅与互动性,平台不遗余力地投入技术研发。这包括对高清视频传输技术的不断升级,以适应不同网络环境下的高清直播需求,减少延迟和卡顿现象,提升观众的视觉享受。同时,开发并应用实时互动功能,如弹幕、连麦、投票等,增强观众参与度,使得直播不再是一个单向接收的过程,而是一场观众与主播乃至其他观众间实时互动的盛宴。同时,平台通过多维度、多层次的市场推广策略,力求覆盖更广泛的潜在用户群体。这不仅包括线上广告投放、社交媒体营销、KOL合作等传统手段,还有创新性的跨界合作、线上线下联动活动等,以新颖的形式和内容吸引用户注意,提高品牌辨识度。通过这些活动,平台能够有效地触达并吸纳新用户,同时加深现有用户的忠诚度。

其次,它能引导竞争与创新。在网络直播行业这片竞争激烈的红海中,平台间的较量已经超越了简单的用户数量和市场份额的争夺,深入到了盈利模式与分成策略的创新层面。在这一高度动态的环境中,为了在众多竞争对手中脱颖而出,吸引更多资源,并维系住那些能够带来高流量和高收益的优质主播资源,各直播平台不得不持续探索和优化其分成模式,以此作为吸引人才、激发活力的关键杠杆。这种创新不仅体现在对原有分成比例的灵活调整上,更在于设计出更加精细化、差异化的分成体系。例如,根据主播的在线时长、粉丝互动情况、内容质量,以及对平台的综合贡献度等因素,制定出多层级的分成比例,确保高产高效主播能够获得更为优厚的回报。同时,平台还会推出签约奖励计划,通过预付签约金、年终奖金、股权激励等多元化的激励机制,与主播建立起长期的合作关系,增强主播对平台的忠诚度和稳定性。尤为重要的是,一些前瞻性的直播平台开始尝试将广告收益也纳入主播的分成体系,这意味着主播不仅能从观众直接打赏和订阅中获利,还能分享平台的广告收益,这种模式极大地拓宽了主播的收入来源,进一步激发了他们的创作热情和内容创新的积极性。这样一来,主播与平台的利益捆绑更为紧密,形成了一个利益共享、风险共担的合作伙伴关系,为双方构建了一个更加稳固和可持续的盈利根基。此外,这种基于创新分成模式的竞争,还促进了整个直播行业的规范化和专业化发展。平台在优化分成策略的同时,也会加强对主播内容质量、版权保护、合规经营等方面的管理和监督,推动行业向更加健康有序的方向迈进。这些创新举措不仅巩固了平台的主播阵容,提升了内容的多样性和质量,也为用户带来了更加丰富、高质量的观看体验，实现了用户、主播、平台三赢的局面，为网络直播行业的长远发展注入了新的活力与可能性。

本章小结

本章围绕网络直播的盈利模式展开了深入的探讨，从盈利模式的起源、发展到具体模式的实践案例，再到模式的特征，为理解这一新兴行业提供了全面的视角。

第一节，从网络直播盈利模式的发展着手分析，单一化阶段以用户打赏和广告收入为主要来源，这一阶段的特点是模式易于理解和实施，但同时也暴露出盈利渠道狭窄、内容创新受限和用户体验受损等问题。随后，行业进入多元化盈利模式探索阶段，盈利模式逐渐丰富，涵盖了订阅会员、电商直播、内容付费、版权分销等多个方面，有效提升了抗风险能力，促进了内容创新与质量提升，但也面临着管理复杂化等新挑战。第二节对主要的六种盈利模式进行分析，包括用户打赏与直接收益、投放广告与品牌合作、电商直播与商品销售、平台会员制与虚拟货币、版权分销与内容付费、游戏直播与电竞经济，并探讨多元盈利模式下的行业发展现状。在第三节中，网络直播盈利模式的特征凸显了粉丝经济的驱动作用，通过情感导向的消费决策、社交网络的互动传播、内容共创与参与感的提升等，实现了用户黏性与经济效益的双赢。同时，数据驱动占据了盈利模式的核心地位，通过对用户行为的深度分析，实现了个性化内容与广告的精准推送，优化了直播策略和内容创新，但也要警惕盲目追求流量可能导致的内容同质化和不正当竞争。

总之，网络直播的盈利模式经历了从单一到多元、从传统到创新的转变，每一种盈利模式都有其独特优势与相应的弊端。在当前阶段，平台和主播需不断探索新的盈利渠道，强化内容创新，同时重视用户体验，以数据为驱动，平衡好商业利益与社会责任，推动整个直播行业向更加健康、可持续的方向发展。

第七章

MCN 机构运营

◆ **本章主题：**

MCN 机构在网络直播行业中扮演着重要的角色。本章将介绍 MCN 的诞生、概念及发展历程，包括其在中国的发展情况。同时，将详细解析 MCN 的业态分类，包括内容生产型、运营型、营销型等不同类型的特点。还将探讨 MCN 的运营方式及盈利模式，包括广告收入、营销服务、电商业务等。最后，通过 MCN 的发展现状及趋势，包括产业规模、头部机构发展、地域分布等现状和未来的发展方向。

◆ **学习重点：**

MCN 的概念、业态分类及其运营方式/盈利模式。

◆ **学习难点：**

理解 MCN 的发展现状和趋势；何把握未来的变化。

网络直播经历了初创期、探索期之后，从 2017 年起逐渐步入成熟期。在其发展过程中，从内容生产、直播机构、行业人员素养到直播盈利模式都在日渐成熟。为强化网络直播的传播力度及传播效果，机构化、公司化、集合化经营方式出现。具备内容管理、运营、经纪、商业变现等功能的 MCN 机构应运而生，并迅速成为主流。

第一节 MCN 的诞生、概念及发展历程

一、MCN 的由来

MCN 全称 Multi-Channel Network，译为多频道网络，2009 年诞生于美国的 YouTube 平台。当时以 Lisa Donovan 和 Danny Zappin 为代表的一批 YouTube 频道主为了扩大影响，相互引流，组建了名为"The Station"的内容联盟。从 2009—2011 年，吸纳了上千个频道加入，并更名为"Maker Studios"，成为最早的 MCN 机构。在 YouTube 上，账户单位被称为 Channel，所以 YouTube 在 2014 年正式将这一组织命名为 Multi-Channel Network，简称 MCN。当时的 MCN 本质上是自媒体平台上的生产者联盟组织。

在初始阶段，MCN 担任了内容生产者与 YouTube 之间的媒介，这个性质与广告公司诞生初期的掮客类似，其自身并不涉足内容生产，只是将规模较小的内容创作者集结起来创建频道，帮他们解决推广和收益问题，并在创作者的收入中按照一定的比例进行分成。以 Maker Studios 为例，该公司在运营上不参与内容制作，而是与网红达人分级签约，提供技术支持、销售支持，再通过加盟的 5.5 万个 Channel 协作交叉推广。在 YouTube 的 Partner 模式下，YouTube 平台抽成 45% 的广告收益，剩下 55% 的广告收益由 MCN 与网红达人分成，常见的比例为 MCN 抽成 15%，内容生产者得 40%。维基百科将 MCN 定义为为短视频平台和内容发布者服务并从中赚钱平台分成或广告收入的中介机构。

MCN 模式自诞生以来，便受到了资本的热烈追捧，一些业界的头部 MCN 机构陆续被传统传媒集团收购，2013 年，梦工厂收购了以青年为对象的头部 MCN 机构 Awesomeness TV。2014 年 3 月，迪士尼斥资 5 亿美元成功收购了 Maker Studios，此时该机构已经是 YouTube 上播放量第一的综合类 MCN 机构，这一收购案在业界被认为是 MCN 内容制造商模式的巨大成功。2015 年，AT&T 与 Chernin 联合收购了 Fullscreen。

然而，近几年来，美国大量的 MCN 机构遭遇了发展瓶颈，尤其在盈利模式方面，显得过于单一，导致发展停滞，甚至出现下降趋势。尽管之前有高光时刻，但总体来说，整个 MCN 行业都出现了衰退。Maker Studios 公司于 2017 年 5 月被迪士尼关闭。到了 2020 年，YouTube 上仍在运营的 MCN 机构已经不足 200 家。

二、MCN 机构在国内的兴起

与国外不同，国内的 MCN 机构随着国内短视频和直播行业的蓬勃发展，在短短两三年内迅速崛起，从模仿到创新，无论是形态，还是规模，都远远超越了国外的 MCN 机构，最终形成了具有鲜明中国特色的运营模式并不断发展壮大至今。

MCN机构在国内的发展历程可以追溯到2012年。2012—2014年，短视频行业开始起步，微博、微信等平台正在进行生态商业化战略部署。自媒体影响力提升后，微博开始进行博主明星化运营（网红孵化），需要MCN一类的机构帮助平台管理网红账号并拓展自媒体内容，于是，包括杭州微念科技有限公司在内的一批国内最早的MCN机构应运而生。此时的MCN机构还处于起步阶段，运营模式相对简单，主要是通过社交媒体平台进行内容推广，吸引粉丝关注，然后通过广告、代言等方式进行商业变现。

2015—2016年，媒介平台类型日益丰富。快手、抖音等一系列短视频平台出现，电商成为网红产业主要的变现模式之一，像杭州缇苏文化传播有限公司一类的红人电商类MCN兴起。

2017—2018年，各大平台的竞争开始白热化，纷纷推出"内容补贴"战略。例如，2016年，微博率先启动MCN管理系统内测，年底，淘宝上线MCN管理系统。2017年5月，微博宣布开启MCN机构的介入合作。随后美拍、网易、新浪、企鹅号、疯牛直播先后启动MCN合作、扶持计划。2018年，今日头条公布"MCN合作计划"。同年，抖音、快手、网易、淘宝等平台纷纷提出MCN合作计划。平台政策成为MCN发展的催化剂，加之短视频直播行业高速成长，MCN机构迎来了井喷式发展。大批包括直播公会在内的网红机构转型MCN。从2015年的160家迅速发展到2019年末的20000家。截至2022年6月，中国MCN机构数量超过24000家。

传统互联网媒体、电商企业的MCN机构飞速发展。2018年开始，传统广电媒体也纷纷涉足MCN领域，以央视为首，湖南广电、湖北广电、浙江广电、济南广电等一系列各级广电媒体先后创建了MCN机构。

2023年，佛山市政府在年度"E网同心汇"系列活动中，指导佛山市新闻传媒中心在微信视频号、抖音等头部社交媒体平台注册成立了"纷享佛山政务视频MCN"，创办之初便有115个市、区、镇街各级机关和国有企事业单位报名入驻，涵盖公安、政法、医院、学校、公共服务等类别的政务微信视频号、抖音账号149个。这标志着政府机构也开始涉足MCN领域。

与美国MCN的掮客式中介机构模式不同，国内MCN机构将众多独立的"网红"资源整合在一起，既致力于生产高质量的内容，又参与了产业链后端的推广和变现流程，甚至有MCN机构覆盖了商品生产、直播带货、销售变现全产业链。

以无忧传媒为例，这一类国内MCN机构会首先筛选、培养和签约一批包括各类社交媒体明星、关键意见领袖（KOL）和大小V的"网红"作为内容生产者，再为这些内容生产者提供全方位的支持：内容制作、内容运营、技术支持、平台对接、多渠道分发、流量引导、包装运营、社群维护、粉丝管理、供应链管理、商业变现等。

可见国内主流MCN机构更像是一个专业化的服务与管理机构。通过培养、组织互联网内容生产者，并利用自身资源为他们提供服务与管理等支持，对直播效果加以优化，实现优质内容输出及商业价值变现。同时，国内MCN机构还着力于推动整个行业的规范化发展，通过创新的媒体组织形态，为社会和经济发展带来了积极的推动力。

三、MCN 的概念及功能

MCN（Multi-Channel Network，多频道网络）是为短视频平台和内容发布者服务并从中赚钱平台分成或广告收入的中介机构。这一概念选取的是 YouTube 上的 MCN 组织运营模式，并不完全适用于我国。我国 MCN 机构在主体、结构形态、功能等方面都超出了中介机构这一范畴，所以 MCN 的概念也必须结合我国国情重新予以界定。

界定 MCN 概念，需要从主体、结构形态、功能几个角度着手。

首先是主体方面。与 YouTube 上个人化的 Channel 不同，国内的 MCN 主体更加多元，既包括传统自媒体领域的个人用户，也包括营利性质的电商企业、互联网公司，还有拓展赛道的传统广电媒体，甚至连政府部门也在逐步进入这一领域。

其次是结构形态方面。国内的 MCN 也不仅仅是一种中介形态，而更多地表现为一种多频道网络产品形态，这一形态下的 MCN 机构，会组织、联合大量的 PGC/UGC/PUGC 内容生产者，实施运营、制作、推广、管理、商业变现，甚至延伸为全产业链形态。

最后是功能方面。MCN 的功能包括内容制作和推广、商业变现、社交媒体运营、培训和指导，以及资源整合和管理等方面。国内的 MCN 因主体包括了政府、官媒、企事业单位，具有相当高的延展性，同时具备政务、服务、商务、信息、娱乐等功能。

综合以上几点，我们可以将国内的 MCN 定义为一种以互联网媒体平台为基础，通过将多种内容生产者、内容资源加以整合，以多种媒体形态实施账号孵化、内容创作、运营管理、营销推广、内容输出、商业变现等，具备政务、商务、服务方面的信息和娱乐等多种功能的媒体组织形态。

国内 MCN 还在持续关注中国市场的特点和需求，并根据市场需求和发展趋势进行不断的调整和创新，以适应不断变化的市场环境。

四、MCN 的发展阶段

国内 MCN 机构的发展经历了萌芽期、成长期、爆发期、进化期、迭代期五个阶段，每个阶段具有不同的特征和变化。

1. 萌芽期

2012—2014 年是 MCN 机构的初始诞生阶段。随着短视频行业的兴起，微博、微信等平台纷纷进行了生态商业化战略部署，以实现短视频直播行业的起步。在这个阶段，部分内容生产公司逐渐形成了 MCN 雏形。

这一阶段，针对短视频和直播出现的商机，MCN 机构尝试将其加入业务范围。此时，行业内的竞争尚不激烈，MCN 机构的数量也相对较少。萌芽期的国内直播市场缺乏市场基础及平台动力，模仿 YouTube 模式进行尝试性发展的国内 MCN 并未造成广泛影响。但这一阶段是 MCN 机构探索和积累经验的阶段，对于未来的发展具有重要意义。

2. 成长期

2014—2017年，MCN行业进入快速发展阶段。短视频PGC创业浪潮兴起，斗鱼、虎牙、映客等早期直播平台上线，许多热门IP涌现。在这个阶段，资本开始进入市场，比如，罗辑思维就获得了B轮融资，估值达到13.2亿元。在资本的推动下，MCN机构开始进行电商、付费等多种商业尝试，同时出现了从单一账号到多账号矩阵的孵化模式。

成长期是MCN机构迅速发展的阶段，MCN机构的数量逐渐增多，行业竞争逐渐加剧。在这个阶段，MCN机构开始注重品牌建设、资源整合和专业化运营，以提升自身的竞争力。同时，资本市场的变化和流量红利也为MCN机构带来了巨大的机遇。

3. 爆发期

2017—2019年，各大平台纷纷推出MCN机构扶持计划，例如，微博MCN星图计划、腾讯企鹅号百亿补贴计划等。众多扶持计划为MCN机构的发展提供了有力支持，也吸引了大批包括直播公会在内的网红机构转型MCN。在短视频行业的高速成长、自播、内容创作者及流量平台多方面因素的影响下，行业迎来了井喷式增长。这一时期，国内MCN数量跃升至20000家以上（以企业营业执照数量计算），资本风口和流量红利为MCN行业带来了巨大的机遇。中国MCN机构数量增长曲线见图7-1。

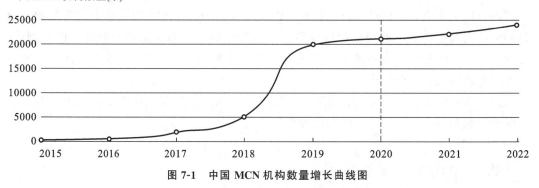

图7-1 中国MCN机构数量增长曲线图

2017—2019年是MCN机构数量迅速增长、行业竞争加剧的阶段。在这个阶段，MCN机构需不断创新和寻找新的增长点，以适应不断变化的市场环境。同时，资本市场的变化和新兴技术的应用也给MCN机构带来了新的机遇和挑战。

4. 进化期

2019—2021年，MCN机构开始依托平台商业能力升级和大公司转型突破，机构商业模式向多元化发展。在这一阶段，MCN机构不断调整战略、进行能力升级，以加速抢占细分领域市场份额，加速行业的成熟规范。

在进化期，MCN机构的商业模式开始向多元化发展，不再局限于单一的变现方式。同时，MCN机构开始注重品牌形象的建设和市场份额的拓展。这一阶段，MCN机构的战略调整和能力升级变得尤为重要。而且，新兴技术的应用和市场环境的变化也给MCN机构带来了新的机遇和挑战。

5. 迭代期

2021年至今，MCN行业发展已趋于成熟规范，机构加快了战略调整和能力升级的步伐，以适应不断变化的市场环境。这一时期，MCN行业不断进化和发展，调整机构功能与产业结构，为内容创作者和相关产业链带来更多的发展机遇。

随着MCN行业发展的日趋成熟，当前的主流MCN机构主要部门由早期单一的红人经纪部和公关部发展到包括商务部、内容策划部、运营部、红人经纪部、后期制作部、红人孵化部、拍摄部、电商部、客服/售后部、公关部甚至是产品的选品部门和生产工厂的全产业部门覆盖。

在MCN行业已然发展成熟的迭代期，MCN机构的数量逐渐稳定，从增量市场竞争进入到存量市场迭代，市场格局逐渐明朗。这一阶段，新兴技术的应用和市场环境的变化给MCN机构带来了新的机遇和挑战。MCN机构更加注重创新和差异化竞争，寻找包括海外市场在内的新增长点。同时，逐渐稳定的市场也成为新晋MCN机构必须突破的护城河。国内MCN机构发展时间轴见图7-2。

图7-2　国内MCN机构发展时间轴

第二节　MCN的业态分类

经过十余年的发展，MCN机构在最初的中介功能基础上，不断探索出一系列针对不同用户群体的不同经营业态。迄今为止，国内MCN机构已经发展出内容生产、运营、营销、电商、经纪、IP授权和知识付费七大业态。并不是每一家MCN机构都会涉足所有业态，市场上的MCN机构往往会在其中选择一两种或以上的业态。MCN机构通常会在运营过程中根据自身的资源和优势来选择合适的业态，以更好地满足市场需求和消费者利益最大化的要求。

一、内容生产型

内容生产型MCN机构主要以内容生产为主，围绕内容创作者、内容创作进行变现。

进入大数据时代，在 MCN 机构逐渐形成完整的数据分析和筛选机制，具备强大的内容策划和生产体系、有效的平台运营管理方法和资源分配制度，发展趋向于工业化、IP 化，在内容生产方面更加得心应手。

内容生产型 MCN 机构往往由早期的 PGC 内容生产商转型而来，这类 MCN 往往已经形成了成熟的 IP 或专栏，通过工业化、IP 化的内容生产，将内容转化为具有吸引力和影响力的产品，从而获得更多的流量和关注。

二、运营型

MCN 机构诞生之初的基本职能便是将 PGC 与 UGC 这些内容生产者聚合起来，并为他们提供创作、运营、营销方面的专业化服务。可以说运营服务正是 MCN 运行的基础功能。

运营型公司的主要工作内容包括内容运营、平台运营和账号运营三个方面。

内容运营主要是选题把控、内容策划等。通过制定策略和方向，把控内容的质量和呈现效果，确保其内容符合市场需求和品牌形象，同时需要通过数据分析对内容进行优化和调整，提高账号的吸引力和关注度。

平台运营包括平台资源的对接、内容分发、活动运营、商业合作等，通过深入了解平台规则和趋势，进行精准的内容分发和推广，获得更多的曝光和流量。

账号运营包括账号定位、粉丝管理、矩阵规划等，通过精准的定位和营销策略，提高账号的粉丝量和活跃度，从而实现变现。

三、营销型

营销型 MCN 机构通常专注于品牌营销和推广，通过与品牌或产品的合作，利用网红、KOL、明星等资源制定并执行全面的营销策略，以推动品牌或产品的推广和销售，包括品牌营销、网红营销、内容创意、数据分析等。部分 MCN 机构还实现了整合营销式宣传推广。

四、经纪型

顾名思义，经纪型 MCN 机构类似于传统的明星经纪，经营模式为签约大量明星、网红或者打造素人、孵化网红，对其进行培训、包装和策划，扩大签约对象的影响力。再利用手中签约账号的影响力和粉丝资源进行红人推广、店铺管理、粉丝运营等操作，为品牌或产品进行推广和宣传销售。在经营方式上则是通过内容生产和资源优势进行组合营销。变现途径多以广告为主，辅以 IP 授权、电商、分成等。

五、IP 授权型

IP 授权型 MCN 机构通过内容生产和品牌/栏目打造的模式，进行版权层面的变现。

这些MCN机构往往有广为人知的形象IP，包括品牌IP、内容IP、个人IP，在形成具有知名度的IP后通过形象IP授权、周边电商、线下漫展、费用采购等形式开展业务。这些形象IP可以是人物、动物、卡通形象等，通过授权给品牌或平台使用，从而获得版权收益。

电商模式是此类MCN机构的主要收入来源，主要通过内容生产和电商的方式，实现销售转化。比如，短视频+电商、直播+电商。这些MCN机构通过制作具有吸引力的短视频或直播节目，精准宣传，吸引粉丝的关注和购买欲望，再将产品或服务推广给更多的消费者，实现销售转化。电商模式包括网红直播带货和内容电商模式。

六、社群/知识付费型

社群/知识付费型MCN机构一般通过内容生产和粉丝沉淀的模式，进行社群经济的开发转化。营收模式包括图书出版、付费课程、内容电商、影视节目开发等。与内容生产型MCN不同，社群/知识付费型MCN机构内容生产只是聚集用户的手段。通常通过制作具有吸引力的内容，吸引粉丝的关注和沉淀，再通过知识付费、电商等方式实现商业转化。

基于自身资源与战略方向的不同，各MCN机构在平台策略、业态选择方面不尽相同。目前，还没有全业态的MCN机构产生，单一业态的MCN机构也几乎没有。不同的业态模式具有不同的特点和要求，MCN机构通常根据自身的资源和能力选择适合自己的业态模式，以实现更好的发展和盈利。

第三节　MCN运营方式/盈利模式

2023年4月27日，国家广播电视总局发布的《2022年全国广播电视行业统计公报》显示，2022年国内短视频、电商直播等收入规模已经达到3210.42亿元，同比增长22.51%。经过这些年的发展与探索，网络直播行业已经成长为视听传媒经济中的重要板块，并在发展过程中形成了一条稳定的产业链，包括上游的商品/内容供应，中游的直播内容加工/内容分发，下游的消费变现与服务业支持，中国直播产业链见图7-3。根据艾媒咨询发布的《中国MCN产业发展状况与用户消费调研数据》及华经产业研究院整理的资料，2022年，中国MCN行业市场规模已经达到432亿。[①] 有9.6%的MCN机构营收规模达到1亿元以上，MCN机构在推动直播行业发展之余，自身也成长为重量级的企业类型。

---

① 刘潘.2022年中国MCN行业现状及发展趋势分析，盈利模式逐渐向"纯佣金"模式转变[EB/OL]. (2023-07-03)[2024-08-02]. https://www.huaon.com/channel/trend/907609.html.

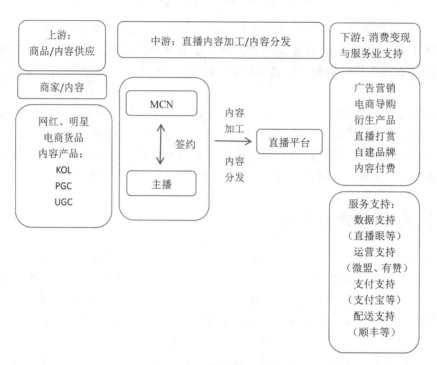

图 7-3 中国直播产业链

整条直播产业链中，MCN 机构与直播平台共同构成了产业链中游，从事内容的生产与分发工作。但发展至今，相当一部分的 MCN 机构已经突破了原产业链格局，实现了包括 MCN＋供应链资源、MCN＋品牌服务、MCN＋广告服务、MCN＋创新科技等 MCN＋的模式转变，盈利模式更加多元，并从属于 MCN 机构的中游延展到产业链的上下游。在不计算"供应链资源"等产业覆盖的前提下，常规 MCN 业务的盈利项有：广告、营销服务、直播电商、内容电商、内容代运营、直播打赏、平台补贴、IP 授权、课程销售/培训、线下商演、海外广告营销等。其中，广告、营销服务、内容代运营等业务中的商业合作，电商业务方面的流量分成、平台补贴和 IP 授权等业务主要面向 B 端（企业）用户。衍生品销售，电商业务中的红人电商、直播打赏、内容电商、课程销售、知识付费等业务则面向 C 端（消费者）用户。2022 年 MCN 机构营收占比情况见图 7-4。接下来主要介绍广告、营销服务、电商业务、直播打赏、平台补贴这几种盈利模式。

一、广告

广告营收是目前绝大多数 MCN 机构的主要收入来源。当前 MCN 机构的广告盈利模式主要包括以下几种。

1. 广告收益分成

MCN 机构与广告主合作，将广告投放到签约作者的内容中，通过观众观看广告、分享广告等方式，获取广告收益。公司根据创作者的内容质量和观看量，确定合理的分成比例，一般为 30%～70%。

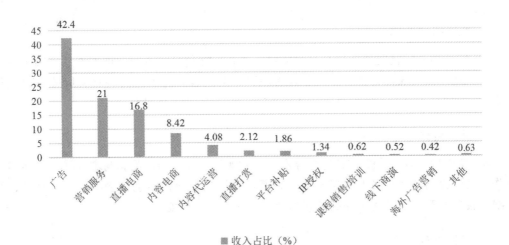

图 7-4　2022 年 MCN 机构营收占比情况

2. 品牌广告合作

MCN 机构可以与多个品牌合作，为其在自媒体平台上进行产品推广或形象宣传。基于品牌的需求和目标受众，公司推荐合适的自媒体创作者进行合作。品牌通过创作者的内容对外传达信息，提高品牌知名度和声誉，进而增加销售额。

3. 赞助与合作伙伴关系

MCN 机构可以与品牌或企业建立合作伙伴关系，从而获得资金或资源支持。这些支持主要用于创作者的内容生产、活动策划等方面。作为回报，品牌或企业可以在 MCN 机构的平台上获得宣传和推广的机会。

4. 内容营销/影响力营销/达人"种草"

广告主向平台或 MCN 机构提出需求，MCN 机构按照要求定制化生产内容，并在指定平台上投放。投放完成后，在平台和 MCN 机构之间进行广告收入结算。在某些平台上，还建立了商业广告接单系统，平台从中抽取一部分作为技术服务费用，剩余的广告收入由 MCN 机构与创作者协商分配。

MCN 机构的广告盈利模式较为多元，通过不同的方式与创作者、品牌和广告主合作，实现收益最大化。

二、营销服务

营销服务是 MCN 机构的基础功能之一，MCN 机构通过与品牌或产品的合作，利用网红、KOL、明星等资源制定并执行全面的营销策略，以推动品牌或产品的推广和销售，包括品牌营销、网红营销、内容创意、数据分析等。具体营销服务职能包括社交媒体营销、品牌合作、广告投放、内容营销、危机公关、市场调研等。

1. 社交媒体营销

MCN 机构利用社交媒体平台（如微博、抖音、微信等）进行品牌或产品的宣传和推广，包括制订社交媒体营销计划，创建有吸引力的内容，并通过各种社交媒体渠道进行分发。

2. 品牌合作

MCN 机构可以与多个品牌进行合作，在品牌与品牌之间，品牌与签约红人之间建立合作关系，提高品牌知名度和影响力，并通过安排品牌合作活动，例如，联合品牌、线上线下投票、竞猜等活动来提高品牌的曝光率和用户参与度。

3. 广告投放

MCN 机构可以帮助品牌制定广告策略，选择合适的广告平台和形式，并代表品牌、产品、红人在各种媒体平台上进行广告投放，例如，搜索引擎广告、社交媒体广告、视听广告等，最后进行广告效果的跟踪和分析。

4. 内容营销

营销服务中的内容营销与广告宣传中的内容营销不同，主要指生产内容策划、创作支持、社区运营和宣传推广等。机构可以制订内容营销计划，创建有吸引力的视频内容，并通过各种渠道进行宣传和推广。

5. 危机公关

MCN 机构可以提供危机公关服务，例如，舆情监测、危机预警、应急预案等，以达到协助品牌处理危机事件，防止事态扩大并降低品牌声誉损失的目的。

6. 市场调研

MCN 机构需要提供数据支持等市场调研服务，帮助品牌、签约红人了解市场需求、竞争对手情况及消费者行为等。通常会制订市场调研计划，收集和分析市场数据，为品牌或红人的发展提供支持。

MCN 机构的营销服务主要面向品牌，也会涉及签约红人，机构会根据不同品牌或产品的需求，提供定制化的营销服务方案，以帮助品牌实现最大的营销效果。

MCN 机构的营销服务盈利模式也比较多元，通常会根据以下指标确定收费标准。

1. 服务周期

根据客户需要提供不同时间段的营销服务，如一周、一个月或一年，并按照服务周期收费。

2. 工作量

根据客户所需的营销服务量和工作量来收取费用。例如，如果客户需要大量市场调研、营销策略分析和制定、广告投放等，则 MCN 机构会根据工作量和复杂程度收取相应的费用。

3. 业绩指标

MCN 机构与客户约定一定的业绩指标，例如，增加粉丝数量（通常较多考量月活用户增加量，即 MAU）、销售额、点击量（CTR）、曝光量等，有些业绩指标还会重点参考千次展示成本（CPM）、投入产出比（ROI）这两个指标。在实现约定指标后，MCN 机构会按照合同约定进行分成或收费。

4. 项目复杂度

一些 MCN 机构会根据项目的复杂程度来收取一定的费用。例如，如果客户需要制定一个完整的品牌营销战略，则 MCN 机构会考虑项目涉及的市场调研、竞品分析、策略制定等因素，并按照项目的复杂程度收取相应的费用。

除了收费依据之外，MCN 机构营销服务的费用标准同样是多样化的，既有套餐式收费，也有固定费用加奖励收费、收益分成、分级收费等标准。

三、电商业务

互联网内容经历了从图文到音频再到视频、直播的形式演变，这种趋势同样也改变了诞生于 21 世纪初的电商形态。与单纯的图文电商相比，直播以实时、高互动方式使信息呈现更丰富，表达更吸引人，具有巨大优势，在电商领域找到了最佳的商业化路径。直播电商改变了传统电商时代"搜索-浏览-选品-购买"的购物模式，实现了在线直播与网购下单的融合模式，主播通过前期筛选试用，代替消费者完成了大量的调研选品工作，节约了用户的选择成本，同时还能够推动消费者快速做出购买决策，[1] 这也成为 MCN 最高的盈利模式之一。

电商直播萌芽于 2010 年前后，自从蘑菇街、美丽说开启了直播电商以来，国内电商平台直播规模逐年上升，尤其是在 2016 年后，抖音、快手等内容平台也进入了直播带货赛道。国内直播电商业务终于在 2020 年迎来了爆发期。良好的电商环境同时推动了 MCN 机构的电商业务快速发展，成为其营收的重要来源之一。

目前，电商类 MCN 可以分为内容电商和直播电商两种类型。内容电商主要以自创品牌为主，以销售自家商品为主要收入来源。直播电商则主要以推广其他品牌商品为主，主播和公司通过直播带货获取销售分成。

MCN 机构的电商业务主要包括以下几个方面。

1. 网红/自媒体电商销售

MCN 机构签约网红/自媒体，通过他们的影响力和粉丝效应，在电商平台进行产品销售。这种方式可以帮助品牌扩大曝光度，提高销售转化率。

---

[1] 张培培. 网红"工厂"：MCN 机构的发展历程、兴起逻辑及未来趋势 [J]. 未来传播，2021（1）：48-54.

2. 供应链管理

MCN 机构提供供应链管理服务，协助签约的网红/自媒体进行商品选品、采购、仓储、物流等方面的管理。这可以提高销售效率，降低运营成本，提高客户满意度。

3. 电商平台搭建与运营

MCN 机构为签约的网红/自媒体搭建自己的电商平台，并提供运营支持。这可以帮助网红/自媒体更好地管理自己的电商平台，提高销售转化率和客户满意度。

4. 社群电商

MCN 机构建立社群电商，将签约的网红/自媒体和用户聚集在一起，通过社交互动和 UGC 的方式，推动用户购买和分享商品。这可以提高用户的参与度和忠诚度，促进销售转化。

5. 直播带货

MCN 机构安排签约的网红/自媒体进行直播带货，通过直播的形式展示产品特点和优势，吸引用户的关注和购买欲望。直播带货是当前电商行业的热门趋势，MCN 机构在这方面的业务也具有很大的潜力。

MCN 机构的电商业务涵盖了多个方面，从签约网红/自媒体到供应链管理、电商平台搭建与运营、社群电商、直播带货等。这些业务可以帮助品牌扩大曝光度，提高销售转化率，降低运营成本，提高客户满意度。随着电商行业的不断发展，MCN 机构的电商业务也将继续壮大。

四、直播打赏

MCN 盈利模式中，直播打赏是非营销类型里常见的一种。在直播平台运营中，粉丝可以为主播的表现付费，向主播赠送一定数量的虚拟礼物或虚拟货币，通常称之为"打赏"。打赏的完整流程是观看直播的用户通过绑定银行卡、支付宝等线上支付方式，在直播平台上事先充值购买一定数量的虚拟货币，再在直播间内使用虚拟货币购买各种价格不等的虚拟礼物赠送主播，最后由主播与直播平台根据协议对用户打赏的实际金额进行分成。[1]

在一些秀场直播、游戏直播平台上，直播打赏是重要的收入来源，根据艾瑞咨询报告，2018 年直播行业整体规模突破 600 亿元，以游戏直播为例，虚拟物品道具打赏占比一直保持在 85% 以上，剩下的才是广告和其他收入。[2] 但是，在综合性平台、电商平台中，打赏收入的占比就显著下降。

---

[1] 杨立新.《中华人民共和国民法典》条文精释与实案全析（上）[M]. 北京：中国人民大学出版社，2020.
[2] 艾瑞咨询：《2019 年中国游戏直播行业研究报告》。

在 MCN 运营方式中，与直播平台紧密结合，培养用户付费、打赏习惯是重要的一环。目前大部分平台都已稳定了平台、MCN 机构和主播三者分成的模式。

五、平台补贴

平台补贴在 MCN 经营收入中占比不高，但对于新晋、腰部、尾部 MCN 公司的主播来说，却是意义重大。平台补贴爆发于 2017—2018 年。当时各大平台纷纷推出"内容补贴"战略，力图通过资金扶持争夺内容创作者与大型 MCN 机构的进驻，由此产生了新盈利方式，即以内容生产换取平台补贴收入。以某 MCN 初创公司为例，相比其他平台，微视给该 MCN 机构的流量补贴较多，每 1 万播放量补贴 25 元，每天 200 万播放量封顶。①

平台补贴的机制通常有两种：经济补贴、资源补贴。

经济补贴通常指直播平台根据主播的播出时长给予现金补贴。例如，淘宝直播在 2023 年 2 月推出的一项优质内容激励政策——"内容新咖计划"现金激励活动：累计观看人数×人均时长，总时长每 1 小时可获得奖金 10 元。此外，满足月开播 4 小时×22 天还可以一次性获得全勤奖励加码 1500 元。

资源补贴通常以流量的方式发放给主播或 MCN 机构。例如，淘宝直播平台会根据入驻账号的站外粉丝量给予不同档次的流量：粉丝量在 800 万～1000 万的，流量为 50 万，粉丝量在 200 万～500 万的，流量为 20 万，粉丝量在 5 万～20 万的，流量则为 5 万，每位主播在试播期可以获得两场流量扶持。

头部 MCN 机构由于拥有优质内容的生产者和头部主播以及大量签约账号，具有较强的议价能力，可以从直播平台争取到更有利的合作地位。腰部、尾部 MCN 机构缺乏相应的议价能力，通常会大量生产、签约账号来提高所获得的平台补贴。

平台补贴政策对于 MCN 机构来说好处明显，尤其是对于影响力有限的腰部、尾部 MCN 机构而言，平台补贴政策相当于帮助机构发工资养号，有助于弱势 MCN 机构的生存。但不足之处在于这一营收方式受限于平台政策，不具备稳定性和持续性，而且成长空间有限，无法成为 MCN 机构的支撑性收入。

另外，与平台补贴相似，地方政府对于有影响力的 MCN 机构、网络直播产业链同样有地区性的政策扶持。其中杭州、广州等地的政策最为具体和有力。而且，与平台的经济补贴和资源补贴不同，地方政府补贴涵盖了入驻奖励、经营补贴、创收奖励、荣誉奖励、上市奖励、签约奖励、购房奖励、租房补贴、子女落户、医疗保障等一系列补贴扶持政策。其价值难以简单用营收标准来衡量。

六、其他

除了广告、营销服务、电商业务、直播打赏、平台补贴这些主流营收类型之外，

---

① 李嘉泽. 短视频平台 MCN 化运营下的盈利模式：基于"抖音"平台的案例 [J]. 产业经济评论，2022 (3)：188-200.

MCN 机构还有 IP 授权、课程销售/培训、线下商演、海外广告营销等营收渠道。这些项目构成了 MCN 机构的常规营销模式。此外，在从松散到规范的发展过程中，MCN 机构的经营活动中也存在一系列游走于规则边缘的灰色营收模式，如账号交易。

账号交易是指 MCN 机构对于旗下的签约账号或非签约主播手中的优质账号进行经营出售或收购，以获得收益的经营行为。

一般说来，MCN 机构的账号交易包括出售和购买两种。

出售账号方面，通常有两种交易模式。

1. 账号孵化交易

这种交易方式是指 MCN 机构遵循短视频平台的内容需求和制作方法，创建并运营账号，生产视频内容，培育一定规模的粉丝流量。在流量成熟并达到粉丝增长瓶颈后，MCN 机构会根据粉丝数量在第三方平台进行交易，从而获得利润。相比早期的账号交易方式，这种交易的账号质量更高，价格也更贵，同时商业价值也更好。

2. 账号内容定制

这种方式主要针对一些涉足新媒体运营的传统企业，它们没有账号运营管理制作的经验、人员、技术和设备。这些企业可以通过内容定制和外包的方式，将账号运营交给专业的 MCN 机构来管理。例如，一些地区的公安系统的官方抖音账号就是通过这种方式制作的，取得了很好的宣传效果。此类情况与 MCN 机构代运营有相似之处，不同点在于账号的后期归属与管理差异。

除了出售账号之外，MCN 机构也会收购账号。MCN 机构收购账号的目的通常如下。

1. 快速获取粉丝

通过购买已有大量粉丝的账号，MCN 机构可以快速获取到大量的目标用户，缩短账号的成长周期，提高品牌知名度和影响力。

2. 提升账号的商业价值

拥有大量粉丝的账号具有更高的商业价值，可以吸引更多的广告商和赞助商，从而实现商业变现。

3. 获得更多的收益来源

除了广告商和赞助商的赞助外，拥有大量粉丝的账号还可以通过其他方式获得收益，如直播打赏、付费阅读、电商推广、平台补贴等。

4. 降低成本

相对于从头开始培育一个新账号，购买已有粉丝的账号可以节省时间和人力成本，更快地实现商业目标。

5. 拓展业务领域

MCN 机构会通过购买某个特定领域的账号来拓展自己的业务领域，进入新的市场或行业。

6. 增加内容多样性

通过购买不同类型或风格的账号，MCN 机构可以增加自己的内容多样性，吸引更多不同类型的用户，提高品牌影响力和用户黏性。

7. 投资潜力账号

MCN 机构若是发现了某个潜力账号的发展前景，便可以通过购买该账号来进行投资，等待其未来价值的提升。

8. 战略调整

MCN 机构出现战略调整或业务转型时，需要将一些不符合自己发展方向的账号出售，以集中资源和精力发展核心业务。

9. 规避风险

通过购买已有粉丝的账号，MCN 机构可以规避一些新手账号在成长过程中可能面临的风险和挑战，如内容创作难度、用户流失等。

10. 整合资源

MCN 机构可以通过购买账号来整合行业内的资源，将多个账号集合在一起，形成一个更具影响力的媒体矩阵。

11. 短期收益

MCN 机构可以通过购买账号来获得短期的收益，例如，购买某个热门话题的账号，快速吸引粉丝并获得广告收入。

MCN 机构收购账号的具体流程如下。

第一，确定交易对象。MCN 机构需要确定将购买的账号对象，可以通过市场调研、平台推荐等方式来寻找合适的账号。

第二，进行账号评估。MCN 机构需要通过对账号的粉丝数量和活跃度、内容质量和行业领域、品牌合作和广告收入、社交媒体影响力、账号的历史和发展潜力进行评估，以确定账号的价值和潜在收益。

在评估账号价值时，粉丝数量是评估的重要因素之一，粉丝数量越多，账号价值越高。同时，粉丝的活跃度也是一个重要的指标，活跃粉丝的比例越高，账号的价值也会相应地提升。

内容质量是评估账号价值的另一个重要因素，高质量的内容可以吸引更多的用户关注，从而提高账号价值。此外，账号所属的行业领域也是评估因素之一，一些热门行业的账号价值通常会更高。

品牌合作和广告收入也是评估账号价值的重要指标。如果一个账号已经与多个品牌合作，或者能够通过广告收入获得稳定的收益，那么这个账号的价值就会更高。

除了以上因素外，社交媒体影响力也是一个重要的评估指标。如果一个账号在社交媒体上有较高的影响力和话题性，那么这个账号的价值也会相应地提升。

账号的历史和发展潜力同样是评估账号价值的因素之一。如果一个账号有较长的发展历史和稳定的增长趋势，那么这个账号的价值也会更高。

需要注意的是，以上因素只是评估账号价值的一些常见指标，具体的评估标准还会因不同的 MCN 公司、不同的平台和市场情况而有所不同。因此，MCN 公司在评估账号价值时需要综合考虑多个因素，并根据实际情况做出合理的判断。

第一，协商交易价格。在评估完账号后，MCN 机构需要与卖家协商交易价格。交易价格通常会根据账号的粉丝数量、质量、内容质量、行业领域等因素来确定。

第二，签订交易合同。在协商好交易价格后，MCN 机构需要与卖家签订正式的交易合同。合同中需要明确双方的权利和义务，包括交易价格、付款方式、过户手续等细节。

第三，办理过户手续。在签订好交易合同后，MCN 机构需要按照合同要求办理过户手续，将账号的所有权转移到自己名下。过户手续通常包括修改账号密码、更换绑定手机等操作。

第四，运营和维护账号。完成过户手续后，MCN 机构需要开始运营和维护账号，包括制订内容计划、制作和发布视频、与粉丝互动等，以提高账号的影响力和商业价值。

MCN 机构在进行账号交易时需要遵守平台的规定和政策，确保交易的合法性和安全性。抖音直播平台官方对账户交易就明确持否定态度。另外，MCN 机构也需要充分了解市场情况和行业趋势，以做出明智的投资决策。

总之，MCN 机构在发展过程中，在为创作者与平台提供服务的基础上，不断开拓新的业务模式和盈利渠道，而且还在根据自己的实际情况、市场变化、行业趋势等因素不断调整自己的利润分布、业务发展方向与经营模式，力图获得最好的发展效果。

第四节　MCN 的发展现状

自诞生以来，随着互联网的发展和网红经济的兴起，我国 MCN 行业得到了快速成长，不但在规模上早已远远超越了美国的 MCN 公司，还诞生了具有鲜明中国特色的 MCN 机构运营模式与发展态势。时至今日，MCN 已经成为网络直播、短视频行业的主流组织形态与行业模式。不仅在经济领域有一席之地，而且还在不断探索着适应中国社会需求的 MCN 形态与功能，呈现出蓬勃的发展态势。

一、产业规模持续扩大

2023年4月27日,国家广播电视总局发布的《2022年全国广播电视行业统计公报》显示,2022年国内短视频、电商直播的市场规模已经达到3210.42亿元,其中MCN行业的市场规模约占13.5%。

从数据统计来看,自2019年我国MCN机构数量超20000家以来,MCN机构的数量增长便逐渐放缓,行业进入存量迭代阶段。但是,在存量迭代的背景下,MCN产业规模却在持续增长。截至2023年2月,营收规模1亿以上的MCN机构达到2300余家,相比2019年的1600余家,增幅显著。此外,2022年统计数据显示,在这一年里营收增长的MCN机构数量占比49%,其中增幅在100%以上的占比26.3%。

虽然MCN机构的数量增长逐渐放缓,但整个MCN行业的产业规模仍在不断扩大,随着MCN机构业务覆盖范围的不断扩大和产业模式的逐渐成熟,整体实力不断提升,越来越多的传统广电集团、头部影视公司,甚至是政府部门进入MCN产业链,越来越多的品牌方开始将营销预算投入MCN机构的营销服务。随着数字基础设施的进一步完善和AIGC等新技术对内容生产的助力,我国MCN行业规模还会迎来一个新的爆发期。

二、头部MCN机构高速增长

MCN行业在发展初期经历过野蛮生长和快速爆发阶段。整个产业的高速增长掩盖了个体机构的不足。但是,在爆发式增长和数轮流量收割之后,进入增长放缓的存量迭代期的MCN行业开始呈现出组织规模两极分化的新态势。一方面头部MCN顶端优势更加突出;另一方面入局MCN行业的门槛逐渐提高。2022年MCN机构组织规模分布情况见图7-5。

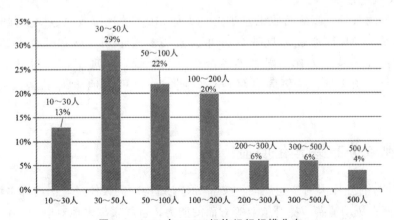

图7-5 2022年MCN机构组织规模分布

《2023克劳锐中国内容机构(MCN)行业发展研究白皮书》数据显示,2022年我国MCN机构组织规模相比2021年出现了两端增长,中段压缩的趋势。机构人数在30~

50人的机构占比从2021年的23%增长到29%。人数在300～500人及500人以上的头部MCN机构分别由2021年的3%和2%增长到6%和4%，增幅巨大。而机构人数在50～100人的腰部MCN机构比例却由2021年的37%下降到22%，整个MCN机构集群的纺锤形结构逐渐消失。

不仅是机构人数开始出现两极分化态势，头部MCN账号规模变化也较为显著。我国MCN机构签约账号规模分布变化见图7-6。

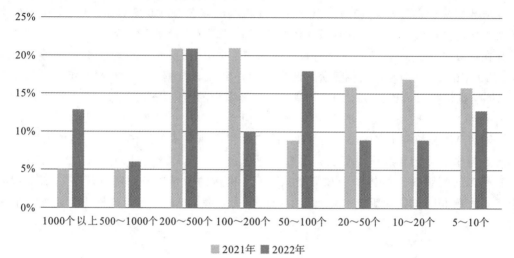

图7-6　我国MCN机构签约账号规模分布变化

从图7-6可以看出，2021年到2022年，签约账号1000个以上的MCN机构占比增加了接近两倍。整个发展规模呈现出头部MCN机构快速增长扩大而尾部缩减的态势。

在营收规模方面，伴随着移动互联网的高速发展，MCN行业营收规模整体呈现出爆发性增长势态，其中头部MCN机构增长尤为明显。截至2022年底，营收过千万的MCN机构占比已经达到37%，营收过亿的头部MCN机构占比达到9.6%，营收超过3亿的MCN机构超3%。

在海量签约账号、高额营收的基础上，头部MCN的规模效应进一步强化了其顶端优势。各大头部MCN通过拓展业务分布、拓展多级市场、增加合作品牌行业范畴等方式，在涵盖美妆、美食、娱乐等各个行业和领域，实现了市场份额70%以上的占比，成为行业领头羊。在稳固自身地位的同时，也极大地压缩了新入局者的生存空间。

三、地域分布差异化明显

由于MCN行业庞大的产业规模，头部MCN机构的巨大体量，国内许多城市越来越重视直播电商在拉动消费、提升就业等方面的能力，也越来越多地对电商行业、MCN行业、MCN机构进行政策扶持、产业支持。

其中，上海、北京、杭州、南京、芜湖等城市对电商直播行业给予了资金奖励。芜湖市的政策极为突出，该市对从事专业直播运营年营业收入首次超过2000万元、

5000万元、1亿元、5亿元的企业,分别给予一次性奖励50万元、100万元、200万元和300万元。对于获得国家级、省级政府(或省级商务部门)颁发荣誉的直播电商企业,在获得上级奖补资金的基础上加计20%奖励。商业楼宇、工业园区在建筑面积、公共配套面积、配套设施、入驻企业等方面符合规定条件的孵化载体,给予一次性100万元的运营补贴。

该市还鼓励MCN机构引进主播。MCN机构独家签约年带货销售额5亿元(含)以上头部主播的,而且带动地方企业年商品销售额达到1.5亿元(含)以上,经县(市)区政府(开发区管委会)认定后,给予一次性500万元奖励;MCN机构独家签约年带货销售额2亿元(含)以上头部主播的,而且带动地方企业年商品销售额达到6000万元(含)以上,经县(市)区政府(开发区管委会)认定后,给予一次性200万元奖励;MCN机构独家签约3名(含)以上主播,而且有3名主播年带货销售额5000万元(含)以上的,经县(市)区政府(开发区管委会)认定后,给予一次性50万元奖励。[1]

尽管诸多地方政府先后出台了一系列对直播行业、MCN产业的支持政策,但由于我国经济长期存在东西发展不均的状态,MCN机构发展也同样出现了地域分布差异化明显的态势。2022年,中国MCN机构数量占比排名前6名的分别是广东(14%)、北京(13.5%)、上海(8.2%)、浙江(7.7%)、山东(6.3%)、江苏(6%)。

由此可以看出,MCN机构的创办与发展对经济发达环境的依存度相当高。同时,MCN机构也会以其对电商、消费领域的支持、强化作用进一步加强发达地区的经济发展。两者事实上形成了一个良性循环的发展模式。除此之外,MCN机构在经营方向、类型上也呈现出与地域特征紧密相连的特点。

四、行业政策逐步规范

2018年以来,伴随着短视频、直播行业的快速发展,MCN行业也迎来了爆发期。随着MCN机构数量的快速上涨,一系列行业乱象也随之而生。国家互联网信息办公室网络综合治理局局长张拥军介绍,2021年年底的调研数据显示:几家头部的网站平台中,拥有1000万以上粉丝的账号,大约有40%都是由MCN机构签约的。以其中一个重点平台为例,该平台入驻的MCN机构旗下账号超过30万个,年均生产信息超过3300万条。[2]

海量的信息生产、逐利的经营模式、相对缺失的管理机制,都导致这一阶段的MCN行业乱象横生。由于过度追逐利益,大量MCN机构片面追求流量,炒作热点事件、制造舆论话题、罔顾公序良俗,甚至有的MCN机构会制作软色情信息或者刻意制造错误的价值导向,煽动网民对立。其间还出现了大量法律纠纷,据统计,仅2018年,涉及MCN与主播之间的法律纠纷就有110527件[3]。

---

[1] 参见《芜湖市人民政府办公室印发关于支持直播电商产业高质量发展的若干政策规定的通知》。
[2] 数据来源于央视网。
[3] 数据来源于中国司法大数据服务网。

社会发展过程中,新技术、新形态的诞生之初,必然伴随着一段时间的混乱期。但随后,必然会诞生与之相适应的政策规范。为整治互联网乱象,规范 MCN 行为,国家互联网信息办公室网络综合治理局局长张拥军在 2022 年"清朗"系列专项行动新闻发布会上回答记者提问时特别指出:"我们对 MCN 机构的规范并不是说要把他们'一棒子打死',我们更是希望他们合法规范运行,君子爱财,取之有道,堂堂正正才有未来。"

为了实现对 MCN 机构信息内容乱象的整治,规范 MCN 机构与信息内容有关的业务活动,中央网信办、国家广播电视总局、国家税务总局、国家市场监督管理总局、文化和旅游部等部门联合或独立发布了一系列相应的法律规范,明确直播营销平台、MCN 机构和主播等多方在相关行业行为中的责任和义务,尤其对 MCN 机构的合规性提出了具体要求。MCN 行业相关政策具体见表 7-1。

表 7-1 MCN 行业相关政策

时间	政策	发布单位	主要内容
2021 年 4 月	网络直播营销管理办法(试行)	国家互联网信息办公室、公安部、商务部、文化和旅游部、国家税务总局、国家市场监督管理总局、国家广播电视总局	规范直播营销平台、直播间运营者和直播发布者的行为规范、责任规范
2021 年 8 月	网络表演经纪机构管理办法	文化和旅游部	规范 MCN 直播机构,整顿网红乱象
2022 年 3 月	"清朗·MCN 机构信息内容乱象整治"专项行动	中央网信办	集中整治 MCN 机构及其旗下账号违法违规行为;明确 MCN 机构信息内容业务活动标准与责任;建立监管机制
2022 年 3 月	关于进一步规范网络直播营利行为促进行业健康发展的意见	国家互联网信息办公室、国家税务总局、国家市场监督管理总局	规范直播电商行业生态,改善 MCN 机构和主播达人之间的经营管理问题
2022 年 4 月	"清朗·整治网络直播、短视频领域乱象"专项行动	网信办、国家税务总局、国家市场监督管理总局	整治直播间营造虚假人气、虚假带货、虚假流量行为;整治 MCN 机构账号管理问题

续表

时间	政策	发布单位	主要内容
2022年6月	网络主播行为规范	国家广播电视总局、文化和旅游部	规范网络主播从业行为
2023年3月	"清朗·从严整治'自媒体'乱象"专项行动	中央网信办	督促网站平台健全账号注册、运营和关闭全流程全链条管理制度，加强账号名称信息审核、专业资质认证、信息内容审核等常态化管理；强化"自媒体"监管，遏制"自媒体"违规营利
2023年4月	"清朗·优化营商网络环境 保护企业合法权益"专项行动	中央网信办	打击假冒仿冒他人企业名称、注册商标、注册账号等侵害行为；打击恶意炒作行为；依法查处侵害企业、企业家合法权益的内容和账号
2023年7月	关于加强"自媒体"管理的通知	中央网信办	加强"自媒体"管理，压实网站平台信息内容管理主体责任，加大对"自媒体"所属MCN机构管理力度

除了以上全国性规范条例之外，部分地区也出台了区域性规范与法规，来约束MCN机构的行为。2020年11月，上海市委宣传部、上海市文化和旅游局与杨浦区人民政府共同举办"品质直播第一城"活动，成立了全国首个MCN专委会，制定《多频道网络服务机构运营指南》，通过"直播24条"推动行业发展，促进行业自律。

通过几年来的法规制定，目前网站平台陆续建立起了MCN机构分级管理制度，通过入驻协议，规范了MCN机构信息内容业务活动的标准和责任；为MCN机构画出了行为红线，约束了MCN机构造舆论、蹭热点的逐利行径，严禁MCN机构为牟利打造"网红儿童"，操控旗下账号虚构关注度、浏览量、评价评分，歪曲事实真相、误导公众等。

目前，一系列MCN行业治理、法规制定的整体思路都是为了实现平台管理、政府监管与社会监督的整体化和行业行为准则的规范化。随着相关政策法规的陆续出台，国家数次清朗行动的整顿，MCN经营环境逐渐向规范、有序的方向变化，行业环境日趋规范。随着社会的进步、行业的发展，在未来，政府、行业协会、平台、MCN机构内部还会进一步优化相应的法律法规及管理制度，实现对MCN行业从法规到自律的全方位监管，促使行业良性发展。

我国MCN行业已经形成具备中国特色的稳定发展势态。当前的MCN行业，整体呈现出产业规模持续扩大、头部MCN机构高速增长、地域分布差异化明显、行业政策逐步规范等一系列基本现状，助力我国直播、短视频等行业进一步快速、规范发展。

第五节　MCN发展趋势

MCN行业本质上是伴随着直播、短视频行业等移动传媒生态而生的一种媒体组织形态。2018年之前，MCN行业是新传媒公司的纷争，也是新传媒公司抢在传统媒体集团前的筑城占地。2018年后，一方面新媒体公司的MCN机构头、腰、尾格局已经初步成形；另一方面传统广电媒体甚至政府机构也开始入局MCN行业。整个MCN行业格局从增量竞争进入存量竞争状态，政府管理机构也制定了相关法律法规。正是这种政府、社会监管下的存量竞争状态，奠定了MCN后续的发展方向与发展趋势。

MCN诞生初期，网络直播、短视频行业蓬勃兴起，网络平台流量红利巨大，借助时代发展契机，整个MCN行业处于增量发展状态，行业门槛低、商业价值大，但同时行业秩序、行业规则，乃至内容生产都处于探索阶段。过分追逐利益，罔顾公序良俗的现象屡见不鲜，还出现了大量法律纠纷。中央网信办连续两年在所牵头开展的"清朗行动"中连续点名MCN行业，并为其专门开展了专项整治行动。

尽管前期的MCN行业乱象纷呈，但整体看来，由于整个行业都具备增量发展阶段的蓝海特征，即便是粗放式野蛮生长，也取得了较快的发展速度。

但是，从前文中的MCN发展曲线可以看出，从2019年起，MCN机构数量的增长速度就开始放缓。一方面是网络平台红利期即将消失；另一方面也是先发机构打造的商业护城河起到了作用。目前就国内的网络平台数量而言，MCN机构的发展已经接近上限，在开拓出新市场之前，很难有爆发式的增长了。此外，近年快速发展的人工智能、新型显示等新科技，同样会对传媒领域的生产形态、生产关系产生影响。这两方面的因素相结合，就奠定了MCN行业未来的发展趋势：以新兴科技为基础的有序存量竞争时代。

一、差异化赛道内增效提速

存量化市场竞争背景下，整个MCN行业竞争加剧，盈利难度提升。为了进一步寻求发展，MCN必须一方面"降本增效"，另一方面积极升级，寻求新的增长点。这一阶段，过去片面追逐热点领域、同质化生产的方式已经难以获得新的增长点了。MCN机构要想找到新的增长点，就必须在稳固、提升主营业务市场占有率的基础上开拓差异化赛道，从而实现提速增效。

差异化竞争的方向之一在于深耕垂直内容赛道。历史上报纸、广播、电视、网络媒体都曾经历传播内容从大众化到分众化、小众化的时代,MCN 同样需要经历这种变革。目前 MCN 的发展趋势中,在内容上进一步细分类别,做深、做专业,优化、强化表现力成为深耕垂类赛道的发展方向。以 MCN 行业传统强项美妆为例,有 MCN 机构开始尝试精准内容规划,按照不同内容方向,匹配旗下签约 KOL,在内容生产上分成产品对比、空瓶分享、深度评测、好物推荐等不同方向,通过达人矩阵实现美妆行业的垂类深耕。

从统计数据上看,2022 年以来,之前火爆的快消品、美妆、时尚等内容占比有所下降,而汽车、户外旅行、知识分享等差异化赛道内容却有所上升。这正是 MCN 探索差异化赛道发展的表现。此外,差异化赛道发展还体现在内容生产形态拓展上,可实现创新收益。

二、企业规模继续提升

截至 2022 年,营收规模 3 亿以上的机构占比 3.2%,营收超过 5000 万元的 MCN 机构数量也达到了 12.9%。年营收达到 5000 万元,已经摸到了在国内交易所上市的门槛。杭州如涵控股股份有限公司,2019 年在纳斯达克上市,成为国内首家在美上市的 MCN 机构,但仅仅过了 2 年,便从美股退市离开。

许多 MCN 机构进入国内证券市场。此外,上市公司布局 MCN、MCN 机构谋求上市的计划越来越多,MCN 行业头部公司进一步融资提升企业规模的决心可见一斑。

积极投身资本市场之外,MCN 机构也积极通过延长产业链,增加经营项目的方式,进一步做大企业。传统 MCN 的电商业务通常是与品牌、平台合作,自己不生产商品。但是 2022 年以来,MCN 机构纷纷开始抛弃轻资产模式,购置不动产,以"重资产"模式完善、延伸直播产业链。在未来的发展中,将产业链延伸至选品,甚至工厂投资、商品生产的 MCN 机构会越来越多。

此外,国内市场已经进入存量竞争时代,但海外市场还属于蓝海时期。优质 MCN 机构出海成为企业寻找新增长点、拓展业务的重要支撑。

MCN 出海虽然目前看来是一片蓝海区域,但出海也是机遇与困难并存。目前 MCN 机在国内的运营管理与商业模式均已非常成熟,但如何做到本土化是跨国业务无法绕开的问题,新的国家与市场存在着不同的文化习俗、政策法规、营商环境等。要想较好地开拓海外市场,这些问题必须予以解决。

一方面稳固传统主营业务规模;另一方面借助上市融资,业务出海。在可见的未来,MCN 企业规模还将继续扩大。有预测认为,到 2025 年,我国 MCN 行业业务总量将达到 700 余亿元规模。

三、政务、服务功能继续增加

作为新媒介时代的媒体组织形态,MCN 理应完全具备媒介的政务、商务、服务功能,发挥出信息传播、政府治理、公共服务、商业服务能力。但是,在前一阶段的发展过程中，MCN 的发展几乎完全聚焦于商务功能上。随着广电、政府机构先后入局 MCN 行业，在传统的商务功能之外，MCN 政务、服务功能也将发挥出应有的效果。

其中，广电 MCN 着眼于依托广电属地影响力、官方媒体公信力和新闻传播力，在信息传播与本地生活服务方面发挥媒体功能，适度展开媒体电商业务，主要服务于地方经济。

政府 MCN 方面，佛山政府创办的"纷享佛山政务视频 MCN"也通过"E 网同心汇"系列活动逐步在实现全市政务视频账号的宣传联动、资源共享、提质发展。

伴随着广电、政府 MCN 的进一步发展，此类信息传播、政府治理、公共服务、正确价值导向方面的业务还会继续增加，最终使整个 MCN 生态从纯商务运作回归媒介生态的平衡属性状态。

四、科技进步助推行业进步

自 2021 年起，虚拟人、元宇宙、AIGC 技术不断涌现，在促进社会发展的同时，也推进了多个行业的进步，MCN 行业同样因此而改变。

首先被 MCN 机构应用的技术是数字虚拟人主播。通过新技术的引入，MCN 机构得以提升优质内容生产能力并开始改变 MCN 机构内部的生产关系。AIGC 的引入，使 MCN 的内容制作成本大幅度降低。虚拟人、数字孪生技术的使用，一方面赋能了内容创作者，有效提高了生产效率；另一方面给虚拟直播、24h 客服业务的落地奠定了基础，并有效减少了 MCN 公司与主播之间的合同纠纷，尤其是改善了经纪型 MCN 与签约主播关系不稳固的问题。VR、AR、MR 技术的落地，能够有效增强用户体验，实现虚拟与现实的交互。

我国 MCN 行业在发展过程中早已超越美国 MCN 行业范畴。从经营方式、平台合作、管理思路到员工培养，都是一步一步摸索前行。其中的变革、进化，都是必经之路。任何方向的探索与创新，可能成功，也可能失败，但都是有益的尝试。MCN 行业崛起于直播、短视频的爆发期，也可能会在平台红利结束时走向另外的方向。但无论如何，探寻可复制的成功之途，在行业进入存量竞争时期保持住流量基本盘，优化商业模式，面向未来进行转型探索，终将形成独具中国特色的直播行业 MCN 业态。

◕ 本章小结

本章详尽阐述了 MCN 机构在网络直播行业中的重要角色，从起源到发展，从业态分类到运营模式，全面展示了 MCN 机构的全貌。

其中，第一节追溯了 MCN 的起源与概念，从美国 YouTube 平台的"The Station"联盟到中国短视频与直播行业的蓬勃发展，揭示了 MCN 机构如何从简单的中介组织成长为具有内容管理、运营、经纪、商业变现等多功能的综合体。在第二节中，我们解析了 MCN 机构的业态分类，包括内容生产型、运营型、营销型等不同类型的特点，以及它们如何在中国环境下创新并发展出独具特色的运营模式。这一节还深入讨论了 MCN 机构的运营方式及盈利模式，如广告、营销服务、电商业务等，展示了 MCN 机构如何通过多元化的业务模式实现盈利。第三节详细介绍了 MCN 机构的营销服务，包括服务周期、工作量、业绩指标和项目复杂度等收费依据，以及营销服务的多样化费用标准。电商业务被确立为 MCN 机构的最高盈利模式之一，尤其是直播电商，它通过主播的筛选试用，为消费者节省选择成本，推动快速决策，改变了传统电商模式。此外，本节还概述了 MCN 机构电商业务的五大方面，从网红电商销售到供应链管理，以及电商平台的搭建与运营，展现了 MCN 机构在电商领域的广泛布局和深远影响。

最后，本章总结了 MCN 机构的发展现状与趋势，包括产业规模、头部机构发展、地域分布及未来发展方向，为读者提供了深入了解 MCN 机构及其在网络直播行业中的作用和地位的框架。通过本章的学习，读者能理解 MCN 机构的多元化业态和运营方式，以及它们在网络直播行业中的关键作用。

第八章 网络直播的法律监管

◆ **本章主题：**

随着网络直播的快速发展，建立健全的法律监管体系对于保障该行业的健康、可持续发展至关重要。本章介绍了法律监管的定义与特征、国内外网络直播监管政策对比，法律监管的基本原则与目标；详细解析了内容的监管与审查，包括内容监管机制、自我审查与平台责任、政府部门监管与指导等；还探讨了网络直播违法不良信息的界定，包括低俗、暴力、色情内容，侵犯隐私与名誉权、误导性信息与虚假广告等。最后，分析版权保护与知识产权、用户数据保护与隐私权、税收法规与财务管理、直播电商的法律规范，以及监管挑战与应对策略。

◆ **学习重点：**

网络直播的法律定义与特征；法律监管的基本原则与目标；内容监管与审查；用户数据保护与隐私。

◆ **学习难点：**

理解法律监管在网络直播行业健康发展的重要性；如何保障行业的持续健康发展；监管挑战与应对策略。

网络直播行业作为数字时代新兴的文化传播和社交互动平台，近年来呈现出爆炸式增长态势，极大地丰富了人们的娱乐生活和信息获取渠道。然而，其快速发展也伴随着诸多问题，比如，涉及直播平台、MCN 机构、主播、用户等的法律问题层出不穷。因此，加强网络直播行业的法律监管，细化内容审查标准和流程，既是保证网络空间清朗、维护用户权益的关键举措，也是推动行业向更加专业化、规范化的道路迈进，实现可持续发展的必然要求。

第一节 法律监管概述

一、网络直播的法律定义与特征

从法律视角来看,网络直播可被定义为一种利用互联网技术,实时传送音频、视频或多媒体信息,实现与公众即时交互的传播活动。此定义凸显了三个核心要素:其一,实时性,即内容的产出与接收几乎同步;其二,以互联网为媒介,打破地域限制,实现全球传播;其三,信息类型的广泛性,涵盖娱乐、教育、新闻报道、电子商务等多个领域。

网络直播活动需严格遵守《网络安全法》《电子商务法》《广告法》《反不正当竞争法》等相关法律法规,旨在保障公民、法人和其他组织的合法权益,同时维护国家安全和公共利益,并促进信息的自由流通。

网络直播的特点包括实时互动、内容多元、技术融合、监管复杂、商业模式创新以及承担社会责任。由于其内容即时生成并广泛传播,对内容的监管极具挑战,需要法律、技术和行业自律的综合运用,以确保内容的合法性和健康性,防止不良信息的蔓延。此外,网络直播催生了诸如虚拟礼物、广告植入、付费观看等新兴商业模式,为内容创作者和平台带来了经济效益,但同时也引发了版权、税收和消费者权益保护等新的法律问题。不可忽视的是,网络直播平台和主播还需肩负起重要的社会责任,如保护未成年人免受不良信息侵害,维护网络环境的文明与和谐,以及推动社会正能量的传播。

因此,网络直播不仅是技术与文化的结晶,更是法律框架下的社会活动。其发展与规范需在保障信息自由流通、激发市场活力与保护公共利益之间寻求微妙的平衡。

二、国内外网络直播监管政策对比

网络直播作为一种全球性的传播方式,其监管政策在国内外均面临类似的挑战。然而,在具体的监管措施、法律架构及其实施力度上,国内外却呈现出各自独特的风格。

就监管框架与法律基础而言,国内的网络直播监管政策形成了一套政府主导、多部门协同的完善系统。自 2016 年起,国家互联网信息办、国家新闻出版广电总局等部门相继颁布了《互联网直播服务管理规定》等一系列规章制度。这些制度通过实名制、内容审查等手段,明确了直播内容的界限,强化了平台的主体责任,构建了一个从预防到惩处、全面监管直播内容的体系。同时,针对未成年人保护、版权保护及广告营销等方面,也有专门的规定,展现了政策的全面性和细致性。

相较之下，国外的网络直播监管政策通常基于更广泛的法律框架，例如，美国的《通信规范法》和欧盟的《通用数据保护条例》等。尽管这些法律并非专为网络直播而制定，但它们为内容责任、用户隐私及数据安全等方面提供了法律支撑。在监管方式上，国外更倾向于市场自我调节与公众监督的结合，政府直接介入较少，但对违法行为的处罚同样严厉，特别是在版权和儿童保护方面。

在内容审核和技术应用上，国内将内容审核视为监管的核心，要求直播平台通过智能审核系统进行实时监控，以确保直播内容合法且符合社会伦理。平台需对直播内容进行全程审查，包括预审、直播中监控及直播后复查，并迅速响应违规行为，这体现了"预防为主，综合治理"的监管原则。国外虽然也重视技术在内容管理中的应用，但其监管策略可能更偏向于事后应对，即在内容发布后，依赖用户举报和算法识别等机制来发现并处理违规内容。不过，随着技术的进步和问题的显现，像 Facebook、YouTube 这样的大型平台也开始加强直播内容的实时监控和过滤技术，以减少不良内容的扩散。

在法律责任和公众参与方面，国内违反网络直播监管规定的个人和平台，须承担明确且严重的法律后果，包括警告、罚款、停业整顿，甚至追究刑事责任。同时，通过实施行业禁入"黑名单"制度，对屡教不改的违规者进行行业禁入，从而有效震慑违法违规行为。而在国外，尽管对违规行为也设有法律处罚，但在监管实践中可能更侧重于公众参与和行业自律。例如，通过建立便捷的举报机制来鼓励用户监督，并利用舆论压力促使平台进行自我净化。此外，在版权侵权等案件中，民事诉讼也是一种常见手段，受害者可以通过法律途径寻求赔偿，这在一定程度上弥补了政府监管的不足。

总的来说，尽管国内外在网络直播监管政策上有共通之处，比如，都重视内容安全和用户保护，但在监管方式、法律依据、技术应用及公众角色等方面却展现出不同的特色。这反映了各自的社会治理理念和法律文化背景的差异。

三、网络直播的法律监管基本原则与目标

网络直播作为数字时代的重要传播形式，其法律监管的基本原则围绕维护秩序、保护权益与促进健康发展展开。首先，合法性原则是基石，要求直播内容严格遵守国家法律法规，坚决抵制违法信息的传播。其次，真实性原则强调内容的真实可信，旨在构建诚信的网络生态。特别值得注意的是保护未成年人原则，体现了对青少年成长环境的高度关注。再次，公平竞争原则确保市场良性互动，而用户权益保护原则则聚焦于个人信息安全与隐私保护，维护公众的数字权利。最后，社会责任原则呼吁直播平台及主播积极传播正能量，共同塑造积极向上的网络文化。

追求上述原则的同时，网络直播的法律监管旨在达成多维目标：首先，首要目标是维护国家安全与社会稳定，阻断一切可能的负面影响。其次，保护公共利益与消费者权益，通过净化内容、强化透明度来保障用户免受误导和侵害。再次，促进产业的可持续发展，通过合理规制激发创新活力，引导行业向更加成熟、规范的方向迈进。同时，建立和完善监管体系是实现有效治理的关键，这包括从内容审查到行为监控的全链条管理。最后，增强法律意识与推动行业自律，是提升整体合规水平、减少违法违规行为的有效途径。

第二节　网络直播内容的监管与审查

网络直播内容的监管与审查具有重要意义，它不仅是维护网络空间清朗、保护青少年健康成长的关键措施，也是打击违法犯罪、保障社会公共安全、促进数字经济健康发展的重要保障。网络直播违法不良信息包括但不限于淫秽色情、暴力恐怖、侵犯版权、造谣传谣、诱导犯罪、侵犯隐私、侮辱诽谤、假冒伪劣推销等，这些界定的依据是国家法律法规，以确保网络环境健康，保护受众权益。

一、网络直播内容的监管

1. 低俗、暴力、色情内容

网络直播中的低俗、暴力、色情内容是监管重点，这类不良信息严重影响青少年健康成长，破坏网络生态环境。

低俗内容指那些格调低下、粗俗不堪、违背社会良好风尚的信息，如使用粗鲁语言、进行性暗示、展示不雅行为等，容易引发模仿，扭曲价值观。暴力内容是指展示任何形式的身体伤害、血腥场面、残忍行为，以及宣传或美化暴力行为，可能诱发观众的暴力倾向，造成社会不安。色情内容是指违反国家有关网络信息安全和青少年保护法律法规的内容，包括行为、言语、图像、视频资料等含有强烈的性暗示的内容。

2024年6月18日，全国"打非"办公室通报了7起典型案例，犯罪团伙组织多名未成年人通过直播平台进行色情表演，这不仅违反了法律法规，还严重侵害了青少年的身心健康。这些案例凸显了网络直播领域在快速发展的同时，伴随而来的是内容监管的挑战，以及对社会道德和法律边界的冲击。相关部门已采取措施，如加强监管、通报典型案件、畅通网民举报渠道等，以遏制此类不良内容的传播。

2. 侵犯隐私与名誉权

网络直播作为一种新兴的媒介形式，虽为公众提供了丰富的娱乐和信息内容，但同时也伴随着侵犯隐私与名誉权的法律风险。这种风险不仅可能触及个人隐私的界限，更有可能导致个体社会评价的负面影响，进而触发名誉权相关的法律争议。这些侵权行为可能包括但不限于擅自披露他人个人信息、窥探家庭生活或在直播过程中发表贬损性言论。因此，为确保网络直播环境的健康与有序发展，我们必须加强对主播的教育培训、实施更为严格的内容审核标准，并努力提升广大观众的法律认知。

以户外直播为例，有专家特别指出，这类直播形式在未经许可的情况下，常常将路人或他人的形象、行为公开展示，这样做很容易触犯相关个体的肖像权和名誉权。尤其是当直播内容包含对某人的不实评价或负面言论,导致其社会声誉受损时,就明确构成了对名誉权的侵害。同样,如果直播中涉及他人不愿公开的私人信息或活动,也会被视为对个人隐私权的侵犯。

再来看室内直播,某些场景下,主播可能未充分考虑到同住者或访客的感受,直接将他们的生活状态、对话或形象通过直播展现给公众,这无疑也可能侵犯他人的隐私权。比如,家庭成员或室友的私密生活细节在未经同意的情况下被直播,这无疑会扰乱他们的私人生活空间。

自2016年起,各大电商平台纷纷推出网络直播功能,随后直播带货兴起。这种新型营销方式也带来了一系列法律问题。中国互联网络信息中心(CNNIC)发布的《报告》显示,大量网民在观看网络直播或网购时曾遭遇个人信息泄露、网络欺诈以及账号或密码被盗用等问题。具体而言,约有23.2%的网民经历过个人信息泄露,这表明在网络直播环境中,存在不法分子通过各种手段窃取用户信息的风险。

此外,该《报告》指出,有20%的网民曾遭受网络诈骗,这反映出网络直播中虚假信息和欺诈行为的普遍性,提醒用户必须保持高度警惕。另有5.2%的网友反映账号或密码被盗的情况,这要求用户更加重视账号安全,并采取更加有效的防护措施。在网络营销过程中,保护用户个人信息的安全至关重要,任何疏忽都可能导致严重后果。网友遭遇各类网络安全问题的比例见图8-1。

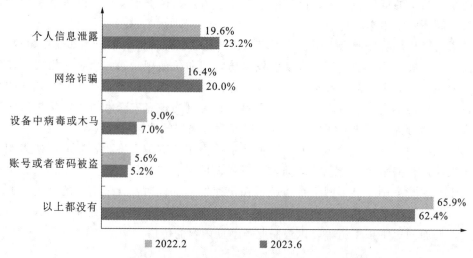

图8-1 网友遭遇各类网络安全问题的比例

在录屏转发与二次传播的过程中,侵犯隐私的问题也屡见不鲜。尽管初次的网络直播可能并未直接触及隐私侵权的红线,然而,一旦这些直播内容在未经许可的情况下被录屏并传播,尤其是当其中包含了个人隐私的敏感信息时,便有可能构成对个人隐私权的侵犯。

关于名誉权受损的案例也不在少数。有时,网络主播会借助直播平台散播关于他人的虚假信息或进行恶意贬低,从而对他人的名誉造成损害。面对这些侵权问题,法律为受害者提供了一系列救济措施。受害者有权要求删除侵权内容、获得公开致歉以及相应的经济赔偿。在极端情况下,他们甚至可以通过法律诉讼来捍卫自己的合法权益。因此,网络主播和直播平台都应提升法律意识，积极采取预防措施以避免此类侵权事件的发生。这包括但不限于事先获取相关人员的授权、建立并优化隐私保护机制等。通过这些举措，我们可以共同营造一个更加健康、安全的网络直播环境。

3. 误导性信息与虚假广告

网络直播中存在的误导性信息传播与虚假广告问题不容忽视，这些问题不仅侵害了消费者的合法权益，更对市场秩序造成了严重干扰。

在直播带货等商业营销活动中，部分主播为追求更高的销售业绩和利润，可能会采用夸大产品功效、掩盖商品瑕疵，甚至推广假冒伪劣产品的手段。例如，将普通食品宣传为具有医疗效果，或者展示不实的使用效果对比图，以此来诱导消费者进行购买。此类误导性信息和虚假广告不仅侵犯了消费者的知情权和选择权，更可能对消费者的健康和安全构成潜在威胁。

直播中的虚假宣传行为，既违背了道德规范，也触犯了法律法规。它不仅会给消费者带来重大损失，更可能对社会造成广泛的负面影响。虚假宣传特指在网络直播过程中，主播或商家通过不实夸大商品性能、功效等方式，诱导观众购买商品或服务的行为。这种行为的存在，严重破坏了市场的公平竞争环境，必须得到有效的遏制和打击。

为规范广告活动，保护消费者合法权益，1994年10月27日，《广告法》经第八届全国人大常委会第十次会议通过，自1995年2月1日起施行。修订后的《广告法》于2015年4月24日经第十二届全国人民代表大会常务委员会第十四次会议通过，自2015年9月1日起施行。[①] 例如，不能使用"最""史上第一"等表示程度的词语，不能在销售数量上使用"售罄""售空"等词语，因为使用这些词语往往都是主播为了提高销量或者激发消费力而做出的虚假性宣传。在形式上，广告内容虚假或者引人误解，这些带有迷惑性色彩的语言和行为加大了用户在消费面前保持冷静客观头脑的难度。

因此，网络上绝不能进行虚假或夸大的宣传，否则将构成传播虚假广告的行为，这不仅违背社会公序良俗，还可能因网络直播的强大传播力对网络消费环境造成深远的负面影响。对于此类现象，我们必须予以高度重视，并采取相应的规制措施。

作为消费者，应保持高度警惕，理性审视网络直播中的商品和服务信息，以防被虚假宣传所误导。一旦发现主播或商家存在虚假宣传行为，应立即进行举报投诉，这不仅是维护自身合法权益的必要手段，也是对社会公德的捍卫。

以"辛巴燕窝事件"为例，网络主播辛巴在直播带货时宣称其销售的即食燕窝为"天然无添加"产品，然而，在消费者质疑后，经查实，该产品中并不包含燕窝成分。此事件不仅体现了网络直播带货这种新型电子商务模式的复杂性和监管难度，更强调了提升消费者维权意识和能力的重要性。我们需要共同努力，营造一个健康、和谐、有序的网络购物环境。

---

① IMS（天下秀）新媒体商业集团. 直播电商法律法规解析 [M]. 北京：清华大学出版社, 2022.

二、网络直播内容的审查

实时监控技术与人工审核的紧密结合,已成为当下多个行业保障内容安全、实施合规管理以及提升运营效率的重要策略。这种策略融合了技术的高效处理能力和人类的丰富判断经验,共同构建了一个强大的信息管理和安全防护体系。

在现代信息管理与安全防护的实践中,实时监控技术凭借先进的算法和强大的大数据处理能力,能够对庞大的信息流进行持续不断的扫描与分析。其显著优势在于处理速度快和覆盖范围的广泛性。在这一环节,技术能够自动剔除那些明显违规的内容或行为,例如,敏感信息的传播或网络攻击的企图,从而实现初步的筛选和过滤,大幅减轻后续人工审核的工作负担。

人工审核则作为至关重要的第二道防线,专门处理技术筛选后遗留的边界案例或复杂情境。审核员依靠其深厚的经验和深入的理解能力,能够对内容的语境和意图进行详尽的剖析,从而确保判断的准确性和合理性。特别是在需要高度主观判断,或涉及文化、法律背景理解的情况下,人工审核的作用变得尤为突出。它能够有效地填补自动化监控可能存在的理解空白,例如,识别讽刺、隐喻等语言艺术形式中的违规内容。

二者的紧密结合还促进了反馈与优化的闭环机制的形成。通过人工审核对技术判定结果的核实与校正,可以不断地训练和增强监控算法的精确性和适应性,推动其向更智能化、个性化的方向发展。同时,根据实际审核过程中发现的新问题和趋势,可以不断地调整和优化审核的标准与流程,确保整个监控体系既能够迅速应对新的挑战,又能够始终保持高度的公正性和有效性。这种人机协作的模式,不仅实现了对技术能力的高效利用,也体现了对人类智慧的尊重和拓展,共同营造了一个更加安全、健康的网络环境。

第三节　版权保护与知识产权

在数字化时代飞速发展的背景下,版权法在直播领域的应用显得尤为重要与复杂。它不仅关乎对直播内容原创性的保护,也深刻影响着音乐、影视作品等版权素材的合法使用界限。正确理解和执行版权法规,成为保障创作者权益、维护内容多样性和创新活力的关键,也对推动直播行业健康可持续发展提出了新的要求和挑战。

一、版权法在直播中的应用

版权法在直播领域的应用广泛且深入,其目的在于切实保障内容创作者的权益,同时推动文化的多样发展与合法交流。接下来,我们将从两个核心方面详细解析版权法在直播中的应用。

首先是直播内容的版权归属问题。直播内容，包括但不限于主播的独特表演、即兴创作、精彩解说，以及在游戏直播中展现的个性化元素，都有可能构成受版权法保护的表达形式。《著作权法》明确规定，原创性是获得著作权保护的基础。因此，主播对其具有独创性的直播内容享有完整的版权。这意味着，他们有权决定如何复制、传播和展示其直播作品，并从中获取经济收益。但需要注意的是，如果直播中涉及游戏画面、背景音乐或电影片段等第三方版权内容，主播必须事先获得这些版权所有者的明确授权，否则可能会面临侵权的风险。

其次是在直播中合法使用音乐、影视作品的问题。在使用这些版权素材时，必须严格遵守版权法的规定，确保所有使用行为都是合法的。具体来说，一是需要获得版权所有者的授权。主播或直播平台应与版权所有者签订正式的许可协议，并支付相应的版权费用，特别是在直播中公开播放音乐或展示影视片段时。二是要合理利用版权作品。在评论、新闻报道、教学和研究等特定情境下，可以在未经授权的情况下使用版权作品，但这种使用必须严格遵循"合理利用"的原则且不能损害原作的市场价值。三是必须遵守直播平台的政策规定。许多直播平台已与版权管理机构建立合作关系，为用户提供一站式的授权解决方案。因此，主播在进行直播前，应详细阅读并严格遵守平台的版权指南，确保自己的所有行为都符合平台政策和版权相关法律的要求。

二、版权侵权案例分析

1. 直播间的音乐播放

一个具有代表性的音乐直播版权案例是 P 某因在直播中哼歌被诉赔偿 10 万元的事件。P 某，这位中国知名的游戏主播，在直播时即兴清唱了《向天再借五百年》这首歌曲。然而，这首歌的版权归属于特定的词曲作者及录音制作者，P 某因此收到了律师函，要求支付 10 万元的版权费用，此事迅速在网络上引发热议。

这一案例深刻反映了直播中使用未经授权的音乐作品可能带来的版权风险。在中国，《著作权法》明确规定，音乐作品作为受法律保护的智力成果，其版权归属于创作者，包括词作者、曲作者等。当音乐作品以录制形式存在时，录音制作者也享有相应的权利。因此，在直播环境中使用音乐作品，不仅可能触及著作权人的多项权利，如复制权、发行权、信息网络传播权等，还可能涉及表演者的表演者权及录音制作者的权利。

从版权侵权的角度来看，P 某在未经授权的情况下公开演唱《向天再借五百年》，这一行为被视为对音乐作品的公开表演，可能侵犯了歌曲的表演权。同时，由于直播是通过互联网进行的传播行为，因此也可能触犯了信息网络传播权，特别是直播的回看功能，进一步扩大了内容的传播范围，从而加剧了侵权的严重性。

在责任划分方面，尽管 P 某是直接行为人，但直播平台也可能因未能充分履行版权审核和管理职责而承担一定的连带责任。当然，平台具体是否应承担责任，还需根据案件的实际情况和"避风港原则"进行综合判断。

此外，10 万元的赔偿要求体现了版权方对侵权行为的零容忍态度以及对音乐作品价值的充分肯定。赔偿金额的确定通常会考虑侵权行为的性质、造成的后果和影响范围等多个因素。在此案例中，高额的赔偿要求不仅强调了版权保护的重要性，还可能对潜在的侵权行为起到警示作用。

这一事件的社会影响也是深远的。它不仅对P某个人产生了显著影响，更重要的是提升了公众对网络直播中音乐版权问题的关注度。越来越多的主播和观众开始意识到，即使是非商业性质的哼唱或背景音乐使用，也可能构成侵权行为，因此在使用前必须获得必要的授权或许可。

总之，P某哼歌被诉赔偿的案例，展示了网络直播中音乐版权保护的复杂性和重要性。它提醒直播从业者，包括主播和平台，必须重视版权法规，采取有效措施确保直播内容的合法性，比如通过购买版权许可、使用公有领域的音乐或者与版权集体管理组织合作等方式。同时，这也促进了行业内部对于版权合规机制的建设和完善。

2. 直播内容的二次创作与传播

另一引人关注的案例是某主播模仿热门电视剧桥段并进行幽默解说后制作成短视频在社交媒体上发布。尽管该创作展现了一定程度的独创性，但因未获得原剧版权方的授权，广泛传播对原创市场造成了影响，最终该主播被判定侵犯了原创作品的改编权和网络传播权，需承担包括删除视频、公开赔礼道歉及经济赔偿等法律责任。

以2022年CBA公司对哔哩哔哩（B站）母公司的诉讼为例，该案中，CBA公司指控B站多位UP主未经许可对CBA赛事进行二次创作并传播。这些二次创作内容虽受到篮球爱好者的喜爱，但CBA公司认为此行为侵犯其版权，构成不正当竞争。

从版权角度分析，CBA公司作为赛事组织者，拥有赛事直播、转播及衍生内容的版权。UP主们虽然对赛事画面进行了剪辑、整合，并添加了原创元素，但赛事画面的版权仍归CBA公司所有。此外，B站因提供平台并鼓励用户上传相关视频，被指控诱导和纵容侵权行为，从而陷入侵权和不正当竞争的争议中。根据中国《著作权法》和《反不正当竞争法》，未经版权所有者许可，擅自复制、发行、展示或通过网络传播其作品，以及实施混淆行为损害竞争对手合法权益的行为，均构成侵权或不正当竞争。

此案突显了网络直播内容二次创作与传播中的版权风险，尤其是在体育赛事等高度依赖版权保护的内容领域。它强调了创作者在进行二次创作时应获取原版权方授权的重要性，以及直播平台加强版权管理和合规审查的必要性。

当然除了侵权纠纷案件，也有不少正面案例。例如，《PUBG Mobile》（绝地求生手游版）直播切片二次创作成为热门短视频系列事件。张先生是一位知名的《PUBG Mobile》游戏主播，在某直播平台上拥有百万粉丝。他的直播以其高超的技巧、幽默的解说风格以及与观众的实时互动而著称。鉴于直播内容的受欢迎程度，张先生和他的团队决定将直播中的亮点片段进行剪辑加工，制作成一系列短视频在短视频平台上进行二次传播，以此吸引更广泛的观众群体并探索商业化潜力。

在版权归属问题上，对于原始直播内容，张先生作为主播，通常情况下享有直播内容的版权。根据直播平台的合作模式，若采用"合作分成模式"或"平台服务模式"，直播画面版权通常归属于主播自身。假设张先生与平台的合同中约定直播内容版权属于主播，那么他有权对直播内容进行编辑和二次创作。

在游戏版权层面《PUBG Mobile》的游戏画面版权属于其开发者 PUBG Corporation。张先生在进行二次创作时，需要确保不侵犯游戏公司的版权。这通常意味着他不能对游戏内容进行修改，并且在传播时可能需要标注游戏来源或取得相应的授权。

在二次创作过程中，一是内容筛选方面，团队从张先生长达数小时的直播录像中挑选出最具看点的瞬间、搞笑时刻和战术分析片段。二是剪辑与加工方面，其团队对选中片段进行精细剪辑，加入快节奏的背景音乐、特效和字幕，每段视频控制在 1～3 分钟内，便于在短视频平台传播。三是原创元素添加方面，在某些视频中，张先生还会添加自己配音的解说或评论，为原本的游戏画面注入更多个性化的、独创性的内容，这有助于确立二次创作作品的独立版权地位。四是版权合规方面，在视频发布前，团队确保所有使用的背景音乐、特效素材等均获得合法授权，避免版权纠纷。

最终，通过二次创作的短视频系列，张先生在短视频平台上的粉丝数量迅速增长，跨平台互动显著增强，成功吸引游戏周边产品、电子产品等品牌合作，通过植入广告、产品评测等方式实现盈利。值得肯定的是，在版权认可层面，由于该团队在二次创作中充分尊重原游戏版权，并主动与游戏公司沟通，张先生甚至得到了官方的认可和支持，进一步扩大了影响力。

因此，该案例展示了在遵守版权法的前提下，网络直播内容通过精心策划的二次创作和多元化的传播策略，不仅能够有效扩大内容的受众基础，还能为创作者带来商业上的成功。

3. 版权纠纷解决机制

著作权纠纷的处理涵盖了协商和解、行政投诉、民事诉讼、仲裁以及集体管理组织介入等多重途径，构建了一个多元化的解决框架。

首先，协商和解为版权纠纷双方提供了一个直接沟通的平台。通过协商，双方可以寻求赔偿金额或使用许可条件的共识，这种方式不仅成本较低，而且具有极大的灵活性。其次，行政投诉机制允许受害者向国家版权局或相关行政机关进行投诉。行政机关将介入调查，并依法作出处理决定，例如，责令停止侵权行为，从而有效地维护版权所有者的合法权益。再次，当协商途径无法达成共识时，版权方可以选择向法院提起民事诉讼。通过法律程序，版权方可以请求法院判令停止侵权、赔偿损失以及恢复名誉等。法院的判决具有强制执行力，为版权方提供了有力的法律保障。此外，仲裁机构也为当事人提供了一个解决著作权争议的平台。如果双方在合同中有相关约定，那么仲裁裁决将具有法律效力，进一步强化了纠纷解决的权威性和有效性。最后，对于音乐、影视等作品，版权集体管理组织发挥着重要作用。它们可以代表版权方进行授权许可、收取费用，并在必要时代表会员参与版权诉讼。这种集体管理的方式极大地简化了版权许可和纠纷解决的流程，提高了效率。

这一多元化的解决机制为版权侵权问题提供了全面的解决方案，旨在实现创作者权益保护与文化内容合理利用之间的平衡。

第四节　用户数据保护与隐私权

用户数据保护旨在保障用户个人信息安全，防止非授权访问、泄露或滥用，涉及个人资料收集、存储、处理、传输等多个环节，在互联网时代显得尤为重要。

个人信息保护法律框架旨在构建一个全面的监管体系，确保个人数据的合法、安全与尊重隐私的处理。这一框架通常包括界定个人信息的范围，建立个人信息全生命周期的管理规则，明确个人享有的访问权、更正权、个人信息的权利，如收集、存储、使用、加工、传输、提供、公开和删除个人信息等，如被遗忘权、删除权、反对处理权等。法律框架还规定了个人信息处理者的责任，包括要求以合法、正当和必要的原则对信息安全采取技术和管理措施，以及数据泄露发生时的通知机制等。如《个人信息保护法》的实施，标志着我国在个人信息保护方面已经形成一套比较完善的法律体系，要求企业在日常运营中纳入对个人信息的保护，增强对个人隐私的保护程度。

一、直播平台的数据收集、处理与保护义务

直播平台在享受数据经济红利的同时，须履行严格的法律义务，合法合规地收集与处理直播数据。具体而言，平台必须恪守《个人信息保护法》的相关规定，在用户明确授权的前提下，仅收集必要数据，并详尽透明地披露数据处理的目的、方式及范围。为保障数据传输与存储的安全性，平台应采用国密 256 等高级加密算法对敏感数据进行加密。此外，建立健全的数据管理体系至关重要，包括权限控制、稽核监控及外发管理等措施。该体系应确保仅授权人员可在规定范围内处理数据，并全程记录数据的接入、修改、删除等操作，从而及时发现并解决潜在的安全隐患。

以 2023 年初某知名直播平台遭遇的数据泄露事件为例，该平台全球用户众多，此次事件不仅导致数百万注册用户的个人信息外泄，还波及部分合作主播的私密财务数据，进而引发公众对网络隐私保护的深切忧虑。

据报道，泄露的数据规模庞大，包含用户名、密码（部分加密，部分未加密）、电子邮件地址、电话号码、地理位置等敏感信息，甚至涉及部分用户的支付记录和身份验证文件。经初步调查，黑客利用直播平台服务器的一个零日漏洞，通过精心设计的恶意代码突破安全防护，非法获取核心数据库访问权限。尽管泄露事件发生在 2023 年 1 月初，但直到月中旬，平台才通过内部监控系统觉察到异常访问，并最终确认数据泄露事实。随后，平台迅速启动应急响应机制。

该事件对用户造成严重影响，许多用户因此遭受钓鱼攻击、身份盗窃和财务欺诈，生活和财产安全受到极大威胁。消息传开后，社交媒体上用户的不满和恐慌情绪迅速蔓延，导致该直播平台的信任度大幅下降，其应用下载量和活跃用户数也显著减少。

在应对危机方面，平台迅速向受影响用户发送安全警告邮件，敦促其更改密码并启

用双因素认证。同时，平台紧急修复安全漏洞、升级防火墙和入侵检测系统，并加强数据加密措施。为彻底调查此事，平台还聘请专业数据安全公司提供协助，并与执法机构紧密合作追踪黑客。此外，平台通过媒体发布公开道歉信，并承诺为受影响用户提供免费的身份盗窃监控服务。

此事件引起监管机构的高度重视，该直播平台面临多项调查，并被处以巨额罚款。监管机构要求平台在限定时间内全面整改数据保护措施。该事件成为行业内的警钟，促使其他网络直播平台和科技公司重新审视并加强自身的数据安全体系。

二、用户网络数据泄露风险与防范措施

在数字化时代的浪潮下，用户网络数据隐私泄露风险已然成为互联网环境中一个不可忽视的严峻问题，特别是对于拥有庞大用户群和丰富个人信息的网络直播平台而言，这一挑战更为显著。为了有效防范用户网络数据隐私泄露，必须从技术、管理和法规三个层面进行综合考虑，进而构建一个无懈可击的保护屏障。

从技术维度来看，应采用前沿的加密技术对用户数据进行安全的存储与传输。同时，需要不断更新安全防护系统，及时修补已知的安全漏洞，并部署多层防火墙和入侵检测系统，从而确保数据在静态和动态状态下的绝对安全性。在管理层面，建立健全的内部数据管理体系至关重要。这包括严格限制数据访问权限，仅对必要人员进行授权，并定期开展数据保护意识和操作规范的培训。此外，还需制定完备的紧急响应机制，以便在发生泄露事件时能够迅速隔离风险、及时通知用户并采取有效的补救行动。在法规遵从方面，网络直播平台必须严格遵守国家和地方关于个人信息保护的法律法规。平台应明确告知用户其数据被收集和使用的具体目的与范围，并在获得用户明确同意的前提下进行操作。同时，平台还应制定透明的数据处理政策，充分保障用户的知情权和选择权。此外，与第三方合作伙伴的合作协议中也应包含严格的隐私保护条款，确保合作伙伴同样遵循高标准的隐私保护规范。

然而，除了网络平台的努力外，用户也需从个人层面加强网络数据隐私保护意识并采取切实措施。

首先，用户应在社交媒体等公开平台上谨慎分享个人信息，避免过多披露如真实姓名、住址、电话号码等敏感信息。其次，增强密码安全性也是关键，如为不同网站和服务设置复杂且独特的密码，并定期更换。同时，启用双因素或多因素认证可进一步提高账户安全性。再次，用户须谨慎对待未知来源的链接和附件，以防恶意软件入侵。在安装软件时，应仔细阅读并审慎授予应用访问权限，尤其是涉及敏感信息的权限请求。同时，定期检查账户活动记录以及妥善处理含有个人信息的电子文件也是必不可少的环节。最后，用户应了解并合理设置各类在线服务的隐私选项，以控制个人信息的可见性和使用方式。通过这些具体措施的实施，用户可以显著降低个人隐私泄露的风险并有效保护自身信息安全。

总的来说，个人信息保护法律框架为直播平台的数据处理活动提供了明确指导。直播平台需积极履行保护义务而用户也需采取主动措施共同维护一个安全、健康的直播生态环境。

第五节 税收法规与财务管理

网络直播已成为数字经济中不可或缺的一部分,然而,这一新兴业态的繁荣发展对税收监管提出了新的要求和挑战。

一、主播与平台的税务登记与申报

1. 主播的税务登记与申报

随着网络直播行业的蓬勃发展,主播们通过打赏、广告、直播带货等多种方式获得的收益持续攀升。这一趋势已引起税务部门的高度关注,要求网络主播,无论个人还是个体工商户,都必须严格遵循国家税法进行税务登记,从而确保税收的规范征收与有效管理。

近年来,全球多国政府已加强或更新了与网络直播行业税收监管相关的法规。以中国国家税务总局为例,该机构已对网络直播带货主播的直接分佣税务处理进行了明确规定,同时要求 MCN 机构在分担管理费时须依法纳税。此外,还着重强调了直播平台的税务代扣代缴责任,包括身份信息核实、收入申报及信息上报等环节。一些地区还开始实施网络主播的分级分类监管,鼓励高收入主播成立个体工商户或个人独资企业进行税务登记和纳税。

主播通过各种渠道如直播打赏、广告、商品销售等获得的收入,必须根据个人所得税法进行申报及缴税。主播作为支付方的直播平台,其个人所得税的代扣代缴按照主播的收入性质自行承担。如劳务报酬收入,平台在支付前会先预扣 20% 的税款。对于高收入主播,平台还需进一步审核其税务情况,以保障所有收入都得到合规申报。主播也需要在年底进行年度汇算,将个人全年收入进行综合计算。

当主播违反税务规定,如未进行税务登记、收入申报不实或故意逃税时,将面临一系列严重后果。对违法人员,除追缴税款和滞纳金外,税务机关还将视其违法情节轻重,依法予以处罚。纳入社会征信系统的将是影响主播信用等级和获取相关服务的违法记录。在严重情况下,税务机关还可能公开曝光违法主播,甚至追究刑事责任。

2. 平台的税务登记与申报

直播平台作为企业,其税务登记与管理工作至关重要,这是确保其合规运营不可或缺的环节。在网络直播这一新型商业模式兴起之初,税法可能未能及时跟进,但随着该行业的迅猛发展和对经济日益加深的影响,税务监管已逐步与之同步。从最初主要关注传统企业实体的税务问题,到如今针对网络直播平台的专门税务规定和管理框架已日趋完善。

现今，网络直播平台的税务登记与申报体系已相当成熟。平台需完成企业注册、税务登记、税务登记证在地税局的领取等工作，为企业的合法经营奠定基础，同时还需做好相关工作。完成税务登记后，平台必须对广告收入、用户打赏、商品销售佣金等各类收入按照国家税法进行精准分类，定期进行增值税、企业所得税、代扣代缴个人所得税、印花税等纳税申报。涉及跨境业务的平台，还需遵循国际税收规则，如双边税收协定，以确保全球税务合规。

对于未办理税务登记、未按期申报或存在偷漏税等违法违规行为的网络直播平台，税务机关将依据有关法律法规，按照偷漏税数额的大小，按照相应的比例，对其进行相应的处罚；对于延期缴税者，将采取加收滞纳金的措施；对影响企业信用评价和今后融资、合作机会的税务违法记录，将记入企业征信系统；相关责任人可能面临严重偷税漏税的刑事追诉；税务机关也可能以损害企业公众形象等方式，对违法企业进行公开曝光，以此作为惩戒。

二、国际税收规则在中国跨国直播业务的应用

1. 明确税收管辖权

国际税收规则对中国跨国网络直播业务的应用起源于全球数字经济的快速发展和中国直播行业的蓬勃兴起。随着中国网络直播平台和主播开始走向世界，其业务模式触及多个国家和地区，传统的国际税收规则开始面临新的挑战。特别是在2020年前后，随着直播带货、内容创作等网络直播形式的全球流行，中国成为全球最大的网络直播市场之一，中国税务部门开始关注并逐步介入这一新兴领域的国际税收管理，以适应数字经济时代的发展需求。

我国运用国际通行的税收规则，首先体现在对税收辖区的界定上，主要涉及辖区的界定，即居民所得与来源地的税收。我国以税法为依据，对全球范围内符合规定的居民所得（包括自然人、企业法人）行使征税权。因此，中国居民的跨国直播收入，不论源自何处，理论上均需在中国报税并可能缴税。同时，我国还拥有根据收入来源地原则确定的国内经济活动所产生的收入的征税权。对于非居民，若其跨国直播业务在中国形成常设机构或与中国市场直接相关，其在中国境内的收入也将受到中国税收的管辖。

对于跨国网络直播，核心问题在于如何界定"常设机构"及确定数字经济下的"经济活动地点"。传统上的常设机构是指固定的场所，由企业来开展业务。但在跨国网络直播的语境下，由于业务运作无须实体场地，判断常设机构的依据需更为灵活。例如，外国直播平台若在中国设立服务器、有当地代理或长期且系统地在中国运营，这些都可能被视为设有常设机构。同时，确定数字经济中的"经济活动地点"也是跨国直播的税收的核心要素，涉及用户所在地、交易地点、内容制作地点等的识别。若直播内容主要面向中国市场，用户以中国居民为主且交易通过中国支付平台完成，即使主播身处海外，其部分经济活动也可能被视为在中国进行，从而使这部分收入受到中国税收的管辖。

以一家美国直播平台为例，该平台虽未在中国设立实体办公室，但若其通过中国服务器传输数据，或者拥有专门针对中国市场的营销和客户服务团队（即便远程操作），这些都可能被视为在中国建立了"实质性的经济联系"，从而可能被认定为常设机构或认定其收入与中国市场直接相关，须就中国境内的所得纳税。

2. 避免双重征税

双边或多边税收协定在旨在调整各国税收管辖权的国际税收合作中具有举足轻重的作用，以防止企业或个人对从事跨国经营的相同所得重复征税，这一点在税收合作中具有重要意义。对于方兴未艾的中国跨国网络直播业务而言，这些协议在保证税收公平的同时，也为跨境经济活动提供了有力支持，其中的"税收抵扣""税收减免""饶让抵免"三个机制的作用非常明显。

（1）税收抵扣。抵税机制允许纳税人在国外已经缴纳的税款，在其居住的国家应纳税额中可以抵税。这意味着，如果我国的网络主播或直播平台在与我国有税收协定的国家已经开展业务并缴纳了所得税，那么在我国境内进行所得税申报时，就可以将已经缴纳的部分减去，从而避免重复征税。例如，一位中国网络主播在新加坡直播并获得收入，按新加坡税率缴税。根据中新税收协定，该主播在中国报税时，可申请税收抵扣，即在新加坡的已缴税款可以从中国的应缴税款中扣除。

（2）税收减免。在某些情形下，税收协定可能会规定对特定类型的收入免征税收。这意味着，居住国同意不对其居民从协定国获得的某些特定收入征税，或者协定国直接对这类收入免税。假如中国与某国的税收协定中规定，对跨国网络直播平台向非居民个人（如外国主播）支付的特许权使用费或技术服务费给予免税额度，那么这些外国主播在该国获得的这部分收入将无须在中国再次纳税。

（3）饶让抵免。饶让抵免是一种独特的税收抵免方式，它允许一国居民在另一国享受的税收优惠（如免税或减税）被视为已缴税款，在居民国报税时得到认可并进行抵免。这一机制不仅鼓励来源国提供税收优惠，同时也维护了居民国的税收权益。假设中国与某个欧洲国家的税收协定中包含了饶让抵免条款，中国的网络直播平台在该欧洲国家因享受税收优惠而减少了税款。当平台在中国计算应税所得时，可以将这些优惠视为已缴税款进行抵免，从而避免了中国税务部门对这一部分优惠的追加征税。

3. 数字经济税制

中国在数字经济税收管理方面积极采取了多项举措，以适应数字经济的独特性质，保障税收基础不受损害，并致力于维护税收的公平与效率。其中，对跨国数字服务进行征税成为重要的工作方向，这主要体现在以下两个方面。

首先，数字服务税（DST）的探讨与实施。数字服务税是一种间接税，专门针对跨国科技企业和数字服务平台在特定国家或地区提供的数字服务进行征收。其征税范围通常覆盖广告收入、数字中介服务（如电商平台的交易佣金）以及用户数据销售等。虽然中国目前尚未广泛实施数字服务税，但一直在紧密关注国际税收动态，并积极探讨如何在数字经济中实现税收的公平与合理分担。

其次，制定和执行跨境电商税收规则。中国在跨境电商领域已经实施了一系列精细的税收规则，旨在规范跨境电商零售进口商品的税收管理，以确保税收的公平性。如对符合条件的跨境电子商务零售进口商品实施税收改革，超过部分按照一般贸易方式征税，我国由原来的"行邮税"改为"综合税"，并设定了年度交易限值和个人单次交易限值。自 2016 年起，我国对限制内商品征收较低综合税率的跨境电子商务零售进口商品实施"正向清单"管理制度，并配套相应税收优惠政策。到 2018 年，我国在促进跨境电子商务健康发展的同时，通过调整税收政策、扩大商品清单范围、有效防范跨境交易带来的国家税收流失等措施，进一步优化跨境电子商务零售进口税收政策。

4. 利润分配原则

为防止利润的不当转移，我国采用"实质经济活动原则"来确保跨国网络直播业务的利润能够按照其实际经济活动发生地进行合理分配。这一原则的核心目的是保证跨国企业利润在应得税收的国际税收领域占有举足轻重的地位，不是真正发生在经济活动中，并实际创造价值，而仅仅是建立在表面的契约或纸面上的交易。由于可以通过复杂的国际架构捍卫各国税收权益，促进国际税收公平，有效地将企业利润转移至低税收或免税地区，因此这一原则对于跨国网络直播业务来说意义更为重大。

实质经济活动原则要求税务部门深入剖析企业的真实业务运作，这包括但不限于研发、市场营销、客户服务以及内容的生产与分发等各个环节，以此来确定哪些国家或地区真正参与了价值的创造过程。在明确了这些实质性活动之后，利润便应在那些为价值创造做出实质性贡献的国家或地区间得到公正的分配。这意味着，如果跨国网络直播平台的主要用户、内容制作者或技术支持多集中于某个国家，根据其贡献的价值创造程度，该平台的利润中的一部分将被征税。税务部门通过关注交易的实质而非形式，通过设立壳公司或利用特许使用费等无形资产进行利润转移等方式，揭露那些为降低税负而设计的避税策略。

举例来说，假设一个总部位于美国的网络直播平台，其主要用户群体位于中国，而且大量的直播内容也由中国的主播制作，同时，平台的运营、维护和技术研发也部分依赖于中国的团队。如果该平台试图通过在开曼群岛设立一个控股公司来接收全球收益，以降低其整体税负，那么实质经济活动原则将会对此类安排质疑。

在这一原则的指导下，中国税务部门可能会要求对该平台在中国的利润分配进行重新评估。考虑到中国用户对平台流量的巨大贡献、本地内容创作者的价值创造以及境内技术团队的工作投入，中国可能会主张对平台从中国用户处获得的收入按比例征税。这可能需要对平台的全球利润进行合理分割，以确保中国作为价值创造地能够获得应有的税收份额，从而防止利润通过复杂的国际架构被不当地转移至低税或无税地区。

第六节　直播电商的法律规范

网络直播带货作为一种新兴的电子商务模式，在繁荣发展的同时，也暴露出许多法律问题，如商品质量良莠不齐，虚假宣传，消费者权益受到损害等。因此，加大对直播电商的法律监管力度，既是维护市场秩序的需要，也是维护消费者合法权益，推动行业良性发展的关键所在。

我国第一部全面规范电子商务活动的法律是《中华人民共和国电子商务法》（简称《电商法》），自 2019 年 1 月 1 日起正式实施。它不仅覆盖了传统的电子商务交易，也将快速发展的直播带货等新型电商模式纳入了监管范畴。

一、《电商法》实施初期

在《电商法》初步实施阶段，尽管其对电子商务活动进行了广泛的规范，但对直播带货这一新兴模式的详细规定尚不够完善。所以，这段时间的直播带货监管，很大程度上依赖于其他现行法律法规，特别是《广告法》《消费者权益保护法》等，才能填补具体监管的空白。

《广告法》主要体现了广告真实程度、禁用限制级用语、代言人职责三个方面对电商直播的监管。《广告法》首先明确要求，为避免对消费者造成欺骗和误导，广告内容必须真实、合法，不得含有虚假、误导性的信息。这一原则同样适用于直播带货过程中的商品推介环节。主播在直播中推广商品时，应确保不夸大产品的性能或虚构其使用效果。例如，若某主播在直播中宣传某化妆品为"全球唯一获得诺贝尔奖认证"的产品，而事实上该产品并未获得诺贝尔奖相关机构的认证，这便构成了《广告法》下的虚假宣传行为，可能使主播和相关平台面临罚款、警告等行政处罚。其次，在极限用语的使用上，《广告法》明确禁止使用诸如"国家级""最高级""最佳"等绝对化用语，不得使用"最""首次"等极限用语进行宣传，不得作引人误解的欺诈宣传。因此，在直播带货中常出现的"全网最低价""史上最强"等宣传语，若无法提供相应的证明，便可能被视为违法行为。最后，主播们一般会承担起商品代言人的角色，在直播带货时进行直播。根据《广告法》的规定，代言人所推荐的商品或服务，都需要其自己来承担相应的责任。如果代言人在明知或者应当知道广告内容有虚假的情况下，依然推荐，那么就需要负相应的连带责任。

另外，《消费者权益保护法》在电商直播中的监管作用主要体现在保护消费者的知情权、七天无理由退货的权利以及损害赔偿的权利。消费者对自己购买或使用过的物品和接受过的服务有全面了解真实情况的权利。在直播带货的场景中，主播和平台有责任提供商品的详尽信息，包括但不仅限于商品的成分、产地及保质期等。此外，网购七天无理由退换货的权利同样适用于直播自带商品，具体商品除外，消费者可享有七天无理由退换货的权利。消费者如对收到的商品不满意，享有七日内无理由退换货的权利，消费者可以在七日内提出退换货要求。如果商品或服务存在缺陷并对消费者造成损害,消费者还有权要求相应的赔偿,这一条款同样保护直播带货中的消费者权益。例如,若消费者在观看直播后购买了一件衣服,但在收到实物后发现其颜色与直播中展示的颜色存在显著差异,而且主播在直播中并未提前告知可能存在的色差问题,那么消费者便可以根据《消费者权益保护法》的规定行使退货权,并要求商家承担退货运费。

二、细化规定出台

为了更好地引导和规范直播电商的经营活动,考虑到电商直播的独特性,相关部门陆续出台了《网络直播营销活动行为规范》《视频直播购物运营服务基本规范》等一系列规章制度。这些规范对电商直播中的参与者进行了详细界定,包括主播、商家、直播平台和 MCN 机构等在内的权利与责任。例如,主播须持有相应资质,商家必须确保商品信息的真实性,而平台则须肩负起监管职责,并提供必要的技术支撑。

根据这些规范,直播平台须增强对主播资质的审核力度,构建并完善信用评价体系,严格监督主播的营销行为,并针对任何违规操作采取及时有效的措施,包括警告、服务暂停或终止等。同时,规范中严令禁止网络直播营销主体为维护市场公平竞争,确保交易数据真实,通过虚构或篡改交易数据、用户评价等方式,通过刷单等方式伪造流量。此外,直播平台和主播有责任构建健全的消费者权益保障机制,这包括但不限于制定明确的退换货政策、设立快速响应的投诉处理渠道,以及保护消费者隐私。平台也需要保障所有交易数据的安全与溯源。

这些规章制度在一定程度上为消费者的合法权益提供了保护,并对整个直播带货行业起到了重要的规范作用,推动主播和平台更加重视合规运营,从而维护市场秩序的健康稳定。

以具体案例来说,若在直播带货活动中,有知名主播宣传某款减肥产品,并声称"一周瘦十斤,无效全额退款",同时展示大量未验证的用户好评截图。而事实上,该产品的减肥效果并不如宣传所述,而且好评多来源于虚假刷单。当消费者购买后未达到预期效果并要求退款时,若遭遇阻碍,根据前述规定,该主播的行为已涉嫌虚假宣传和刷单炒信。这不仅违反了《广告法》对真实宣传的要求,也触犯了《网络直播营销活动行为规范》中禁止虚假宣传和刷单炒信的规定。在此情况下,消费者有权向直播平台或市场监管部门投诉,要求主播和平台履行退款责任,并可能获得赔偿。在加强内部管理杜绝此类事件再次发生的同时,直播平台应在接到投诉后立即启动调查,并采取相应的惩罚措施,对涉事主播进行处罚,协助消费者完成退款。

三、强化平台责任

随着直播带货市场规模的迅速扩张,政府监管层面逐渐认识到平台在直播电商生态中的核心地位。因此,政策重点已转向加强平台的责任担当,敦促平台在主播管理、内容把控、交易安全保障及售后服务等多个层面发挥至关重要的作用,以确保直播业务遵循法律法规,具体措施涵盖以下几个方面。

1. 严格的资质审核机制

直播平台必须建立主播入驻前的资质审查系统，以保障主播具备合法的营业许可、真实的身份以及必要的行业资质和专业知识。平台应执行严谨的主播准入标准，要求每个带货主播都通过在线考核的方式，通过对《广告法》《消费者权益保护法》等基本法律法规的掌握程度进行评估，提交个人身份证明、营业执照（如涉及自营业务）以及相关商品授权书等详细材料。

2. 全面的内容审核机制

平台须对直播内容进行实时监督，以杜绝低俗、色情、赌博、暴力等有害信息的出现，同时拦截不实宣传、使用极端词汇等违规营销行为。例如，某些直播平台已采用AI智能识别与人工审核相结合的方式，对直播内容进行即时监控。一旦系统检测到主播使用如"全网最低价"等极端表述，将自动提示主播更正，并记录其违规情况。系统会自动中断直播，严重违规时会及时通知平台管理人员，要求平台管理人员进行干预和处置。

3. 严密的交易安全保障

平台应提供稳固可靠的支付环境，确保交易数据的加密传输，严防用户信息外泄。同时，需建立迅速响应的欺诈投诉处理流程。比如，部分平台采用SSL加密技术来保障支付信息的安全，并与多家银行及第三方支付机构紧密合作，以确保资金转移的安全性。此外，平台还设有24小时在线客服和在线举报途径，对消费者反映的支付欺诈案件做出迅速回应，冻结可疑交易，并与警方紧密合作展开调查。

4. 周到的售后服务保障

平台应构建健全的售后服务框架，包括但不限于退换货规程、消费者权益保护指南以及争议解决途径等，以确保消费者的权益得到充分保护。例如，若平台承诺"假一赔三"，即消费者在直播购买到假冒商品后，经核查确认，平台将按商品价款的三倍进行赔偿。同时，平台专门设立消费者权益保护处，对消费者投诉进行分类处理，对违规商家采取相应的处罚措施，确保在规定时限内完成退换手续。

直播平台通过这些切实有效的措施，不仅可以明显降低违规事件发生的概率，提升用户的使用体验，同时也可以提升消费者对直播带货的信任度，从而促进整个行业的良性循环，不断发展壮大。然而，一旦违反直播带货相关的监管规定，无论是主播、商家，还是直播平台自身，都将面临一系列严厉的惩处措施。典型的处罚方式通常包括以下几点。

（1）警告与直播中断。在主播出现轻微违规行为时，平台会首先发出警告，并可能临时中断当前的直播活动，要求主播进行整改，待其规范行为后再恢复直播。

（2）直播内容清除。若直播内容包含违规信息，平台会立即清除该内容，以防止不良信息的扩散和传播。

（3）直播权限的暂时冻结。对于多次违规或违规情节较为严重的主播，平台会采取暂时冻结其直播权限的措施，即在一定的时间段内禁止其进行任何直播活动。

（4）经济制裁。根据违规的严重程度，平台会对主播实施经济处罚，具体措施包括但不限于罚款、账户信用分扣除、保证金抵扣等。

（5）账号永久封禁。对于严重违规或屡教不改的主播，平台有权永久封禁其账号，意味着该主播将永远被禁止在平台上进行直播活动。

（6）公开披露。平台会通过官方规则页面或相关媒体渠道公开披露主播的违规情况，这种公开通报将对主播或相关商家的声誉产生不利影响。

（7）法律追责。违规者将需要承担包括但不限于刑事处罚、民事赔偿等可能触及《电商法》《广告法》《消费者权益保护法》等相关法律法规的严重违法行为的相应法律责任。

这些严厉的处罚措施对潜在的违规者起到了有效的震慑作用，从而促使主播、商家及平台更加重视合法合规的运营方式，这使得整个直播电商行业的正规化程度有了显著的改善，主播、商家、平台对合法合规的运营方式也更加重视，一些地区开始实行对网络主播的分级分类管理，根据收入水平对主播进行划分，并倡导高收入主播设立个体工商户或个人独资企业，以此为单位进行税务登记和纳税。这种做法有助于精准管理，确保高收入群体依法纳税，为行业注入新的生机，让发展更稳健。总之，这些处罚措施不仅直接作用于违规的个人，在宏观层面对整个直播电商行业都将产生深远的积极影响，促进行业生态向更加规范透明的方向发展。

第七节　网络直播的监管挑战

网络直播作为数字化时代的信息传播新阵地，面临新技术的应用、跨境运营，要求我们在保障创新与表达自由的同时，精准施策，强化法律法规的适应性，促进行业自律，协调国际法律差异，并构建政府与业界的合作伙伴关系，以实现有效监管与行业健康发展并行不悖的目标。

一、新技术带来的监管难题

1. AI、VR 技术应用

随着人工智能（AI）与虚拟现实（VR）技术在直播领域的广泛应用，一系列前所未有的监管挑战浮出水面，这些挑战不仅考验着监管机构的应对能力，也对行业自律和技术创新提出了更高要求。首先，AI 技术的引入使得直播内容的生成、编辑与分发实现了自动化与个性化，但同时也带来了内容真实性的监管难题。如何确保 AI 生成的直播内容不涉及虚假信息传播，不误导公众，成为亟待解决的问题。此外，AI 算法的黑箱特性及其潜在的偏见，也为监管者在确保内容公平、无歧视方面设置了障碍。

其次，VR 直播以其沉浸式体验吸引了大量用户，但这种技术的普及也引发了新的隐私与安全考虑。VR 环境下的数据收集更为深入且全方位，如何在保护用户隐私的同时，允许技术的创新应用，是一个微妙的平衡点。此外，VR 直播可能涉及的用户行为追踪、生物特征识别等问题，对现有的数据保护法律框架提出了新的挑战，要求监管机构和企业共同探索更加细致和前瞻性的保护措施。

针对这些挑战，监管策略需多管齐下：一是加快立法步伐，明确 AI 与 VR 直播的内容标准、数据保护要求及算法透明度规则；二是推动技术与监管的融合，利用技术手段如智能审核系统，提升对新形式内容的识别与管理能力；三是加强国际合作，建立跨国界的数据保护标准和监管协调机制；四是鼓励行业自律，引导企业主动遵守伦理准则，设立内部监管机制，确保技术进步与社会责任并重。通过这些综合策略，可以在保障技术发展的同时，维护一个安全、公平且富有活力的网络直播环境。

2. AI 数字人

随着网红主播的出现，主播跳槽事件法律纠纷愈发频繁，目前与直播相关的民事纠纷中，大部分为主播跳槽所引发的争议。在直播初期，网络直播平台为了给自家主播增加人气，进行了大量的广告投放，通过商业宣传、宠粉福利等手段来吸引观众关注。

类似主播跳槽引发的法律纠纷案例有很多，其中涉及违约金的赔偿、合同解除以及平台与主播之间的权利义务关系等。网络直播平台为了更好地保护自身权益，会以反不正当竞争为由对主播及其跳槽公司提起诉讼。前期主播为了发展签下不平等分成，后期想跳槽就需赔付大量金额，而主播与平台的稳定性显得格外重要。因此，随着时代的发展，更安全稳妥的合作方式应运而生——AI 数字人。

AI 数字人是指运用数字技术创作出存在于网络空间中的虚拟人物。随着 AI 数字人技术的不断升级和产品的不断演进，其应用场景持续拓展，其中，服务型数字人已广泛应用于多种直播场景，它能在一定程度上解决商家直播成本、运营与技术痛点，助力商家的直播重心向货品转移。数字人直播具有冷启动成本低、经济高效运营、无须主播培训、无须技术知识且随时可用等多重优势，能够有效解决商家在直播领域面临的成本、运营和技术挑战，有助于商家将直播经营重点从强营销向好货品转变。AI 数字人市场规模预测见图 8-2。

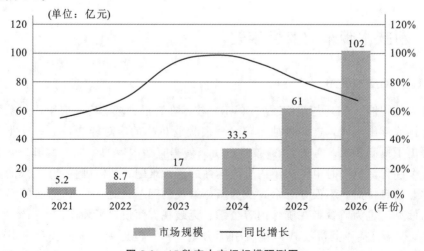

图 8-2　AI 数字人市场规模预测图

目前 AI 数字人直播渗透率不足 1%，技术成熟后，有望对真人主播形成低成本有效补充，从而将被广泛使用。在直播领域，试错成本通常较高，因为需要购买直播设备、租赁直播平台或技术解决方案，以及雇用相关人员等。聘请主播的成本在直播业务中占据很大一部分，尤其是有知名度的主播，其费用可能非常高。寻找经验丰富、受欢迎的主播往往很困难，这增加了运营的难度和成本。由于竞争激烈，直播平台很难长期留住优秀的主播人才。

尽管新技术带来了很多便利，但是监管难题也愈发难以鉴定。与传统的直播方式相比，AI 数字人直播具有以下优势。第一，网络主播成本低。AI 数字人直播不需要真实的人工主播，AI 数字人经过适当的训练和编程后，可以快速适应并开始直播。这意味着不需要为 AI 数字人提供长时间的培训，所以可以显著降低主播的薪酬和其他相关成本。第二，法律纠纷少。AI 数字人可以 24 小时不间断地进行直播，因此可以减少对人工运营的依赖，不仅可以降低运营成本，而且与主播跳槽相关的法律纠纷不复存在。当然 AI 数字人依然需要遵守相关法律法规进行直播。

随着法律法规的不断完善，网络直播行业将朝着更加健康、有序的方向发展。不良直播平台将被淘汰，优质直播平台将脱颖而出。这有利于行业资源的整合，推动产业升级。

二、跨境直播的法律冲突与协调

近年来，跨境电商和跨国直播的蓬勃发展，使得跨境直播平台置身于一个错综复杂的法律环境中，特别是在数据保护、内容监管以及知识产权方面面临着前所未有的挑战。以全球购直播 Z 平台为例，该平台桥接中国卖家与海外消费者，通过实时直播展示商品并完成销售。但在其运营过程中，Z 平台深陷法律冲突的漩涡。

具体而言，Z 平台面临的首要问题是数据跨境传输的合规性。由于欧盟《通用数据保护条例》（GDPR）对欧盟公民个人数据的严格保护要求，平台将在中国收集的用户数据传输至欧盟时，必须遵循一系列烦琐的合规流程。此外，各国对直播内容的监管标准不尽相同，某些在中国被视为合法的商品宣传方式，在西方国家可能触及夸大宣传或不实广告的雷区，从而引发法律争端。

在法律冲突的具体表现上，首先是数据跨境传输的棘手问题。GDPR 对跨境数据传输提出了明确要求，包括用户同意、标准合同条款等。Z 平台在未经用户充分同意或未采取适当保护措施的情况下，将用户数据传送至境外服务器进行数据分析，这无疑使其面临 GDPR 的严厉惩处风险。

其次，内容监管的差异也给 Z 平台带来了不小的困扰。曾因某场直播中对文化符号的解读不当，在目标市场掀起波澜，触犯了当地关于文化多样性和避免种族刻板印象的法律法规。同时，对保健品、化妆品等功效的描述，各国标准的不统一，导致部分直播内容在某些国家被认定为误导性宣传。

再次，知识产权侵权风险也是不容忽视的问题。在跨境直播中使用音乐、图像等版权素材时，由于国际版权法的地域性特点，平台和主播可能在无意中触碰到他国的版权红线，尤其是在未经许可播放受版权保护的背景音乐时，更有可能面临跨国诉讼的威胁。

最后，为了应对这些法律冲突，Z平台积极采取措施进行协调和合规性改进。它建立了全面的数据保护体系，以确保符合GDPR及各目标市场的数据保护法律要求。通过实施数据最小化原则、采用加密技术并获取用户的明确同意，Z平台努力保障数据跨境传输的合法性。同时，平台加强了内容审核与培训力度，根据目标市场的法律法规制定了详细的内容准则，并对主播进行跨文化交流和法律合规培训，以确保直播内容尊重各地的文化习俗和法律规定。此外，为了降低侵权风险，Z平台还与国际版权代理机构展开合作，获取合法的版权使用许可，并建立版权素材数据库供主播使用。

随着互联网技术的不断进步，跨境直播作为一种全新的传播方式正在全球崭露头角。然而，这一新兴趋势也伴随着复杂的法律问题，给直播平台、内容创作者以及监管机构带来了前所未有的考验。为了有效应对这些挑战并推动全球直播电商的健康发展，我们需要从多个方面入手来实现法律冲突的协调与规范性构建。这包括全面识别跨境直播中可能涉及的法律差异、建立国际法律框架、增强跨境合作与互认机制、灵活使用法律选择规则、提升行业自律与自我规制，以及强化用户教育与保护等举措。通过这些努力，我们可以逐步构建一个更加和谐、规范的跨境直播环境。

本章小结

本章详细阐述了网络直播的快速发展及监管需求，展现了法律监管对于网络直播行业良性发展的重要性。

其中，第一节阐述了法律监管概述，从网络直播的法律定义与特征，到国内外网络直播监管政策对比，以及在法律监管的基本原则与目标下，共同构建了一个逻辑清晰、目标导向的监管框架，旨在实现社会秩序与公共利益的最优化。

在第二节中，我们解析了网络直播内容的监管与审查，内容监管机制包括自我审查与平台责任、政府部门监管与指导。该板块还通过有效的监管和审查机制，深入探讨低俗、暴力、色情内容以及侵犯隐私权与名誉权、误导性信息与虚假广告等违法不良信息界定问题，推动网络直播行业自律，促进内容质量提升，保护消费者权益，构建一个活力与健康有序并重的网络文化环境。第三节详细介绍了版权保护与知识产权，包括直播内容的版权归属，音乐、影视作品的合法使用。此外，本板块还概述了版权侵权案例分析，概述了以协商和解、行政投诉、民事诉讼、仲裁、集体管理组织介入等方式处理版权纠纷的解决机制，从直播间的音乐播放到直播内容的二次创作传播以及版权纠纷的解决机制。第四节讲述了用户数据保护与隐私权，比如，个人信息保护法律框架；还有直播平台的数据收集、处理与保护义务，以及用户隐私泄露风险与防范措施。第五节税收法规与财务管理，从主播与平台的税务登记与申报、《电商法》在直播带货中的应用、国际税收规则对跨国直播业务的影响进行阐述。第六节涉及直播电商的法律规范，从《电商法》初步实施阶段到细化规定出台，以及强化平台责任。第七节概述了监管挑战与应对策略，新技术带来的监管难题（如 AI、VR 直播）、法律冲突与协调、跨境直播、实施多元监管的共治模式。

最后，本章总结了包括法律监管概述、网络直播内容监管、版权保护与知识产权、用户数据保护与隐私权以及未来发展方向等内容在内的网络直播法律监管的发展现状与趋势，为读者提供了一个框架，让读者对网络直播行业的法律监管作用与地位进行深入的了解。通过本章的学习，读者将能理解目前法律监管的形式以及其在网络直播行业中的关键作用。

第九章

网络直播的道德反思

◆ **本章主题：**

本章旨在探讨网络直播领域中的道德议题与社会影响，揭示直播行业快速发展背后隐藏的道德困境，以及这些议题对个体、社会，乃至文化传承的深远影响。通过对直播中的隐私权、真实性、网络暴力和文化责任等关键方面的深入分析，本章力求引导读者理解并反思直播行为的伦理边界，推动行业向更加健康的方向发展。

◆ **学习重点：**

直播中的道德界限与责任，涵盖隐私保护、内容真实性的维护、文化传承的正向引导。

◆ **学习难点：**

理解如何在保护隐私与满足公众知情权、追求内容真实与满足受众需求、打击网络暴力与维护言论自由之间找到平衡点。

第一节　网络直播道德失范与反思的意义

从 2016 年直播元年到 2023 年 12 月，我国网络直播用户已经发展到 8.16 亿人，占网民总数的 74.7%。伴随着网络直播行业"指数级"的发展态势，媒体、游戏、秀场等直播领域都涌入了海量入局者，包括人民日报、新华社、央视等传统主流媒体的"直播国家队"；传媒、教育、商业等多行业的知名企业；普通民众、草根团队们纷纷参与其中，共同构建起一个空前庞大的直播生态系统。然而，在行业快速膨胀的背后，前所未有的庞杂内容和尚不完善的监管体系致使侵权、虚假、炒作、低俗、色情、暴力等各类行为层出不穷，令网络直播备受诟病。网络直播在信息传播和娱乐互动中占据愈发重要的位置，其所伴随的道德挑战已成为不可回避的社会议题，要求我们进行深刻且系统的审视。

一、网络直播中的道德失范

2016年5月北京市文化执法总队与北京市网络文化协会第一次公布网络主播黑名单涉及9家直播平台，共40名，主要是色情行为。其后，相关报道不断增加，类型也扩大到宣扬暴力、骚扰他人、自我恶搞、相互谩骂、恶搞红色经典、骚扰挑衅警察、造谣、诈骗、违法销售、虚假宣传、侵权、卖惨、自残、恶意炒作、无底线蹭热度、畸形吃播、不尊重逝者、涉毒、非法捕猎等，大多属于道德失范行为，但有的已经构成犯罪。[①]

诸多网络直播乱象中，直接违反法律法规的行为由国家制定的相关法律法规予以惩处。但除此之外，还有诸多偏离社会主义核心价值观、背离主流价值导向、违反公序良俗的道德失范现象存在，构成了对网络直播业态健康发展的严峻挑战。

道德是社会意识形态之一，是人们共同生活及其行为的准则和规范，通常表现为基于内在的价值理想所形成的外在行为规范。网络直播的道德标准应当以社会主义核心价值观为基石，融合社会公序良俗，契合主流价值导向，倡导健康的消费观与审美观。直播活动应尊重个人尊严与隐私，避免低俗、暴力、欺诈等不良行为，保护弱势群体尤其是未成年人免受不当影响。同时，鼓励直播创作者与观众树立理性的消费态度，追求高品质内容生产与传播，拒绝盲目跟风与过度消费，促进多元文化的交流与理解，坚守文化自信。通过法律法规、行业自律及社会监督的协同作用，构建充满正能量、承载社会责任感的网络直播生态。

但在当前网络直播生态中，由于受到经济、政治、文化入侵、资本操控等方面的影响，道德失范现象屡见不鲜，这些现象不仅反映了部分主播道德底线的缺失，也揭示了网络直播行业在快速发展过程中面临的道德困境。

在分析网络直播道德议题的过程中，学者们采取了一项系统性的研究方法，该方法主要从2016年至2023年跨度内进行网络直播失范案例的广泛搜集与细致梳理。依托华中师范大学新闻传播学院的媒介伦理案例资源，构建了一个专用于探究网络直播领域伦理挑战的案例数据库。通过时间序列的逻辑，严谨地对每一起失范事件进行了归类与剖析，旨在深入揭示并探讨移动网络直播技术快速发展背景下所衍生的行为规范困境。

目前网络直播生态中，道德失范行为主要包括以下几种。

1. 道德贩卖与弱势群体的消费化

这一类型是指主播利用弱势群体的形象，如老年人、残疾人，甚至是儿童进行直播，来吸引观众的关注与同情，通过展示他们的生活状态或特殊行为。比如，直播放生、直播照顾残疾人的生活，直播单亲妈妈带多孩生活等直播行为来进行道德贩卖。这种行为

[①] 卫欣. 网络主播失范行为及伦理引导[J]. 新闻与传播评论，2024（2）：35-46.

不仅消费了弱势群体的尊严,也利用了公众的同情心来获取经济利益,严重违背了尊重人权与保护弱势群体的基本伦理原则。

2. 诗意化农村生活的表演性直播

另一类现象是对农村生活的诗意化呈现。在李子柒爆火之后,农村题材主播成为热点。大量主播通过精心设计的场景和剧本,将农村生活描绘成一幅幅理想化的乡村牧歌画面,以此吸引城市观众的好奇心和向往。然而,这种表演性直播往往忽略了农村的真实面貌和农民的实际生活条件,构成了对农村现实的扭曲和美化,误导了公众对乡村的理解和期待。

3. 低俗猎奇与道德底线的触碰

为了迎合部分观众的喜好,个别主播的直播内容涉及对极端或异常行为的展示,如直播"暴食"、出殡、男扮女装、异化行为等,以及未成年母亲直播晒娃。这类直播行为突破了社会公认的道德底线,不仅可能对观众尤其是未成年人产生负面的心理影响,而且传播了不健康的生活方式和价值观,对社会道德风气构成威胁。

4. 诱导消费与畸形消费观的宣扬

一些主播在直播时会通过各种手段诱导观众进行高额礼物打赏或购买商品,这种行为往往伴随着夸大宣传、情感操控,甚至是直接的欺骗,它不仅促进了非理性的消费行为,也反映了直播行业中存在的畸形消费观。这种现象背后的本质是资本逻辑对道德边界的侵蚀,以及对消费者权益的漠视。

5. 传播扭曲价值观

部分网络直播中存在着宣扬拜金主义、享乐主义、利己主义等扭曲价值观的行为,它们通过展现物质财富、奢华生活和自我中心的态度,对观众尤其是年轻一代的价值观产生潜移默化的影响,可能引发社会整体道德水平的下滑。

6. 网络暴力与语言狂欢

网络直播平台有时成为网络暴力的温床,主播或观众可能发表攻击性、歧视性言论,对他人进行人身攻击或散布谣言,这种语言狂欢不仅伤害了受害者的情感,也破坏了网络空间的文明秩序,是对网络伦理的严重践踏。网络直播中失范行为案例库见表 9-1。

表 9-1 网络直播中失范行为案例库

序号	时间	事件名称	报道平台	失范类型
1	2016.5	直播侵权,斗鱼赔偿	湛江新闻网	著作侵权
2	2016.6	恶性刷粉	南方都市报	网络欺诈
3	2016.8	偷拍空姐直播	中国长安网	侵犯隐私

续表

序号	时间	事件名称	报道平台	失范类型
4	2016.11	凉山诈捐	中国之声	网络欺诈
5	2017.6	夫子庙直播	观察者	内容恶俗
6	2017.12	水滴直播	公众号	侵犯隐私
7	2018.1	篡改国歌	新浪司法	公然篡改国歌
8	2018.2	播放他人音乐	环京津网	著作侵权
9	2018.3	巨额打赏	江苏新闻广播	未成年人打赏
10	2018.3	涉黄直播	搜狐	内容恶俗，传播色情
11	2018.8	卢本伟、陈一发儿直播被封	搜狐	内容恶俗
12	2019.1	涉黄直播	网警执法网	内容恶俗，传播色情
13	2019.8	"萝莉变大妈"	中国之声	内容恶俗，欺骗
14	2019.8	贝贝直播疑剁手指	网易新闻	内容恶俗，暴力
15	2020.1	涉嫌传播淫秽物品牟利	网警执法网	内容恶俗，传播色情
16	2020.2	蜜桃直播内容低俗	网警执法网	内容恶俗
17	2020.2	啵比直播内容低俗	网警执法网	内容恶俗
18	2020.3	幺妹直播内容低俗	网警执法网	内容恶俗
19	2020.12	直播卖假货	中国之声	网络欺诈
20	2022.1	日照妇科手术直播事件	B站	侵犯隐私
21	2022.8	主播开展"上舰送黄金"	B站	网络欺诈
22	2023.5	网络直播极端打赏	央视财经	内容恶俗
23	2023.11	低俗带货	人民网	内容恶俗

网络直播作为新兴媒体力量，具有及时广泛的信息传播、高强度公众参与及互动性的特征，这些特性极易引发个人隐私侵犯、文化失真、经济利益驱动下的伦理失衡及法律法规滞后性等问题，对社会风气、文化多样性、个人权益保护及市场秩序构成严峻挑战。因此，加强道德规范、提升公众媒介素养、完善法律法规及促进行业自律，成为维护网络直播健康发展的迫切需求。

首先需要关注的就是隐私权与公共领域的界限问题。随着直播的无界扩张，主播与观众的个人隐私边界变得模糊，未经许可的直播活动频繁发生，不仅侵犯了个人隐私，也引发了公众对隐私权保护的深切忧虑。此外，公共空间直播的道德考量，如街头直播引发的道德争议，以及在报道公共事件时如何处理信息的敏感性，均对行业提出了更高层次的道德要求。

其次，直播内容的真实性与表演性的冲突是另一重要议题。在追求收视率与关注度的驱动下，直播内容的真实性质疑频现，如何在观众期望与内容真实性之间寻求平衡，以及如何界定生活分享与剧本化表演的界限，成为道德反思的核心所在。与此同时，虚假信息与误导性内容的泛滥，尤其是产品推广中的不诚实行为，对信息核实的责任和挑战提出了新的道德难题。

再次，网络直播中的网络暴力现象凸显了言论自由与尊重他人之间的微妙平衡问题。直播间内恶意言语攻击的频繁发生，不仅影响了网络环境的和谐，也对主播与观众的心理健康构成威胁，亟待有效的管理和道德引导。

最后，网络直播在文化传承与道德担当方面的角色不容忽视。在传播传统文化、守护非物质文化遗产的同时，如何避免文化挪用，尊重原生文化，成为衡量直播行业社会责任感的重要标尺。

对于此，2022年国家广播电视总局、文化和旅游部联合发布《网络主播行为规范》，对加强网络空间的道德建设提出具体要求。网络综合治理需要法、德、仪、礼并重，党的二十大报告明确指出"健全网络综合治理体系，推动形成良好网络生态"的未来总体目标。

二、道德反思对网络直播行业发展的作用

在面对网络直播领域的道德挑战时，道德反思不仅是行业自我净化的必要过程，更是推动其持续、健康发展的核心驱动力。这一过程不仅要求对已发生问题的深刻反省，更强调前瞻性的道德预见与规范构建，其积极作用体现在多个层面。

1. 规范构建与内容净化

通过系统性地建立和严格执行行业道德准则，网络直播平台能够为内容生产设定明确的道德界限，有效抑制低俗、欺诈、侵权等负面信息的滋生与传播。这一举措不仅可以直接保护广大用户的合法权益，减少因内容不当造成的社会负面影响，还能够间接提升用户对平台的信任度，为行业营造一片更加清朗的生态环境。

2. 人才培育与正面影响力塑造

加强直播从业者，特别是主播群体的道德教育与职业操守培训，是提升行业整体道德水平的关键一环。这不仅能够帮助主播树立正确的价值导向，提升其社会责任感，还能将主播群体转变为正面价值观的传播者，引导粉丝群体形成积极向上、健康和谐的网络文化氛围。在此基础上，主播作为公众人物，其正面形象，将进一步推动社会文化的正向发展，促进文明网络社区的构建。

3. 技术伦理的融合与创新

道德反思还体现在技术创新与伦理规范的深度融合中。利用智能监控、大数据分析等技术手段，不仅可以高效识别并减少违规内容，还能在技术发展的初期阶段就嵌入道德考量，避免技术滥用带来的伦理风险。这种技术与道德并重的发展策略，展现了行业对科技伦理的深刻理解和实践，为网络直播的长远发展注入了道德的血液。

综上所述，网络直播行业的健康发展，其根基在于持续不断地进行道德反思与实践。这一过程不仅能够纠正行业偏差，净化网络空间，还能通过提升行业形象、培育正面影

响力、促进技术创新的道德导向，实现经济成就与社会价值的双重提升。因此，将道德反思内化为行业发展的内在动力，是构建一个可持续发展、健康、富有社会责任感的网络直播生态系统的必经之路，为行业的未来开拓更为广阔且光明的前景。

第二节 隐私与公共暴露的边界

部分主播为了追求节目效果，吸引受众眼球，不惜以暴露他人隐私为噱头进行直播。由于方式隐蔽，许多被侵权人并未意识到自己的权利被侵犯，这导致直播侵犯隐私权的现象普遍存在。

一、网络直播中的隐私权保护

隐私权作为一项基本人权，是指个人对其个人信息、私人活动和私人空间享有的不受非法侵扰、知悉、利用和公开的权利。在网络直播领域，隐私权的保护尤为重要且相对复杂。

首先是私密空间内侵权风险。虽然主播可以支配直播中自己的私密空间，但仍然存在着对他人隐私权侵犯的可能。2022年8月，武汉市民周女士曾在城市留言板投诉，理发店商家未经过她允许，就支起4部手机直播。在周女士明确要求其停止直播后，对方称"能在直播间露脸，别的顾客都很开心""又不是明星，普通老百姓没啥可怕的"，这一事件中，理发商家的行为无疑侵犯了周女士的隐私。

其次则是公共空间内侵权风险。公共场所是为人们的公共活动而建立或设立的相关场所，具有开放性与共享性。由于网络直播为"场景传播"，本质是"生活内容的搭建"，基于公共场景的直播展示难免会侵犯他人的隐私。我国网络安全法第四十一条规定："网络运营者收集、使用个人信息，应当经被收集者同意。"商家与网络直播平台未获得个人授权就公开了他们的生活场景及行动的影像，这有可能触犯了个人的隐私。例如，近日，西安的一名大学生李某通过快手未经他人同意直播"骚扰"女大学生，极大地侵害了这位女大学生的隐私权。

在全民参与的直播时代背景下，从内容创作到传播的每一个直播环节，都潜藏着侵犯个人隐私权的风险。互联网的无边界性使得隐私侵犯的实施者不再受地域限制，任何人都能借助网络直播的平台，远距离窥视并传播他人的私人生活细节。此外，隐私权面临着概念的拓展。以往，隐私权主要关联于个人信息的秘密，然而，随着网络直播的蓬勃兴起，隐私的界定愈发模糊，不再局限于传统范畴，这也挑战我们对隐私边界的既有认知。

1. 明确主播与观众的隐私界限

主播作为内容的创作者与传播者，其个人生活往往与直播活动紧密相连。保护主播的隐私权意味着尊重其个人生活不被过度曝光的权利，这包括但不限于家庭生活、私人通信、身体健康状况等敏感信息。主播有权决定哪些信息可以公开分享，哪些应当保留在私人领域，直播平台与观众应当尊重这些界限。

与此同时，观众在参与直播互动时，同样享有隐私权。这不仅包括观众的个人信息（如姓名、联系方式等）不被非法收集与使用，也涉及在直播中的言行不被无端扩散或用于未经授权的目的，尤其是在未经观众同意的情况下，其影像、声音或评论内容被直播或录制传播，均构成对观众隐私权的侵犯。

2. 区分客观隐私与主观隐私

网络直播中，主观隐私与客观隐私的区分同样重要，它们共同影响着直播内容的制作、传播及其对主播和观众个人隐私权的保护。

主观隐私在网络直播中的体现：在直播场景中，主观隐私主要指主播和观众基于个人意愿和情感需求，对某些信息或活动保密的期望。例如，主播可能不愿公开其家庭地址、电话号码等个人信息，或者不希望直播中出现的家庭成员、朋友未经同意就被曝光在网络上。对于观众而言，他们可能在参与直播互动时，不希望自己的评论、提问或个人资料被不当地分享或用于其他目的。主观隐私的尊重要求直播活动应充分考虑并尊重每个参与者的隐私意愿，确保直播内容的制作与传播不会侵犯到个人的隐私舒适度。

客观隐私在网络直播中的体现：客观隐私则侧重于网络直播中应遵循的法律、行业规范及社会共识所确定的隐私保护界限。这包括但不限于直播平台必须遵守的数据保护法律（如欧盟的《通用数据保护条例》或其他地区相关的隐私保护法），要求直播平台对用户数据加密存储、限制第三方访问；在直播内容上，不得涉及未成年人、医疗信息、财务记录等敏感信息的非法传播；同时，平台需设立举报和处理机制，以应对未经同意的个人隐私曝光事件。此外，直播在公共空间进行时，需考虑到对周围非参与者的隐私保护，比如，避免在未经允许的情况下将路人摄入直播画面，在特定场合（如医院、学校）直播时，应遵守特定的隐私保护规则。

3. 直播需取得当事人同意

网络直播实质上是通过他人视角观察世界的窗口。随着网络技术的飞速发展，公共领域的界限不断拓展，但这并不意味着个体的隐私权会因其所处环境的公开性而自动丧失效用。隐私权的本质，应被理解为个人对其私密生活的控制权利，即保有不让私人生活对外公开的权利，旨在确保我们的生活免受外界无端侵扰。在此基础上，明确隐私权的保护范畴变得尤为重要。在网络空间里，隐私信息的多样性和复杂性要求我们在直播活动中更加谨慎，一旦主动公开个人资料或直播私生活场景，实际上就等于放弃了隐私保护。因此，判定是否侵犯隐私的关键在于是否获得了当事人自愿且明确的同意。

未获当事人清晰无误的同意便进行直播，将构成对隐私的重大侵犯，这种侵犯不仅包括直接展示某人，也涉及在直播中透露他人的敏感信息、家庭状况等，均可能构成隐私权侵害。鉴于此，启动直播前，务必确保直播涉及的所有人员都充分知悉并同意，尤其是当直播内容极有可能波及第三方私生活时，获取同意更是不可或缺的步骤。

二、公共空间直播的道德考量

随着互联网技术的飞速发展,公共空间直播作为一种新兴的信息传播方式,正逐渐成为连接个人表达、社会参与与公众监督的重要桥梁。然而,这一模式在拓宽信息交流渠道的同时,也引发了诸多道德争议与社会挑战,尤其是围绕街头直播的道德界限和公共事件报道的敏感性问题。

1. 街头直播的道德争议

近年来,一些街头艺人在进行才艺展示时同步直播,吸引了大量观众关注。然而,在街头直播活动中,经常会出现未被事先告知的路人在表演背景中被清晰捕捉,其不满的表情和拒绝镜头的姿态突显了街头直播中个人隐私与公共表达间需要进行平衡考虑。

在街头直播中,个人隐私权的保护是最为核心且复杂的伦理议题。尽管公共空间的开放性质降低了对隐私的绝对预期,但个体依然享有不被无端监视、记录与广泛传播的合理期待。直播者需严格遵守"合理预期隐私"原则,即在直播前评估情境,确保拍摄行为不会不合理地侵犯他人的隐私权益,例如,避免聚焦于私人交谈、未成年人或敏感行为,除非获得明确同意。

此外,街头直播可能对被摄对象产生心理压力,甚至构成骚扰。这种影响不局限于直接的物理跟踪,还包括因网络曝光带来的潜在社会评价压力。主播需意识到自身行为的社会后果,采取措施减轻对被摄者的负面影响,如设置适当的拍摄距离或采用技术手段模糊面部特征以保护身份。

2. 公共事件报道的敏感性

在公共事件的直播报道中,信息的真实性与准确性直接关系到社会对事件的认知与反应。主播作为第一线的信息传播者,有责任核实信息来源,避免未经证实的消息传播,以免误导公众,激化社会情绪。建立事实核查机制,及时更正错误信息,是保障直播内容可信度的基础。

公共事件的直播,尤其是灾难、悲剧或冲突场景的直播,必须体现对受害者的深切人文关怀。这意味着在报道时应避免过度暴露受害者痛苦,尊重其尊严与隐私,减少视觉刺激,防止二次伤害。采用客观叙事手法传递同情与理解,而非纯粹追求感官冲击,是负责任报道的关键。

与此同时,公共事件直播还需考量其对社会稳定的影响。在报道敏感事件时,主播与平台应评估内容的发布是否会加剧社会紧张,是否有悖于公共安全与秩序。平衡新闻自由与社会稳定的关系,意味着在揭示真相的同时,要顾及社会的整体福祉与长远发展。

即便身处公共场所进行直播,也需遵守基本的行为准则,不得随意逾越法律与道德的界限,确保不侵犯他人的合法权利。这意味着直播行为需有度,不可任意选择直播对象或内容,违反者将被视为违法直播,不仅须承担相应的侵权法律责任,还可能遭遇直播平台采取的包括下架视频、封停账号在内的严厉措施。

在报道突发事件、社会事件等公共话题时,直播的即时性和广泛传播能力是一把双刃剑。一方面，它可以迅速传递信息，促进公众知情；另一方面，若处理不当，可能会泄露受害者信息、加剧恐慌情绪或误导公众。因此，主播和平台需具备高度的职业道德和社会责任感，确保直播内容的准确、适度，避免对事件当事人造成二次伤害，同时尊重灾难或悲剧事件的敏感性。

综上所述，网络直播在探索公共与私人领域的界限时，必须建立在尊重个体隐私、维护公共秩序和促进健康传播的基础上。通过法律法规的完善、行业自律、公众教育等多方面努力，共同构建一个既开放又尊重隐私的网络直播环境。

第三节 真实性与表演性的伦理困境

伦理学即道德哲学。在黑格尔看来，"伦理本身有两个方面的指代，一是以理性的方式划分和组织起来的社会秩序，二是个体对社会生活的特定态度，并通过这种态度达成和谐认同"。伦理的本质就是协调人与人、人与社会之间的关系，网络伦理指的就是人们在网络环境中正当合理地处理相互之间关系的道德哲学。

鉴于互联网生态系统的多样化和复杂性，对网络直播行为的伦理研究变得至关重要。尽管网络直播为人们带来了更便捷的生活，但也伴随着诸如多方利益冲突、缺乏道德规范建设及监管空白等问题，从而引发了一系列负面道德现象。

为追求利润，直播平台及主播过于重视"受众中心主义"，却忽视其应承担的社会职责，这导致一系列违反伦理规范的在线直播内容产生。网络直播作为一种新兴的媒体形式，融合了真实展现与表演艺术的双重特性，这两方面特性共同塑造了其独特的魅力和复杂性，两者的并存虽然极大地丰富了内容生态，但也带来了一系列伦理困境，如虚假信息与误导性内容，解决这些伦理困境，需要主播、平台、监管机构和观众的共同努力。

一、真实性追求与观众期望

网络直播中的真实性追求与观众期望是一个相互作用、动态平衡的过程。一方面，观众观看网络直播往往寻求一种不同于传统媒体的、更为直接、即时的交流体验，他们期望看到主播的真实生活状态、即时反应和未经修饰的情感流露，这种真实性满足了人们对窥探欲、共鸣感及新鲜感的追求；另一方面，观众希望透过屏幕看到的是一个活生生的、有血有肉的人，而非完美无瑕的角色扮演，这种期望推动了直播内容向更加自然、真实的方向发展。

1. 生活分享与剧本演绎的界限

早期直播以其未经雕琢的真实感吸引了大量观众，但随着行业竞争的白热化，许多直播内容逐渐倾向于剧本化、舞台化。例如，某知名美食博主因被揭露其"探店"视频实际上是在精心布置的场景中拍摄而非真实店铺，引发公众对直播内容真实性的广泛讨论。这凸显了在满足观众对新鲜内容和高质量视觉体验的需求同时，如何维持生活分享的真实性成为一大挑战。

在直播领域，尤其是真人秀式直播中，主播们面临着如何平衡真实性与表演性的挑战。一方面，观众渴望看到未经雕琢的生活片段，追求"真实感"，期待通过直播窗口窥见主播的日常，满足好奇心与亲近感；另一方面，为了吸引观众、维持关注度，主播们常常被推向精心策划、剧本化的表演，以创造更戏剧化、更具观赏性的内容。这种矛盾构成了一个复杂的伦理困境。

界定生活分享与剧本演绎的界限，首先需认识到"真实"在直播中的多维含义。真实的直播内容并非意味着完全未经加工，而是应当基于真诚的表达与生活的真实反映。然而，当直播内容过于依赖剧本，甚至虚构情节以博取关注时，就可能跨越了真实性的界限，损害观众的信任基础。主播应诚实地披露内容的性质，区分哪些是自然发生的，哪些是预先安排的，以维护与观众之间的诚信关系。

主播在直播中展现的真实性，可以是生活琐事的分享、即时情感的流露、个人见解的表达等，这些都能增强与观众的连接，建立信任感。真实性成为主播塑造个人品牌、区别于其他竞争对手的重要因素。观众往往更容易被真诚、坦率的内容所吸引，这种互动模式也鼓励主播在保持个人特色的同时，展现出更真实的一面。

虽然观众追求真实，但他们同样欣赏有创意、有技巧的表演。主播在保持真实性的基础上，适当融入表演元素，如才艺展示、角色扮演等，可以提升直播的观赏性和趣味性。关键在于如何在真实与表演之间找到恰当的平衡点，既不失去观众的信任，又能满足他们的娱乐需求。

2. 真人秀式直播的道德探讨

真人秀式直播因其高度互动性与即时性，为观众提供了前所未有的沉浸体验。然而，这种形式也容易催生伦理问题，如过度曝光个人生活、牺牲隐私以换取流量，或是通过夸张表演塑造不真实的自我形象。主播在追求个人品牌建设的同时，需反思自身行为对社会价值观的影响，警惕是否在无意中传播了不健康的审美观或生活理念。

当下，以《创造营》系列为代表的选秀直播节目，虽然在形式上追求"真实记录"，但其背后复杂的剧本设计和剪辑操作，使得观众对节目中展现的"竞争"与"成长"故事的真实性产生了怀疑。选秀节目中选手的真实性格与节目塑造的形象大相径庭，暴露出节目组为了收视率刻意塑造人物形象的问题，引发了公众对真人秀节目道德边界的深思。

真人秀式直播作为新媒体时代的一大特色表现形式，其道德探讨不仅关系到直播内容的健康，更深远地影响着社会文化氛围与公众价值观的塑造。为此，需要通过建立全面的伦理规范、强化自我监管与社会责任感，以及提升公众的媒介素养，引导真人秀式直播向更加正面、有益的方向发展，实现娱乐性与教育性的和谐统一。

网络直播中的真实性追求与观众期望是一个复杂而微妙的互动过程，它要求主播、平台和监管机构共同努力，既要尊重观众对真实性的渴望，也要在表演与真实之间找到合理的平衡，同时利用技术手段不断提升观众的观看体验。随着技术的发展，如高清直播、VR/AR技术的应用，直播体验更加沉浸和真实。这些技术进步不仅拓宽了直播的表现形式，也提高了观众对直播内容真实性和互动性的期待，促使主播和平台不断创新，以更高质量的真实体验满足观众。

二、虚假信息与误导性内容

随着网络直播行业的迅猛发展，其作为信息传播与文化交流的新载体，为公众提供了前所未有的互动体验。然而，伴随而来的是虚假信息与误导性内容的泛滥，这对社会文化、经济秩序及个体发展构成了严峻挑战。直播带货消费维权舆情反映的主要问题见表9-2。

表9-2 直播带货消费维权舆情反映的主要问题

问题类型	具体问题	占比
虚假宣传	夸大商品功效、制造虚假流量等	38.97%
产品质量	假冒伪劣、以次充好、"三无"产品等	34.59%
价格误导	虚标价格、优惠夸张等	13.24%
不文明带货	演绎剧本、低俗营销等	7.46%
发货问题	发货慢、不发货等	3.62%
退换货	不予退换货等	1.91%
销售违禁商品	销售野生动物、无资质销售处方药等	0.18%
诱导场外交易	直接或间接引导消费者转入原直播电商平台以外的社交平台或个人进行交易等	0.03%
合计		100%

在信息传递过程中，传播内容往往具备特定价值观念的引导倾向。这种倾向并非通过理性论述呈现出来，反而更可能在"叙事"或"场景"中对大众进行传输。它们的存在方式较为隐晦，却能影响受众理解世界及社会的角度。在日常生活中，受众看到一些网红仅凭聊天、歌唱或其他娱乐活动便可获得可观收入的消息，沉浸在充满即时成名和一夜致富的虚假媒体环境中，许多年轻人梦想着成为名人和一夜致富而自欺欺人地加入了网络主力军。

与此同时，部分直播平台在形容主播时会应用大量术语，如"美貌主持""诱惑力""可爱女孩"等，这实际上是对女性刻板印象的一种表现。受推广策略的影响，再加上已经出现在直播平台上的混乱情况，导致大众一提到网络主持人就会立刻想起网络女主播。现在，线上的"固定模式"语言已经和众多负面的意义联系在一起，极易引导人走向错误的思维方式。而对于那些忽视性别角色差异的网络直播平台来说，它们在推销产品和获取利润的过程中，进一步强化了公众对某些敏感话题的固有观念。

这些虚假信息与误导性内容不仅损害消费者权益，干扰市场秩序，还严重影响青少年健康成长，扭曲社会价值观，破坏网络生态环境，进而影响社会稳定与和谐发展。特别是，它们削弱了公众对网络直播乃至整个网络空间的信任基础，构成了对信息时代公共利益的严重威胁。

一方面，直播带货的兴起，让虚假宣传成为行业痛点，导致对产品本身的虚假宣传、对主播身份和地位的虚假宣传、对直播流量数据的虚假宣传现象时有发生；另一方面，在快速发展的直播环境中，信息的即时传播与核实之间的矛盾日益突出。如疫情期间，某些主播未经核实便在直播中传播不实的防疫信息，导致公众恐慌和资源浪费。这表明，无论是主播个人还是直播平台，都有必要建立健全的信息核实机制，对所传播内容的真实性负责，如设立专门的事实核查团队，对直播内容进行实时或事后的审查与纠正。

应对网络直播虚假性与误导性内容的伦理挑战，需要采取一套全面的策略。首要任务是对现有法律法规的适用性进行深入研究，明确界定直播营销中各参与方的角色及法律责任，以期达到更高的透明度。同时，强化跨部门间的协作与沟通，利用人工智能、大数据等先进技术工具，实施多方位的综合治理，致力于构建一个体系完整、层次深入且高度整合的监管框架，推动直播营销行业向更加健康、积极的方向前进。

第四节 网络暴力与道德责任

目前，网络直播行业正面临着极大的竞争压力。为争夺大量受众，各大平台都在努力制造各类冲突点来吸引公众注意力。部分网络主播也会无底线地满足观众的不当要求，以便能获取丰厚的回报。直播间内充斥着各种打擦边球的内容，充满攻击性和粗鄙的评论。此外，还有些主播选择播放涉及暴力、血腥或色情内容的节目，以此提高其知名度。这种做法不仅触犯法律规定，还对网络环境造成恶劣影响。

一、直播间的言论自由与尊重

在直播这一开放交流平台上，言论自由是促进信息流通与观点碰撞的基石，它赋予观众表达自我、参与讨论的权利。然而，这种自由并非无限制，应当与对他人的尊重并行不悖。直播间内的评论区，作为观众即时互动的场所，既是意见自由交流的沃土，也是恶意攻击与负面情绪滋生的温床。因此，如何在保障言论自由的同时，维护直播间内的文明交流，成为一项重要议题。

在网络直播过程中，用户通过发表文字、表情符号等信息参与传播，使传播角色发生改变，传受双方角色动态互换。弹幕及评论区成为一种网络直播语言，并构成网络直播互动平台中的重要因素。然而对网络直播平台进行审视，却不难发现其中传播角色与互动关系的不稳定性，在出现的诸多问题中，语言暴力现象尤为明显。

1. 弹幕与评论区的恶意攻击与管理

弹幕与评论区作为网络直播中观众即时互动的主要形式，为用户提供了表达观点、分享感受的便捷渠道，极大地增强了直播的互动性和参与感。然而，这种即时且相对匿名的交流方式也为恶意攻击和不当言论提供了温床，对直播内容的创作者（主播）、其他观众甚至社会风气造成了负面影响。因此，有效管理和减少弹幕与评论区的恶意攻击，成为维护网络直播环境健康发展的关键环节。

弹幕与评论区的恶意攻击通常表现为人身攻击、性别歧视、地域偏见、谣言传播、极端言语等，这些内容不仅侵犯个人尊严，还可能煽动仇恨、引发群体对立。长期的恶意攻击会挫伤主播的积极性，影响其心理健康，甚至导致优秀内容创作者退出直播平台；对观众而言，不良弹幕与评论会破坏观看体验，影响社区氛围，降低网络空间的整体文明水平。这需要技术、规则、文化和法律等多方面的综合施策，进一步净化网络直播空间，还能促进形成积极健康的网络交流环境，保障所有参与者的权益与福祉。

2. 主播的引导作用与责任

国家广播电视总局、文化和旅游部在 2022 年共同制定了《网络主播行为规范》。为了进一步规范网络主播从业行为，加强职业道德建设，促进行业健康有序发展，规范中提到网络主播在传播科学文化知识、丰富精神文化生活、促进经济社会发展等方面，肩负重要职责、发挥重要作用。网络主播在网络直播中针对网络暴力的引导作用与责任至关重要，他们是直播内容的主导者，也是构建和谐网络环境的关键力量。

2023 年 6 月，广东化州两名主播因直播约架被刑拘。这一事件引发了广泛的讨论和关注，据报道，这两名主播曾在直播平台上互相发起约架，并且在直播中实施了暴力行为。这种直播内容引发了广泛争议，许多人批评其违反道德底线和法律规定。然而，这起事件也凸显了网络暴力的存在和教育的重要性。

主播在网络直播过程中，能对受众起到正面引导作用，例如，在直播过程中，主播应以身作则，通过自身言行展示尊重、理解与包容的价值观，成为观众模仿的正面榜样，营造积极向上的直播氛围。面对直播间的不当言论与网络暴力行为，主播需迅速响应，以温和而坚定的态度进行干预，引导观众回归理性交流，同时利用直播间管理工具，如弹幕过滤、即时警告等，有效控制不良言论的蔓延。在网络素养教育的层面，主播可以通过直播内容穿插教育环节，普及网络暴力的危害，教育观众如何合理表达观点，培养良好的网络交流习惯。

不仅如此，主播在应对网络暴力时，也应明确自己所承担的责任。主播需深入了解并严格遵守与网络暴力相关的法律法规，确保直播内容合法合规，对直播间内可能出现的违法信息负责。主播应主动关注直播间内可能遭受网络暴力的个体，提供必要的安慰与支持，引导其采取正确途径维权，并倡导建立心理援助机制。主播还应不断自我提升，包括提升个人素养、优化直播内容，同时进行自我反思，确保直播活动的正面影响力，避免无意间触发或加剧网络暴力。

主播在网络直播中的角色超越了简单的内容创作者，他们是维护网络空间文明、对抗网络暴力的重要力量。通过正面引导与积极承担责任，主播不仅能有效减少直播间内的不当行为，还能促进网络直播环境的长期健康发展。随着直播技术与平台管理机制的不断完善，主播在构建安全、健康、正向的网络直播生态中的作用将更加凸显。

二、遭遇网络暴力的应对策略

网络世界是与真实世界并行、交融的世界。因此,网络空间从来不是法外之地,任何人在网上的言行超过言论自由的合理边界,都将承担相应后果、付出法律代价。面对网络暴力,单一的应对措施往往难以奏效,需要平台、社会、个人等多方面的共同努力。

1. 平台的监管与支持机制

平台的监管与支持机制是维护公共空间直播伦理健康的核心支柱,对保障网络秩序安全、用户权益与信任、促进行业自律、助力法律法规完善,以及推动社会文化正向发展具有不可估量的重要性。通过有效监管抑制不良信息,提供受害者援助,强化责任意识,平台不仅构建了安全、正向的交流环境,还为网络空间的长期繁荣与社会文化的积极演化奠定了坚实基础。

为此,直播平台应建立健全的监管体系,包括但不限于实时监控、快速响应投诉、实施账号禁言或封停等惩罚措施,以遏制网络暴力的发生。同时,平台应设立专门的维权通道,为遭受网络暴力的主播或观众提供法律咨询、证据保存等支持服务,确保受害者权益得到及时维护。利用先进的信息技术,如 AI 算法、大数据分析等,提升内容审核效率与精确度,实现对网络暴力的早期预警与快速响应。建立智能识别模型,自动过滤恶意言论,同时设立一键举报功能,便于用户参与监督,共同维护网络秩序。构建快速响应机制,对网络暴力事件实施零容忍政策,一旦发现违规行为立即采取措施,包括但不限于内容删除、账号限制直至法律追诉,确保违规成本的显著性。同时,处理结果要公开透明,发挥警示作用。

2. 受害者保护与心理辅导

受害者保护与心理辅导在应对网络暴力的策略中占据核心地位,其重要性不容小觑。首先,它直接关系到个体的心理健康与社会融入,能够帮助受害者从网络暴力的阴影中走出,恢复自我价值感和社会功能,避免长期的心理创伤导致的抑郁、焦虑等严重后果。其次,有效的受害者保护机制和心理辅导服务能够彰显社会正义,传达出对网络暴力零容忍的态度,为网络空间树立正确的价值导向,促进网络环境的正向发展,营造一个更加包容、尊重的交流氛围。

遭遇网络暴力的个体往往承受巨大的心理压力,因此,提供专业的心理辅导和支持至关重要。平台可与专业心理咨询机构合作,为受害者提供免费或低成本的心理咨询服务,帮助他们走出阴影,重建自信。此外,普及网络暴力应对知识,提升用户的自我保护意识与能力,也是预防和减轻伤害的有效途径。社会各界也应加强对网络暴力危害性的宣传教育,共同营造一个更加健康、友善的网络环境。

总之,应对网络暴力,需要在保障言论自由与维护网络文明之间找到平衡,通过加强平台责任、提升公众意识、完善法律支持等多维度措施,构建一个既有言论自由又能有效抑制网络暴力的健康直播生态。

网络暴力的防治是一项系统工程，要求平台、用户、政府及社会各界协同努力。通过上述策略的实施，不仅能够有效抑制网络暴力的发生，更能为受害者提供全面的保护与支持，共同促进网络空间的文明和谐，保障每个人的数字权益与心理健康。

第五节　文化传承与道德担当

2020年，由文化和旅游部颁布了《推动数字文化产业高质量发展的指导意见》，特别强调了对"互联网＋演艺"模式的战略规划与实施。众多演艺团队积极响应此号召，热情拥抱数字化转型，诸如"云端演艺""在线音乐会""虚拟戏曲体验"等多样化的文艺直播形式，已全面融入大众日常生活，深刻改变了文化的传播途径。

一、传统文化在网络直播中的传播

2023年5月，中央文化和旅游管理干部学院携手抖音集团，共同启动了面向全国演出团体及表演艺术人才的直播技能培训项目。此举不仅在直播行业内激起一阵清新之风，更探寻了文艺佳作如何在新兴市场中得以传承与创新，进一步巩固了网络直播作为弘扬与振兴传统文化新前线的地位。

网络时代，直播行业以其即时性、互动性和广泛覆盖的特点，为传统文化的传播与传承开辟了全新的路径，使之在数字时代焕发出新的生机。

以西安鼓乐为例，这一曾因现场观众稀少及传承者匮乏而面临生存危机的人类非物质文化遗产，通过踏入直播领域，实现了精神与物质激励下的重生。东仓鼓乐社负责人及抖音平台上的民乐主播分享道，在2020年，他们首次尝试了直播演出，初期精心挑选如《牧羊曲》这类蕴含唐代韵味且广为人知的曲目，以吸引观众。随着观众群体的建立，他们逐步引入《五色鸟》《霸王鞭》《殿前喜》等更为地道的传统西安鼓乐曲目，并在直播中与观众互动，普及鼓乐文化。

1. 非物质文化遗产的保护

得益于网络平台的广泛覆盖与流量引导，非物质文化遗产、传统戏曲、民族音乐等深厚的历史文化内容，不仅焕发了新生，还汇聚了更多艺术爱好者的关注与参与。在"内容与渠道"深度融合的合作框架下，文化艺术直播间的热度持续攀升。这股潮流不仅惠及了京剧、豫剧、黄梅戏、越剧等拥有广泛群众基础的剧种，也为潮剧、庐剧、茂腔等濒危的地方戏剧注入了新的生命力。尤为值得一提的是，箜篌这一曾在历史长河中几近匿迹，仅存于壁画之中且高等教育中鲜有问津的古老乐器。截至2023年12月，在"抖音箜篌"话题标签下，累计播放量已突破1.8亿次，昭示着传统文化借助现代科技平台重获广泛关注与传承的可能。

直播平台成为非物质文化遗产展示与教学的窗口,如通过直播民族音乐演奏、传统手工艺制作、地方戏曲表演等,不仅让这些珍贵的文化遗产获得更广泛的认知与欣赏,还为其传承人提供了展示才华和收益的机会,从而实现文化保护与经济发展的双赢。

2. 文化挪用与尊重原生文化

文化挪用是指某一文化群体未经原生文化群体的许可,擅自采用、改造或商业化其文化符号、传统、艺术形式等元素的过程。这一行为在现代社会尤其是全球化、数字化背景下变得日益普遍,尤其是在流行文化、时尚产业、媒体传播等领域。文化挪用之所以成为伦理争议的焦点,主要因为它触及了文化认同、权力结构、知识产权以及尊重与公平等问题。

在文化传播的过程中,主播与平台需警惕文化挪用现象,即未经许可或不恰当地使用其他文化元素,这可能导致文化误读或对原生文化的不尊重。应鼓励主播深入了解并尊重所展示文化的背景与意义,促进文化交流而非文化侵蚀,维护文化多样性与原创性。

直播平台为非物质文化遗产的传播与保护提供了广阔舞台,同时也对如何在尊重原生文化的基础上进行文化传播提出了新的挑战。为此,既要保护非物质文化遗产,又要警惕文化挪用现象,尊重原生文化。只有这样,才能有效促进传统文化的活态传承,维护文化多样性与伦理规范,构建一个更加包容、尊重的全球文化交流环境。

二、弘扬正能量与道德引导

直播间里,一曲沪剧《燕燕做媒》在上演,唱腔精致,布景古雅,吸引了数万观众在线观看。

2023年6月,上海沪剧院的青年艺术家部逸萍初次涉足直播领域,仅两个多月的时间,她便收获了数万忠实粉丝的追随。屏幕上,"清丽脱俗""旧巷深处的美妙旋律"等赞誉如潮的弹幕,不仅给予了她极大的鼓舞,也激发了戏曲界同仁的兴趣,纷纷前来学习借鉴其直播的成功之道。

自此以后,上海沪剧院的一大批年轻演员纷纷开启了自己的直播之旅,沪剧这一传统艺术形式,在新一代观众,特别是年轻群体中得到了更广泛的传播与认识。

2023年底,响应文化和旅游部的指导,中国文化馆协会与抖音直播携手,共同启动了"乡村文化能人直播扶持计划"。与此同时,中国科学院的跨年科学演讲、各大高校的直播公开课等项目亦纷纷破圈而出,赢得了广泛关注。进入2024年春季,快手平台推出的"开学第一课"系列直播活动,更是吸引了超过2135.5万人次观看,影响力深远。北京市西城区人民检察院亦通过直播的形式,为未成年人开启了新颖的普法教育之旅。

网络直播这一新兴媒体形式的兴起,不仅丰富了人们的精神文化生活,也成为推动经济社会发展的重要力量,其传递的正能量与积极影响,正深刻地改变着社会的各个角落。

随着互联网技术的飞速发展,网络直播作为一种新兴的信息传播形式,已深深嵌入人们的日常生活中,成为连接多元文化、传递社会价值的重要桥梁。尤其在弘扬积极价值观、引导青少年道德成长方面,网络直播展现出了前所未有的潜力与责任。

1. 积极价值观的传播

网络直播平台以其即时互动、广泛覆盖的特性，成为积极价值观传播的高效载体。通过精心策划的直播内容，比如，榜样力量的展示，邀请社会楷模、行业先锋进入直播间，分享其励志故事和道德实践，激发观众内心的正能量，树立正确的价值导向；文化传承与创新，直播非物质文化遗产的保护与演绎，结合现代元素创新传统文化表达，增进观众对中华文化的认同与自豪感；公益正能量的传递，组织公益活动直播，如慈善募捐、环保行动等，让观众在参与中感受到帮助他人的喜悦，培育社会责任感。

网络直播平台应通过直播内容积极传播爱、责任、公正、诚实等正面价值观，如分享励志故事、公益行动、环保理念等，激发观众的社会责任感和道德意识，营造向上向善的网络氛围。

2. 青少年观众的道德教育

青少年作为网络直播的主要受众群体之一，其道德观念的塑造与网络环境息息相关。网络直播在此扮演着双重角色。

（1）教育内容的创新呈现。利用直播的互动性和趣味性，将道德教育内容融入游戏、科普、历史讲解等形式中，使青少年在轻松愉快的氛围中接受道德熏陶。

（2）网络素养的培养。通过直播课堂、互动问答等形式，教育青少年识别网络信息真伪，培养批判性思维，树立正确的网络道德观，避免网络暴力，学会尊重与包容。鉴于青少年群体在网络直播中的高活跃度，主播与平台需特别注意对这一群体的正面引导。通过设计适合青少年的教育内容，如历史故事讲解、科学实验演示、良好行为示范等，寓教于乐，培养青少年的道德判断力、批判性思维和文化自信心，助力其形成正确的价值观和健康的人格。

网络直播作为新兴的文化与信息传播载体，其在文化传承与道德担当方面的作用日益显著。通过合理利用这一平台，不仅可以有效促进传统文化的保护与创新，还能在更广泛的层面上弘扬社会正能量，对青少年进行道德教育，为构建和谐、文明、健康的社会文化环境贡献力量。

本章小结

本章以"网络直播的道德反思"为核心，深入探讨了直播领域中亟待解决的道德议题及其对行业健康发展的重要性。从隐私权的维护、公共空间直播的道德界限，到内容真实性与表演性的伦理困境，再到网络暴力的道德责任与文化传承的道德担当，本章全面剖析了网络直播道德反思的关键方面，强调了在直播行业蓬勃发展的当下，进行深刻道德反思的紧迫性与必要性。

在隐私与公共暴露的边界探讨中，本章突出了直播中隐私权保护的重要性，区分了主播与观众间的隐私界限，揭露了未经同意直播的侵权行为，同时分析了公共空间直播的道德考量，如街头直播引发的道德争议及公共事件报道中的敏感性处理。

对于真实性与表演性的伦理困境，本章细致讨论了直播内容的真实性追求与观众期望之间的矛盾，指出了生活分享与剧本演绎的模糊界限，并对真人秀式直播中的道德问题进行了深入探讨。同时，本章还强调了虚假信息与误导性内容的危害，提出产品推广的诚实性原则，以及信息核实的责任与挑战。

在探讨网络暴力与道德责任时，本章分析了直播间言论自由与尊重的平衡问题，指出针对评论区恶意攻击的管理策略，强调了主播在引导健康交流环境中的重要作用及应对网络暴力的道德责任。此外，本章还提及了平台监管与支持机制的构建，以及对受害者的保护与心理辅导的重要性。

关于文化传承与道德担当，本章阐述了网络直播在传播传统文化，尤其是保护非物质文化遗产方面的作用，倡导尊重原生文化。

本章通过这些维度的深入分析，旨在强调网络直播不只是娱乐与商业的平台，更是承载着社会责任、道德教育与文化传承的重要媒介。综上所述，通过本章的学习，读者应能深刻理解道德反思对网络直播行业健康发展不可替代的作用，并在未来实践中积极促进直播生态的道德正向发展。

参考文献

著作类

[1] 尼尔·波兹曼. 娱乐至死 [M]. 章艳, 译. 桂林: 广西师范大学出版社, 2004.

[2] 李科成. 直播营销与运营 [M]. 北京: 人民邮电出版社, 2017.

[3] 高文珺, 何祎金, 田丰. 网络直播: 参与式文化与体验经济的媒介新景观 [M]. 北京: 电子工业出版社, 2019.

[4] 胡冰, 范海燕. 网络为王 [M]. 海口: 海南出版社, 1997.

[5] 李云华. 电视购物频道运营与管理 [M]. 武汉: 武汉大学出版社, 2013.

[6] 张广存, 黄晓辉. 直播电商: 开启创客新时代 [M]. 北京: 中国商业出版社, 2021.

[7] 欧文·戈夫曼, 日常生活中的自我呈现 [M]. 冯钢, 译. 北京: 北京大学出版社, 2008.

[8] 罗子明. 消费者心理学: Psychology of Consumer [M]. 北京: 清华大学出版社, 2007.

[9] 惠亚爱, 乔晓娟, 谢荣. 网络营销推广与策划 [M]. 2版. 北京: 人民邮电出版社, 2020.

[10] 杨立新.《中华人民共和国民法典》条文精释与实案全析（上）[M]. 北京: 中国人民大学出版社, 2020.

[11] IMS（天下秀）新媒体商业集团. 直播电商法律法规解析 [M]. 北京: 清华大学出版社, 2022.

期刊类

[1] 李文明, 吕福玉. "粉丝经济"的发展趋势与应对策略 [J]. 福建师范大学学报（哲学社会科学版）, 2014 (6): 136-148.

[2] 张晓萌. "正义"维度下的消费社会批判——兼论沃尔夫冈·豪格的商品美学理论 [J]. 理论视野, 2016 (4): 48-51.

[3] 李文立．网络直播的特点及发展[J]．数字传媒研究，2016（8）：74-76．

[4] 栾轶玫．传统直播与二次元直播的差异[J]．新闻与写作，2017（1）：46-49．

[5] 付业勤，罗艳菊，张仙锋．我国网络直播的内涵特征、类型模式与规范发展[J]．重庆邮电大学学报（社会科学版），2017（4）：71-81．

[6] 郭奇珍，张庆杰．网络直播兴起原因探究——基于传播学的视角[J]．新闻研究导刊，2017（6）：273-274．

[7] 宋黎．网络直播的兴起、特点与应用[J]．东南传播，2017（9）：91-93．

[8] 师振翔．传播学视角下网络直播兴起的原因与问题批判[J]．新闻研究导刊，2017（10）：15-16．

[9] 贾庆民，李子姝，李诚成．基于MEC的移动网络直播视频分发机制研究[J]．信息通信与技术，2018（5）：40-44，49．

[10] 谭畅，贾桦，杜港．浅析网络直播的定义、特点、发展历程及其商业模式[J]．现代商业，2018（19）：165-168．

[11] 刘小兰．网络直播的泛娱乐化及其批判[J]．中共青岛市委党校青岛行政学院学报，2019（6）：124-128．

[12] 陈凯，王昌军．"网络直播"视阈下海南民俗文化推广研究[J]．现代商贸工业，2019（32）：17-19．

[13] 阳雨秋．地方官员网络直播的类型、问题与优化对策[J]．重庆行政，2020（4）：99-101．

[14] 闫永．5G时代政务传播如何吸引受众[J]．网络传播，2020（6）：84-88．

[15] 周懿瑾，黄盈佳，梁诗敏．"粉与被粉"的四重关系：直播带货的粉丝经济探究[J]．新闻与写作，2020（9）：29-35．

[16] 张英．从故宫博物院网络直播谈疫情下博物馆文化传播的新探索[J]．中国博物馆，2021（2）：64-68．

[17] 郭芙蓉．网络直播文化景观对青年价值观养成的负面影响及消解策略[J]．江西理工大学学报，2021（3）：91-96．

[18] 周琴，张鑫．慢直播兴起：主体动因、现实困境与治理路径[J]．传媒，2024（2）：91-93．

[19] 王建磊，冯楷．从展演经济到流量电商：网络直播功能的工具化转向[J]．传媒，2022（3）：51-54．

[20] 小葫芦大数据．2020游戏直播行业数据报告——斗鱼、虎牙占比33.60%和26.50%成最大赢家[J]．国际品牌观察，2021（11）：67-70．

[21] 唐延杰．基于"网络直播元年"的批判性思考[J]．青年记者，2017（14）：10-11．

[22] 王晓莹．论网络直播行政监管的完善[J]．法制与经济，2020（10）：19-20．

[23] 裴学亮，邓辉梅．基于淘宝直播的电子商务平台直播电商价值共创行为过程研究[J]．管理学报，2020（11）：1632-1641，1696．

[24] 沈晓静，徐星．网络打赏及其商业价值[J]．青年记者，2015（29）：89-90．

[25] 王霜奉．网络打赏 表达爱的进阶方式[J]．上海信息化，2016（9）：79-80．

[26] 黄彦儒. 斗鱼直播平台盈利模式研究 [J]. 现代营销（学苑版），2022（1）：124-127.

[27] 黄露漫，朱晓东. 电子竞技直播平台的现状与对策分析 [J]. 中阿科技论坛（中英文），2021（8）：46-48.

[28] 包杭. 网络游戏直播画面的可版权性问题研究 [J]. 广西政法管理干部学院学报，2021（6）：68-84.

[29] 刘亚琼，阿不都热西提·阿卜都卡地尔，汤垚，等. 将电子竞技直播画面纳入著作权法调整范围的可行性分析——以电竞赛事直播为例 [J]. 法制与经济，2020（1）：13-15.

[30] 曹晓红，田璇. 泛娱乐直播平台的发展策略与商业变现——以花椒直播为例 [J]. 东南传播，2017（3）：67-69.

[31] 甘利. 从"打赏分成"到"游戏分发"——直播平台的赢利模式探讨 [J]. 中国记者，2016（12）：88-90.

[32] 高乐如，孟令磊. 我国电商直播发展现状、社会影响、存在风险隐患及对策建议——基于直播电商直播平台发展现状分析 [J]. 国际公关，2022（4）：145-148.

[33] 张曼曼. 泛娱乐直播平台的赢利模式探析 [J]. 科技传播，2018（15）：166-168.

[34] 秦洋洋. 消解与重塑——泛娱乐直播平台中女性主播的形象解读 [J]. 绵阳师范学院学报，2018（12）：47-54.

[35] 姚诗佳. 新媒体时代我国体育赛事网络直播发展策略研究 [J]. 新闻世界，2019（8）：46-49.

[36] 吴幼祥，蔡林娥. 媒体+直播带货的定位及边界 [J]. 传媒，2020（17）：19-20.

[37] 唐晓玲. 传统媒体入局直播电商的几点思考 [J]. 新闻爱好者，2022（1）：39-41.

[38] 商屹楠，韩旭. 传统媒体入局直播带货的不同发展阶段与发展前景 [J]. 电视研究，2020（8）：26-28.

[39] 周懿瑾，卫玥，陈冠良. 非花非雾：传统媒体涉入直播电商的可行性 [J]，青年记者，2020（11）：30-32.

[40] 王宝义. 直播电商的本质、逻辑与趋势展望 [J]. 中国流通经济，2021（4）：48-57.

[41] 郭全中，刘文琦. 电商平台与短视频平台直播带货的比较研究 [J]. 传媒，2022（5）：49-52.

[42] 刘西平，刘德传. 直播电商两种模式的媒介逻辑与趋势 [J]. 新传媒，2021（12）：79-81.

[43] 成栋，王振山，孙永波. 直播带货的本质：是颠覆式创新还是对传统电商模式的扩展 [J]. 商业经济研究，2021（5）：86-89.

[44] 符进叶. 试谈网络直播带货主播 [J]. 中国广播电视学刊，2021（3）：81-83.

[45] 谭天. 打造关系链，实现大连接 [J]. 媒体融合新观察，2019（5）：13-16.

[46] 吴梦月. 人气直播团队培养攻略 [J]. 中国药店，2021（11）：68-70.

[47] 朱姿宣. 媒介人性化逻辑下"连麦"功能重塑直播情境探究 [J]. 媒体观察，2022（22）：91-93.

[48] 吴瑞华. 电商直播情境下弹幕互动对消费者购买决策的影响——基于心流体验的调节效应 [J]. 商业经济研究, 2023 (17): 74-77.

[49] 王青波, 許莹. 传播游戏理论视域下的弹幕文化探析 [J]. 传媒论坛, 2023 (12): 73-76.

[50] 余富强, 胡鹏辉. 拟真、身体与情感: 消费社会中的网络直播探析 [J]. 中国青年研究, 2018 (7): 5-12, 32.

[51] 吴震东. 技术、身体与资本——"微时代"网络直播的消费文化研究 [J]. 西南民族大学学报 (人文社会科学版), 2020 (5): 170-177.

[52] 陈杰. 洞察"Z世代"消费趋势 [J]. 知识经济, 2019 (9): 66-69.

[53] 于颖. 消费主义与城市青少年 [J]. 中国青年研究, 2006 (1): 19-21.

[54] 彭兰. WEB2.0在中国的发展及其社会意义 [J]. 国际新闻界, 2007 (10): 44-48.

[55] 徐舒蕊. 网络直播现状与发展趋势概述 [J]. 经济研究导刊, 2021 (34): 118-120.

[56] 章文宜, 莫少群. 幻象营造与消费驯化: 直播购物的消费主义文化逻辑分析 [J]. 学习与实践, 2022 (1): 119-130.

[57] 刘冰冰, 张瑞林, 尹梦. 网络直播平台运营模式研究——以斗鱼TV为例 [J]. 当代经济, 2021 (2): 76-78.

[58] 陈琳. 抖音App: 网络直播平台盈利的模式 [J]. 营销界, 2021 (31): 6-7.

[59] 李嘉泽. 短视频平台MCN化运营下的盈利模式: 基于"抖音"平台的案例 [J]. 产业经济评论, 2022 (3): 188-200.

[60] 周懿瑾, 黄盈佳, 梁诗敏. "粉与被粉"的四重关系: 直播带货的粉丝经济探究 [J]. 新闻与写作, 2020 (9): 29-35.

[61] 程晓霞. 传播学视域下"东方甄选"直播爆火现象解读 [J]. 新媒体研究, 2022 (18): 70-72, 77.

[62] 向美璇. "东方甄选"直播: 知识带货的进路探索 [J]. 视听, 2022 (9): 144-146.

[63] 庞晨, 陈孟南. 网络直播: 个体的社会重嵌与反思 [J]. 青年记者, 2020 (14): 12-13.

[64] 刘平胜, 石永东. 直播带货营销模式对消费者购买决策的影响机制 [J]. 中国流通经济, 2020 (10): 38-47.

[65] 田园, 降帅杰, 宫承波. 直播电商新趋势: 多元赋能, 强势突围 [J]. 视听界, 2020 (4): 5-8, 24.

[66] 刘颖. 新型MCN机构, 正在抢广告公司的"生意" [J]. 现代广告, 2021 (12): 38-40.

[67] 张培培. 网红"工厂": MCN机构的发展历程、兴起逻辑及未来趋势 [J]. 未来传播, 2021 (1): 48-54.

[68] 李嘉泽. 短视频平台MCN化运营下的盈利模式: 基于"抖音"平台的案例 [J]. 产业经济评论, 2022 (3): 188-200.

[69] 杨余, 张腾之. 广电 "卷入" MCN 转型的浪潮, 尚在 "边走边看" [J]. 中国广播影视, 2021 (3): 47-50.

[70] 王文华. 网红 "直播带货" 的法律规制探析 [J]. 中国市场监管研究, 2020 (5): 28-32.

[71] 梅傲, 侯之帅. "直播 +" 时代电商直播的规范治理 [J]. 电子政务, 2021 (1): 5-10.

[72] 靳珺涵. 网络直播带货的案例分析及法律规制问题探讨 [J]. 中阿科技论坛 (中英文), 2021 (11): 194-196.

[73] 王诗华. 困境与纾解: 网络直播营销的法律风险分析与规制 [J]. 牡丹江大学学报, 2021 (12): 9-14.

[74] 陈倩. 电商时代网红直播带货的法律规制探析 [J]. 北方经贸, 2020 (8): 78-80.

[75] 许向东. 我国网络直播的发展现状、治理困境及应对策略 [J]. 暨南学报 (哲学社会科学版), 2018 (3): 70-81.

[76] 陈璟. "直播带货" 的法治化监管路径探索 [J]. 学术前沿, 2020 (17): 124-127.

[77] 苏海雨. 网络直播带货的法律规制 [J]. 中国流通经济, 2021 (1): 97-104.

[78] 杨立新. 网络交易法律关系构造 [J]. 中国社会科学, 2016 (2): 114-137.

[79] 苏海雨. 网络直播带货的法律规制 [J]. 中国流通经济, 2021 (1): 97-104.

[80] 宋亚辉. 网络直播带货的商业模式与法律规制 [J]. 中国市场监管研究, 2020 (8): 9-15, 27.

[81] 蒋一可. 网络游戏直播著作权问题研究——以主播法律身份与直播行为之合理性为对象 [J]. 法学杂志, 2019 (7): 129-140.

[82] 程啸, 樊竞合. 网络直播中未成年人充值打赏行为的法律分析 [J]. 经贸法律评论, 2019 (3): 1-15.

[83] 冯飞飞. 网络直播的法律问题与规范 [J]. 传媒, 2016 (20): 38-40.

[84] 殷晓晨. "直播带货" 相关法律问题研究 [J]. 现代商贸工业, 2020 (19): 139-141.

[85] 徐蒙, 祝仁涛. 新媒体视域下 UGC 模式的法律风险及其防范——以网络直播为例 [J]. 浙江传媒学院学报, 2016 (4): 13-17.

[86] 周烁. 网络直播带货中直播平台的法律责任 [J]. 法律适用, 2022 (7): 133-144.

[87] 刘椿凤. 网络直播对大学生价值观的影响及对策探究 [J]. 农村经济与科技, 2017 (13): 286-288.

[88] 廖声武, 郑永涛. 消费主义视域下网络女主播视频直播现象分析 [J]. 新闻爱好者, 2022 (4): 36-39.

[89] 董小玉. 短视频 "审丑" 现象的迷思与祛魅 [J]. 人民论坛, 2022 (7): 98-101.

[90] 张晶, 谷疏博. 网络语境下 "丑" 的价值批判 [J]. 武陵学刊, 2017 (3): 67-72.

[91] 李来东. "鬼畜视频" 著作权权利冲突问题初探 [J]. 法制与社会, 2017 (25): 51-53.

[92] 隗辉, 严语, 白玉洁. 网络直播泛娱乐化乱象解读与有序治理 [J]. 湖北社会科学, 2018 (2): 194-198.

［93］潘滨. 论游戏直播的著作权侵权行为［J］. 法制博览, 2016（24）: 12-14.

［94］查煜. 网络直播营销虚假宣传的法律规制［J］. 商法研究, 2023（3）: 84-86.

［95］郑疏越. 网络直播环境下"公共场所"的认定及适用［J］. 湖北职业技术学院学报, 2021（1）: 99-104.

论文类

［1］冯馨瑶. 礼物交换理论视角下网络秀场直播间送礼动机研究［D］. 广州: 广州大学, 2022.

［2］陈楠. 国内网络视频直播的产业发展研究［D］. 兰州: 西北师范大学, 2020.

［3］丁家佳. 从"映客直播"看泛娱乐网络直播互动［D］. 合肥: 安徽大学, 2017.

［4］王泽川. 泛娱乐直播平台下体育类直播的内容生产策略研究［D］. 武汉: 武汉体育学院, 2020.

［5］赵珈艺. 微信"朋友圈"互动行为研究［D］. 北京: 北京邮电大学, 2018.

［6］沈薇. 网络直播带货中弹幕对消费者购买意愿的影响研究［D］. 昆明: 云南财经大学, 2022.

［7］刘真志. 网络直播竞猜涉赌博犯罪问题研究［D］. 沈阳: 辽宁大学, 2020.

［8］郑亚珂. 基于场景理论的电商主播人设传播研究［D］. 岳阳: 湖南理工学院, 2022.

［9］曹佳娃. 网络直播时代的粉丝消费认同研究［D］. 广州: 暨南大学, 2018.

［10］秦佳怡. 电商直播营销传播模式研究［D］. 上海: 华东师范大学, 2020.

附录

练习与实践

一、选择题

1. 以下关于网络直播兴起的原因描述不正确的是？
A. 技术提供支持，包括软硬件技术水平的提升和网络传输速度的加快。
B. 用户需求强劲，网络直播满足了用户的社交、求知、窥私欲和猎奇心理。
C. 资本市场热捧，网络直播投入成本虽高但回报价值惊人，吸引大量资本进入。
D. 政策环境宽松，政府对网络直播行业不进行任何监管，允许其自由发展。

2. 以下关于网络直播平台的分类，描述正确的是？
A. 网络直播平台主要划分为娱乐直播平台和商业直播平台两大类。
B. 艾媒咨询将网络直播平台划分为移动直播平台、秀场类直播平台、泛娱乐直播平台、社交类直播平台和电商类直播平台五大类。
C. 按照内容进行分类，网络直播平台主要包括秀场直播、游戏直播、泛娱乐直播、版权类直播和慢直播五种类型。
D. 按照发展模式分类，网络直播平台主要包括纯直播软件、外嵌式附属类直播和内嵌式捆绑型网络直播三种形式。

3. 关于网络直播的特点，以下描述不正确的是？
A. 网络直播与传统媒体直播相比，准入门槛更低，普通人也有机会成为主播。
B. 网络直播的互动即时性满足了互联网虚拟社会中人们对社交的渴望。
C. 网络直播的内容主要集中于会议、比赛、庆典等传统题材，以满足受众需求。
D. 网络直播中的粉丝经济强劲，主播通过提供情感价值吸引粉丝消费。

4. 泛娱乐直播平台的内容生产通常具有哪些特点？
A. 高门槛性、弱交互性、低融合性
B. 低门槛性、强交互性、高融合性

C. 高门槛性、强交互性、低融合性
D. 低门槛性、弱交互性、高融合性

5. 以下哪一项不属于选择出海的直播平台的类型？
A. 在国内发展受阻的小直播平台
B. 专注发展海外电商的互联网公司
C. 国内领先的视频直播企业
D. 专注发展海外市场的大型企业

6. 以下哪项不是网络电视购物的特点？
A. 只能在特定的电视频道观看
B. 观众可以通过留言、评论与主播互动
C. 利用大数据分析用户行为，智能推荐商品
D. 提供快速物流跟踪和售后服务评价

7. 电商直播的成功主要依赖于哪三个核心要素的有效整合？
A. 人、货、市场
B. 主播、观众、平台
C. 人、货、场
D. 产品、宣传、物流

8. 以下哪项不是店铺直播的特点？
A. 直接性与互动性
B. 供应链中断
C. 灵活性与个性化
D. 流量支持与数据驱动

9. 关于网络主播人设的外在形象，以下哪项描述不正确？
A. 肢体动作可以有效地提升主播的个人形象。
B. 主播的讲话方式不影响其人设形象。
C. 造型设计是形成主播个人风格的有效策略。
D. 丰富的表情能提升主播的亲和力。

10. 以下哪项不属于网络直播团队的工作流程？
A. 主播的招募
B. 直播内容策划
C. 确定直播平台的费用
D. 直播期间的管理

11. 以下哪个选项不属于文中提到的网络直播消费群体分类?
   A. "冲浪型"群体
   B. "信徒型"群体
   C. "Z时代"群体
   D. "粉丝型"群体

12. 当代网络直播消费群体具有以下哪些特征?
   A. 消费需求多元化、消费数量大额化、消费倾向享乐化
   B. 消费数量大额化、消费倾向享乐化、消费过程沉浸化
   C. 消费需求多元化、消费倾向享乐化、消费过程沉浸化
   D. 消费过程沉浸化、消费需求多元化、消费数量大额化

13. 以下关于直播主体盈利模式的说法,哪一项是正确的?
   A. 直播主体主要通过售卖实体商品盈利
   B. 直播主体通过礼物抽成和"坑位费"＋带货佣金等方式获得收入
   C. 直播主体不依赖粉丝经济,而是通过线下活动盈利
   D. 直播主体的盈利模式单一,仅依靠平台分成

14. (多选题)以下哪几个属于国内MCN机构发展的业态?
   A. 内容生产
   B. 金融服务
   C. 营销
   D. IP版权运营
   E. 医疗保健

15. 下面有关MCN的阐述,正确的是?
   A. MCN是Multi-Channel Nation的缩写。
   B. 国内的MCN不仅仅是一种中介形态,而更多地表现为一种多频道网络产品形态。
   C. MCN这一概念选取的是Facebook上的MCN组织运营模式,并不完全适用于我国。
   D. MCN机构在国内的发展历程可以追溯到2009年,当时短视频行业开始起步,微博、微信等平台正在进行生态商业化战略部署。

16. (多选题)网络匿名主要由哪些因素促成?
   A. 隐私保护的需求
   B. 平等交流愿望的驱动
   C. HTTP代理IP匿名技术的支持
   D. 熟人社会的压力

17. 数字人直播相比传统直播有哪些优势？
A. 冷启动成本高
B. 需要大量的主播培训
C. 无法解决技术挑战
D. 经济高效运营

18. 以下哪种视频类型不属于受众审美异化的表现？
A. 猎奇类视频
B. 搞笑类视频
C. 身体消费类视频
D. 鬼畜视频

19. 以下关于网络用户的权利与义务的描述，哪一项是正确的？
A. 网络用户无权要求网络平台建立完善的交易规则和纠纷解决机制。
B. 网络用户在享受网络服务时，只享受权利，无须承担任何义务。
C. 网络用户有义务保护个人信息安全，不得泄露个人重要信息。
D. 网络用户可以视情况举报违法违规内容和行为。

20. 以下哪一项不是网络伦理危机的成因？
A. 个体主体性丧失
B. 网络安全技术的发展
C. 传统伦理文化束缚消解
D. 相关法律制度实施困难

二、案例分析

1. 2021年7月，河南遭受严重雨灾，众多企业纷纷伸出援手进行捐赠。其中，运动品牌鸿星尔克因其大额捐赠行为迅速受到社会广泛关注，大量消费者涌入鸿星尔克的直播间进行下单购物，导致其产品销量在短时间内暴涨。

请结合此案例，回答以下问题：
（1）鸿星尔克为何选择网络直播作为其重要的营销传播手段？
（2）这种手段对其品牌传播有何积极影响？

2. 快手，起源于2011年，从一个GIF动图制作工具成功转型为集短视频、直播、社交和电商于一体的综合平台。近年来，快手直播电商通过其特有的"老铁经济"与深耕下沉市场的策略，在激烈的电商竞争中脱颖而出。

请结合此案例，回答以下问题：
（1）阐述快手直播中的"老铁文化"及其对电商直播的影响。你认为这种文化是如何助推快手直播电商发展的？

(2) 分析快手直播电商在下沉市场的策略及其优势。请结合下沉市场用户的特点，说明快手是如何满足这部分用户需求的。

3. 2023年3月，新华社采访了一位名为"阿华"的摊主，她与妹妹每晚摆摊炒饭的全过程都进行网络直播。凭借其出色的炒饭技巧和短视频中分享的个人故事，短短几个月内吸引了五十多万粉丝。然而，与其他同粉丝量级的网络达人相比，阿华的账号在商业化方面显得相对保守，主要依靠直播中的摊位定位宣传和粉丝的礼物打赏获得收入。请结合此案例，回答以下问题：
(1) 分析"阿华"的直播模式及其特点。
(2) 阐述"阿华"可能在网络直播中所面临的问题与挑战。

4. 2021年，新东方教育科技集团在国家政策影响下停止义务教育阶段学科类校外培训服务后，成功转型开展助农直播活动。其"东方甄选"直播间初期面临竞争激烈和观众兴趣下降的挑战，场均观众少，销售量不佳。为突破困境，"东方甄选"创新采用"知识带货"模式，利用教师的丰富知识和个人魅力吸引观众，穿插知识点和真实故事加强粉丝情感连接。此策略效果显著，股价和粉丝数大幅上涨，成为头部账号。随后，"东方甄选"进一步拓展布局，开设多个矩阵账号，细分不同类型的货品直播，实现了成功转型和多元化发展。请结合此案例，浅析"东方甄选"与其粉丝的关系模式，简述其关系所带来的积极与负面影响。

5. 电商直播萌芽于2009年，自从蘑菇街、美丽说开启了直播电商以来，国内电商平台直播规模逐年上升，尤其是在2018年，抖音、快手等内容平台也进入了直播带货赛道。国内直播电商业务终于在2020年迎来了爆发期。良好的电商环境同时推动了MCN机构的电商业务快速发展，成为其营收的重要来源之一。统计数据显示，2022年电商业务收入占MCN机构总营收的25.22%，较2021年提升2.33%。请根据案例，具体分析直播电商与传统电商的区别，并列出MCN机构电商业务的主要范围。

6. 2023年5月17日，网络主播"红绿灯的黄"（小黄）在其直播间带货YSL（圣罗兰）美妆产品时，采用刻意扮丑和低俗行为来博取关注，引发广泛争议，并因其擦边和违规动作导致直播间数次被平台强制关闭。请结合此案例，回答以下问题：
(1) 从商业道德和职业操守的角度，分析小黄的行为存在哪些问题？
(2) 小黄的行为对消费者、品牌方和直播平台可能产生哪些负面影响？
(3) 直播带货作为一种新型电子商务模式，其复杂性和监管难度体现在哪些方面？

7. 2016年3月，一名女性网络主播通过假装上厕所的方式潜入重庆大学的某个女子寝室，并在未得到该寝室住户同意的前提下，使用其带去的直播工具进行了全程直播。整个事件引起了广泛的社会反响。请结合此案例，回答以下问题：
(1) 从伦理角度审视，该主播的行为存在哪些问题？

(2) 这种行为侵犯了他人的哪些权益？

(3) 网络直播中负面伦理的表现还有哪些？

三、课后习题

第一章

1. 网络直播与电视直播有哪些异同之处？
2. 中国和美国网络直播行业发展存在哪些差异？请分析这些差异产生的原因。
3. 探讨网络直播在当前社会环境下的发展前景，包括可能面临的挑战和机遇，并提出促进网络直播健康发展的建议。
4. 网络直播的消极影响主要体现在哪些方面？针对这些消极影响，你认为应该采取哪些措施来规范网络直播行业的发展？

第二章

1. 分析网络直播平台兴起的原因及其在不同发展阶段的特点。
2. 当前网络直播平台的发展面临哪些问题？请举例说明。
3. 秀场直播在网络直播发展早期阶段占据主流地位的原因有哪些？讨论秀场直播中"打赏"机制的社会文化意义。
4. 请列举垂直领域直播平台的特点，浅析其未来的发展趋势。

第三章

1. 电商直播团队有哪些关键职位？他们各自的主要任务是什么？
2. 专业电商平台的主要类型分为"电商＋直播"和"直播＋电商"，请简述它们的核心差异，并分析各自的优势。
3. 在电商直播中，"货——商品与供应链"是整个直播销售链条中的核心要素之一，请举例说明其重要性。
4. 在选择电商直播平台时，应该考虑哪些关键因素？请列举并简要解释。

第四章

1. 请根据直播属性与主播身份特征，将网络主播人设进行分类。同时请说明这种分类方法的特点和局限性。
2. 请简述网络直播团队的工作流程及特点，并说明其与传统短视频、影视剧拍摄与发布流程的主要区别。
3. 如何优化提升直播团队的建设和成员的业务能力？请从打造复合型主播和专业直播团队孵化两个方面进行详述。
4. 请简述网络直播互动方式的特点，并列举其中两种主要互动方式阐述其含义及作用。

第五章

1. 请简述网络直播消费群体的分类及其特点。
2. 当代网络直播消费群体的多元化需求主要体现在哪些方面？
3. 请解释网络直播消费群体对直播形式的创新要求，并给出具体的例子。
4. 享乐型商品和实用型商品之间有何关系？请谈谈你的理解。
5. 分析并阐述网络直播对消费者购买行为和心理的影响，以及在这种新型商业模式下，消费者的心理呈现出哪些新的变化。
6. 在网络直播从众消费的过程中，哪些因素导致消费者的从众心理？

第六章

1. 我国网络直播盈利模式经历了哪几个发展阶段？
2. 2013—2016年我国网络直播的盈利模式存在哪些优势？
3. 我国网络直播主要有哪几种盈利模式？
4. 我国网络直播盈利模式在粉丝经济驱动下出现了何种情况？

第七章

1. 简述MCN的演变历程。
2. 我国MCN的功能有哪些？
3. 我国MCN行业的盈利模式有哪几种？
4. 我国MCN法规的核心理念是什么？
5. 请结合本章内容谈一下你对MCN未来发展趋势的看法。

第八章

1. 网络直播的法律定义与特征是什么？
2. 国内外网络直播监管政策有何异同？
3. 网络直播的内容监管机制有哪些？
4. 版权纠纷的解决机制是什么？
5. 国际税收规则在中国跨国直播业务的应用有哪些？
6. 请结合本章内容谈一谈你对网络直播的法律监管未来的发展趋势的看法。

第九章

1. 描述一个网络直播中可能侵犯隐私的情况，并讨论应如何明确主播与观众之间的隐私界限。
2. 在公共空间进行直播时，主播应如何做才能尊重他人的隐私？举例说明。
3. 真实性与表演性如何在网络直播中产生冲突？谈谈你对生活分享直播与剧本演绎之间界限的看法。

4. 主播在推广产品时，如何确保信息的真实性，避免误导观众？平台在这方面可以扮演什么角色？

5. 针对直播中的网络暴力，提出至少两项具体的平台管理措施，以及一项对受害者的心理辅导建议。

练习与实践参考答案

与本书配套的二维码资源使用说明

本书部分课程及与纸质教材配套数字资源以二维码链接的形式呈现。利用手机微信扫码成功后提示微信登录，授权后进入注册页面，填写注册信息。按照提示输入手机号码，点击获取手机验证码，稍等片刻收到4位数的验证码短信，在提示位置输入验证码成功，再设置密码，选择相应专业，点击"立即注册"，注册成功。（若手机已经注册，则在"注册"页面底部选择"已有账号，立即登录"，进入"账号绑定"页面，直接输入手机号和密码登录。）接着提示输入学习码，须刮开教材封底防伪涂层，输入13位学习码（正版图书拥有的一次性使用学习码），输入正确后提示绑定成功，即可查看二维码数字资源。手机第一次登录查看资源成功以后，再次使用二维码资源时，在微信端扫码即可登录进入查看。